太郎杉へようこそ

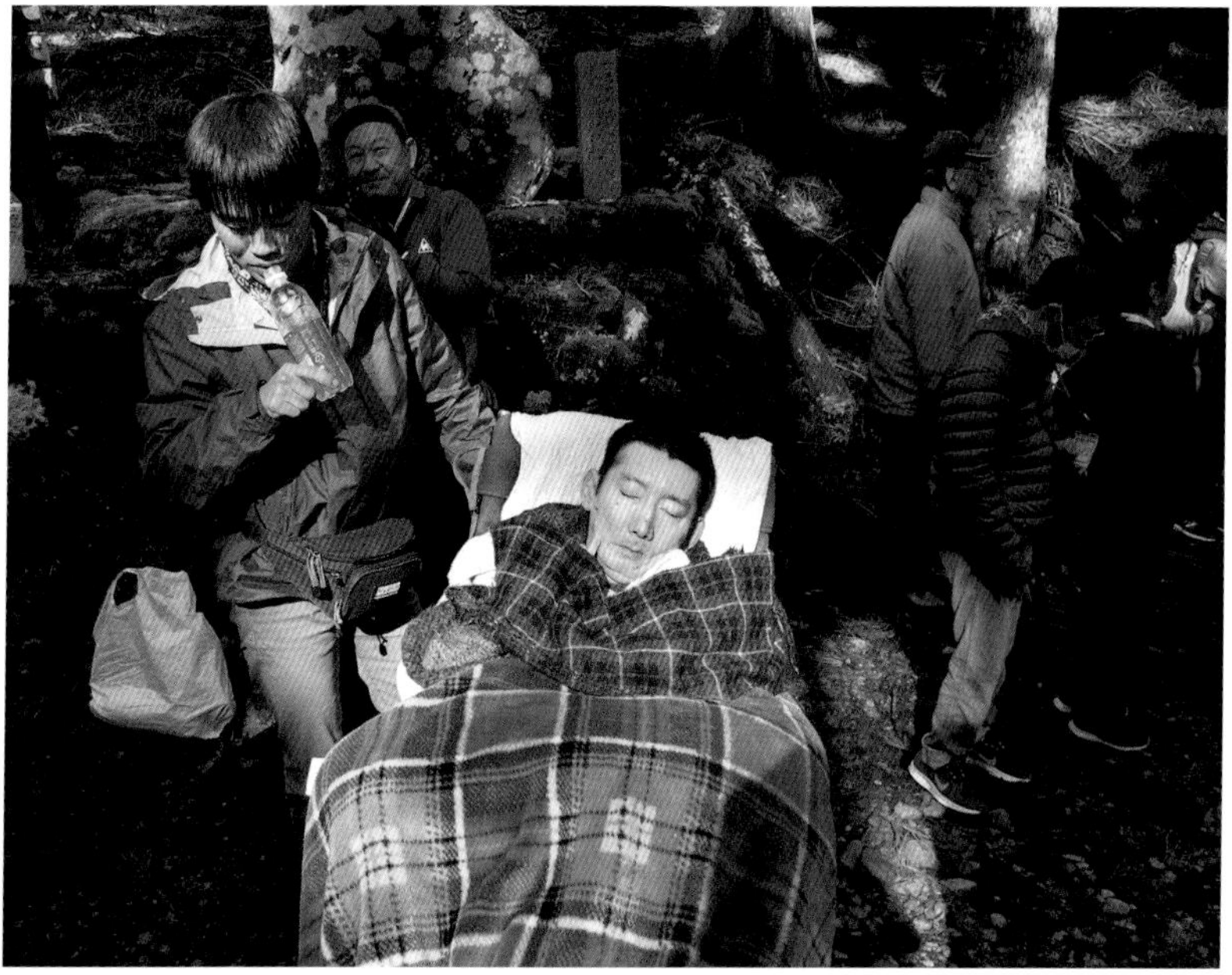

けんくんごめんね、ぼくだけのんで

感謝をこめての任命式

一緒にわらおうよ

ハンカチおとし

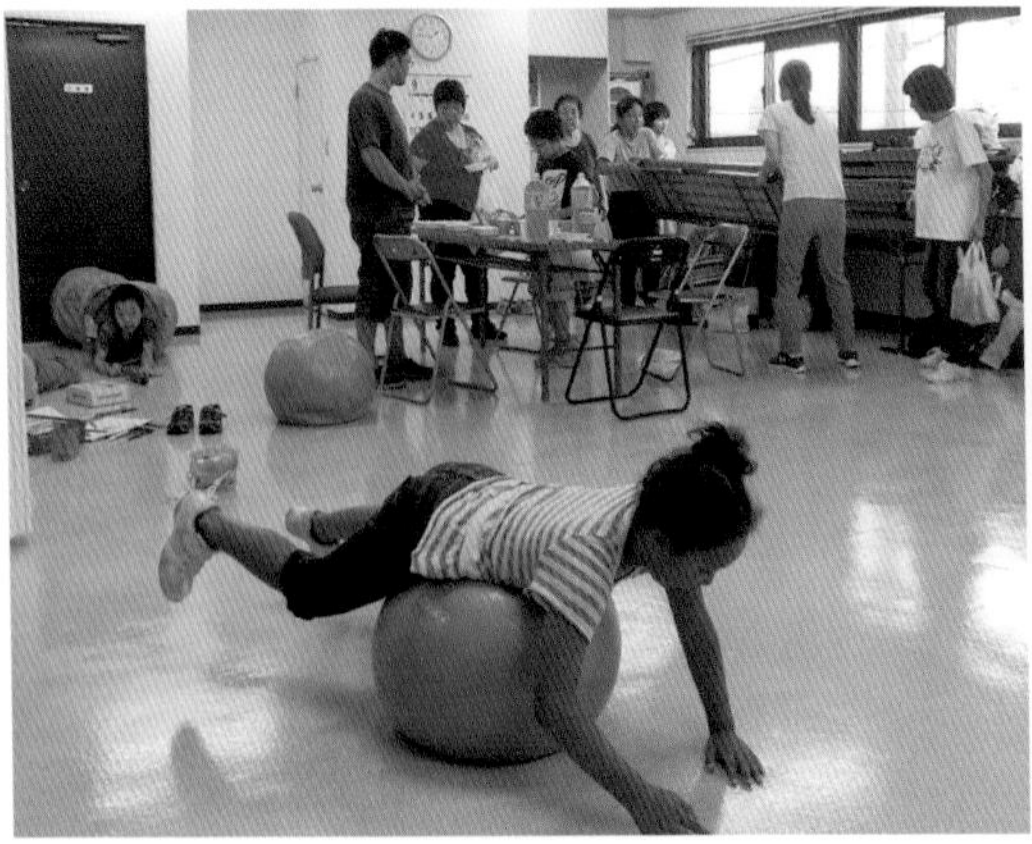

あっ、こげたよ

次ぼくにやらせてね

まえがき

この書物は「よこはま児童文化研究所」が実施している一七にわたる活動のすべてか、あるいは、いずれかの活動に参加されている人に向けて書かれたものである。全文がわたしの内なる世界の出来事であり、他者を傷つけるものではないことを祈る。「よこはま児童文化研究所」の「協働愛」に基づく「ともどもに」生きる約束に興味と関心を寄せてくださる人にお読みいただきたい。

こういうわけであるから、文章のほとんどは①「協働愛」と、②「ともどもに」生きる二つの主題に関する文、あるいはそれに関係する文章になっていると思う。

わたしが一七の活動に参加し、この二つの中心思想に、参加者と「ともどもに」体験できた内容を数多く盛り込むこととなった。

ある参加者は「あれっ、この文章は、もしかしたら、わたしのことじゃないかなあ」と思い当たるかもしれない。その思いは、たぶん、当たっていると思っていただいていいと思う。そういう読み方ができるように、参加者中心の文章になるように整えてある。この書物の中に参加者の「自分の体験」が盛り込まれているというのも、読書意欲を高めるかもしれない、と期待している。

この文を認めていた時期が、わたしにとってある特別な時期であったために、タイトルの下に年月を記入することになった。何かに突き動かされ、日々一点を見つめながら書き続けていたが、夢から覚めたような感覚に陥った瞬間を生涯忘れることができないと直観した。その段階では出版するという明瞭な意図はなかった。書き綴ったものを見ながら、その文が「協働愛」のそれぞれの言葉に当てはまる文意かもしれないと思うようになった。

そこで、出版することを明確に意識した。そして一気に各文を協・働・愛に振り分けてしまった。そのために執筆順に並ぶこともなく、各タイトルとの関連もない。それぞれに独立して読んでもらえれば幸いである。

「協働愛」と「ともどもに」という中心思想を、丁寧に、かつ、わかりやすく表現することの難しさを実感した。一つはわたしの力量不足がある。そして、この二つの思想を適切に表現できる言語が見当たらなかったこともあった。

一七の活動の一つに「天城子どもと親とのワークショップ」があるが、この天城の場において、最も重視される思想は、徹底的に「協働愛」と「ともどもに」を目指したワークショップであると思う。

「協働愛」の思想に関しては、第四四回「よこはま児童文化研究所」総会の席上で、青年部の若者たちが身をもって参加者たちに示した行為により、にわかに「協働愛」という思想が浮上した。このことは、深い感謝をもって記しておきたい。

ひとりの学習者に対して四名の協働学習者が「ともどもに」協働していたために、初めは「分数愛」という実態に即した表現になった。しかし、最終的に「協働愛」という思想語として定着した。

この経緯からわかっていただけるように「協働愛」は若者たちの実践から火山の噴火のように湧き上がってきた。これまでの年月においてジュクジュクと燃え上がっていた行為だったと思う。その場に居合わせた筆者は興奮で気持ちが湧き立った。まるで火山のマグマの爆発のように感じたのだった。

それに対し「ともどもに」の思想は、「よこはま児童文化研究所」の四四年間の活動の中から自然発生的に浮かび上がってきた思想である。

他者の前で傍観者であることに耐えられなくなった参加者たちが、「ともどもに」という約束の地に登り詰めたというのが事実である。「よこはま児童文化研究所」を「みんなの部屋」と呼んでいた時期がある。「誰でも、好きなときに来て楽しい時間を持てればいいね」、という考え方があったのだ。この時期は「関係」という思想をキーワードにして活動していた。だから「ともどもに」の基底には「関係に生きる」という思想があった。

こういう四四年間の活動における陣痛の果てに「ともどもに」と「協働愛」という二つの思想が誕生した。

「ともどもに」の中に「協働愛」が含まれ、「協働愛」の中に「ともどもに」が含まれるという体験を参加者はしていると思う。

「ともどもに」の思想は体験重視であり、「協働愛」はその体験を支える精神・魂の重視、というように比重のかかり方は異なるかもしれない。これも今後の「よこはま児童文化研究所」の一七の活動において明らかにされることだと思う。

もし、これからも「よこはま児童文化研究所」とその活動が継続するならば、その活動の基礎・基底に「ともどもに」と「協働愛」の二つの思想が存在しているに違いないと思う。

「よこはま児童文化研究所」の活動が正しくこの二つの思想によって継続されることを祈念している。

目次

Ⅱ 働の道

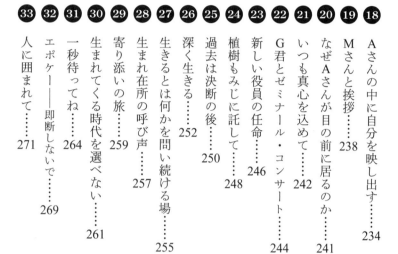

Ⅲ 愛の道

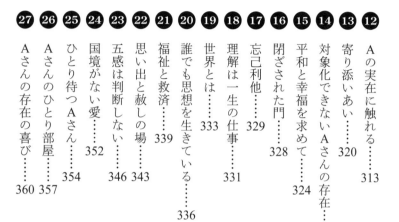

I　協の道

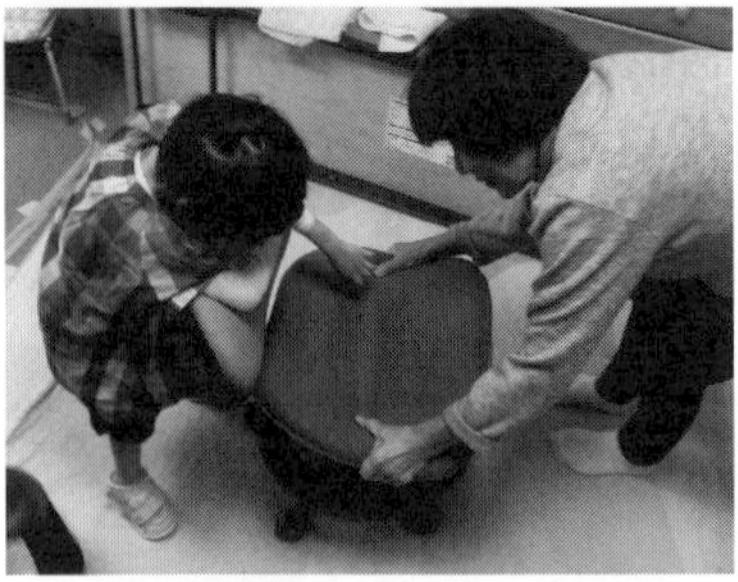

ちょっとずつね

姿勢いいね

じっとみてるよ

みんなでラーニングボックス

わたしがんばったよ

よりかかるとおもしろいよ

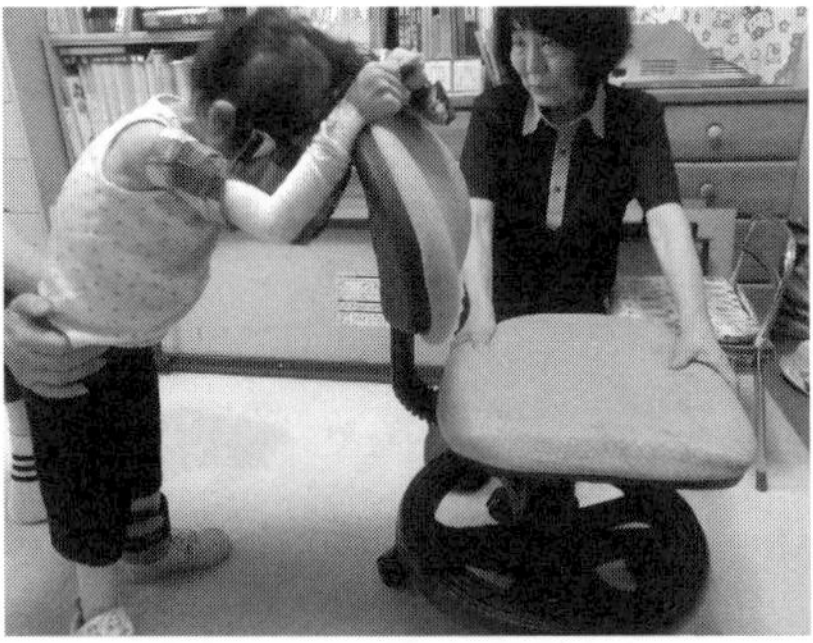

とくべつのくつはいてるんだ

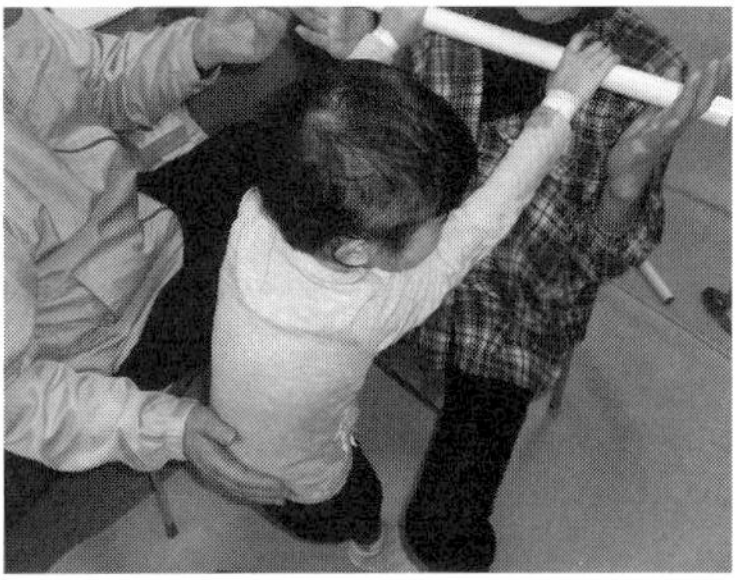

まおちゃんすごい

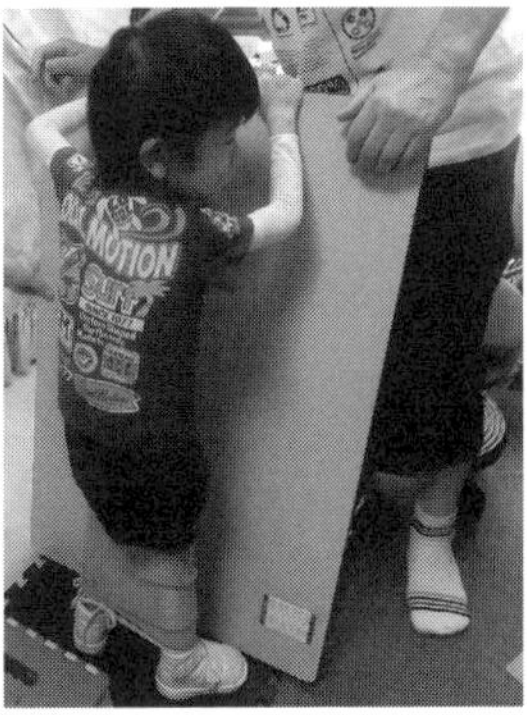

かっこいい？

わたしもやりたい

なんだったっけ

ラーニングボックスとわたし

よこはまにいくのたのしみなんだ

❶「水中の水」に思い巡らす

二〇一九・一二・二九

現在のわたしは「水中の水」のイメージから離れられない。なぜだろう。このフレーズには、何か重大な真理が含まれているような予感がするからだろうか。

わたしは、幼い頃に川に泳ぎに行って、溺れたことがある。幸いにいっしょに行ったKさんというお兄さんが、わたしを助けてくれた。いまでも鮮やかに覚えているのは、家に帰る途中の田圃の畦道とそこに生い茂っている雑草の緑である。わたしの頭は、ぼーっとしていて、物を考えられる状態でなかった。Kさんは一言も口をきかずにわたしを家まで送ってくれた。

この川の水は蔵王から流れ少し黄色かった。溺れて水底に落ちていく間中、眼を開けて水を見ていたのがいまでも忘れられない。

また「馬見ヶ崎川」の上流での思い出がある。わたしたちは、一〇メートルぐらいの高い所から水中に飛び降りる遊びを楽しんでいた。平気で飛び降りる友だちもいたが、怖くて飛び降りることができない友だちもいた。わたしも飛び降りるグループに属して遊んだ。この川の水はとてもきれいで飲むこともできた。秋には「芋煮会」で賑わう河原である。

この幼い頃の水についての思い出から「水中の水」について考えてみたい。

まず、溺れた思い出には、水は怖いものだという意識はなかった。むしろ水に抱かれて水底まで連れて行かれるような感じがした。水中なので息が苦しくなったことは覚えている。でも、このままでもいいかな、という奇妙な思いがあったことも事実である。

わたしの幼い頃は、日常生活に水はつきものだった。お昼には、ざるに、ご飯とたくわんを入れて、家の横の川で水に浸しながら食べた記憶がある。家の周りに水が豊富に流れていた時代だった。幼い頃から水が生活の一部としてあったのだ。

次に、「馬見ヶ崎川」での水中への飛び込みの思い出だが、この遊びは、水というよりも、飛び降りる距離、高さが問題だった。その下りる瞬間の恐怖心さえ乗り越えられれば、あとは下の水が助けてくれる。水中にぼちゃんと音を伴いながら落下する気持ちは爽快になっていく。

しかし、その後の日本の経済発展に伴って、このような遊び場が消滅した。その結果、生活の身近な場から、きれいな水が消滅した。とくに都会に住む人から、水のイメージが消えてしまった。現在は水を買う時代になってしまった。川の水が昔の水ではなくなった。

でも、「よこはま児童文化研究所」における「天城子どもと親とのワークショップ」に参加すると、狩野川の水に出会える。そして、太郎杉の登り口の近くある滑沢渓谷は、狩野川の源流本谷川の渓流で「ここから川の流れが始まります」という標識がある。岩にぶつかり白い泡になった水滴が、一瞬の間に、また渓流に戻される風景を見ていると「水中の水」を感じることができる。
この「水中の水」というフレーズから、わたしはAたちとの交わりの秘密をいただいている感じがする。たとえば「人中の人」というフレーズが即座に浮かんでくる。このフレーズのもつイメージ喚起力の強さに圧倒される。人は、もともと「人の中」に在って、人と成り、そしてまた「人の中」に舞い戻り、自己が消滅して「人の中」の一員となる。

Aたちは、①「天城子どもと親とのワークショップ」の中で人と成り、そしてまた②「天城子どもと親とのワークショップ」の中に舞い戻るのだ。だから、②「天城子どもと親とのワークショップ」の時点では、Aたちはすでに自己を消滅させている。こうして、Aたちは自身と「天城子どもと親とのワークショップ」とが一体となり、わたしが初めてダムの上から水中に飛び降りたときの不安や恐怖が消滅したのと同じように、Aたちも「天城子どもと親とのワークショップ」において不安や恐怖心なしに自由に居ることができるようになる。

2 「よこはま児童文化研究所（ＹＪＫ）」の歩み

二〇二〇・一・一三

「よこはま児童文化研究所」は横浜市にある。最寄りの駅は、京浜急行の戸部駅、あるいは相模鉄道の平沼橋駅である。すぐ側に平沼小学校がある。国道一号線を渡り、戸部公園前には西前小学校がある。それぞれが「よこはま児童文化研究所」にとり重要な場所である。

この場所で活動してから四四年目に入った。この研究所の名称は（1）「横浜」、（2）「児童」そして（3）「文化」というキーワードが入っている。まず、地名、そして出会う人、最後に児童の文化全般に渡って関心を示していくという内容が盛り込まれたものであった。要約すると、横浜の児童を文化面から考えていこうとするものであった。児童は彼らを囲む文化的な刺激を身いっぱいに受けて世界に飛翔する人格を形成する。当地、横浜市は国際都市であり、世界中の文化が行き交う絶好の場所である。横浜港には世界中の船舶が往来し、海を隔てた羽田国際空港には世界中の人々が往来する。また、外国の方々が在住したり、観光客として交わったり、コンサートホールには世界中のオーケストラがやってくる。

さらにまた、南の方角を見渡すとあの富士山が四季折々の雄姿を見せてくれる。山の右手には丹沢の山並みが見え、それは美しい緑の源泉となっている。

逗子、横須賀、鎌倉、大船、藤沢、茅ヶ崎、平塚、小田原と相模湾を囲むようにして横浜市と隣接感をもって生活している。箱根登山鉄道線の風祭駅を過ぎて山道を登ると芦ノ湖が見えてくる。

こういう風景にはその土地特有の文化がある。連綿と受け継いで未来につなげようと活動している地元の方々の努力が、日本の文化の担い手になっている。

地名にはその土地の歴史が刻まれている。たとえば、横浜市の山手にある「関内」などは、その代表例である。また、金沢区にある「金沢八景」もその一つで、京浜急行の駅名にもなっている。その一つ手前の「金沢文庫」は、称名寺横にある北条実時が七〇〇年前に建立した日本最古の公開図書館「金沢文庫」と同じ名称である。

こういう文化、歴史、伝承、和歌、衣服、食、職名、寺、神社に囲まれた横浜で児童はすくすくと育ってほしい。

こういう親たちの願いが「よこはま児童文化研究所」を誕生させた。

歩み

歩みは物語を語り続けることになる。「よこはま児童文化研究所」の参加者が活動について他者と語り合い、未来について心を遣い、もっとよりよい活動へとさらなる歩みを進める。歩みの中で驚くのは、これまでお兄ちゃんやお姉ちゃんから世話を受けていたような子どもたちが、いつのまにか、年下の参加者のお世話をしていることである。この現象は、受益型参加法ではなく、与益型参加法であったということを意味している。

「よこはま児童文化研究所」の「天城子どもと親とのワークショップ」に継続して参加すれば、当然、参加者の年齢があがり、自分よりも年齢の低い参加者が来ることになる。継続して参加すると、受益型参加ではなく、与益型参加に自然になっていく。わたしはこの与益型参加法に重大な秘密があるように思う。

他者から「してもらう」体験で終わってしまったら、人生における重要な秘密が解き明かされないでお仕舞いになる。その逆に他者から「してもらう」体験を、自らの経験へとまとめあげて生きる原理までたどり着ければ、人生の秘密の扉まであと一歩である。

やはり「天城子どもと親とのワークショップ」などに継続して参加することに人生の秘密や謎を解く鍵があると思う。二、三回参加すると、自分がなぜ参加しているのかわからなくなる。そして、自然に参加から足が遠のく。そして、人生の謎や秘密の扉は閉じたままになる。

参加への継続が物語を語り始める。そして、自分の参加の意味や意義が理解できるようになり、年齢や性別や参加年数などに応じて、「よこはま児童文化研究所」での役割が明確になっていく。ここで、人生の秘密や謎の扉が開き、自己に達する。もうここからは、揺るぎない物語の語り部の一員としての自覚が生まれ、いっさいの煩いがなくなり、生きる道と一体化し、自分の背後には、自分が参加して語り継いできた「ともどもに」と「協働愛」の道が連綿と広がっているのが感じられるようになる。

「よこはま児童文化研究所」への参加者はこれまで培われてきた豊かな文化の受容者であり、未来の文化形成の担い手である。その担い手になれるかどうかの鍵は、一つのことを継続できるかどうかにかかっている。継続は文化を誕生させる。実施方法などを考えるだけでも、たくさんの文化が関連している。網の目のように張り巡らされた文化という糸にどのようにつながって生きていけるか。どうしてもキーワードは「継続参加」しかないように思う。種を蒔いたらその後は継続して花が咲くまで見届けるのが人情である。なぜなら、花の咲くのを見たいために種を蒔くのだから。

二〇一九・一一・六

❸ YJKの理念

YJKが多くの参加者と「ともどもに」生きるために何らかの教義と教理が要るのではないか。

教義と教理がなければ、ＹＪＫを維持することができなくなるのではないか。どのような集団、組織にも教義と教理と似たようなものがある。会社規則や学校規則としての行為を縛る規範がある。

教義と教理があれば、キリスト教なら、ある人の、ある行為がカトリックの教義と教理から外れていれば、その行為を「異端」として処刑することができる。

実際にキリスト教の歴史には、異端審問と処刑がたくさんあった。

学校なら校則に反すれば、罰則として、退学させられる場合も起こりうる、会社なら退社を命じられる。

1．宗教界の例

1．1．カトリックの例

カトリックに「カトリック教会のカテキズム」がある。カトリック教会のカテキズム(Catechismo della Chiesa Cattolica、英：Catechism of the Catholic Church、略称：ＣＣＣ)は、教皇ヨハネ・パウロ二世によって公布された、ローマ・カトリック教会とローマに連なる二一の東方典礼カトリック教会の教理（教え）の、公式な説明である。

そして、その後二〇〇五年には、『カトリック教会のカテキズム』の「忠実かつ確実な要約」として『カトリック教会のカテキズム要約（コンペンディウム）』が教皇ベネディクト一六世によって公布され、日本語版も二〇一〇年に出版されている。

『要約（コンペンディウム）』は、古代からの伝統である問答形式の要理教育書を反映して、五九八のQ&Aにより構成された問答形式を採用しており、「教会の信仰の本質的かつ根本的な要素」を「簡潔な形で」提示している。

CCCは四つの主要な要素で構成されている。

1. 信仰宣言
2. キリスト教の神秘を祝う
3. キリストと一致して生きる
4. キリスト者の祈り

これらは「四つの柱」とも呼ばれ、密接に関連し合っている。

カトリック教会はこの「カトリック教会のカテキズム」によって信者を信仰者にしている。だからカトリックの信者はこの「カトリック教会のカテキズム」によって、信仰生活をしている。

カトリック教会（ラテン語：Ecclesia Catholica）は、ローマ教皇を中心として全世界に一二億人以上の信徒を有するキリスト教の教派である。これだけの信者をまとめるためには、聖書だけでは不可能だろう。カトリック信者としての行為規範書が必要になったのだろう。だから、信者は聖書を読み、「カトリック教会のカテキズム」を読んで、よきクリスチャンを目指すのであろう。

1．2．仏教の例

また、仏教においては、僧伽（サンガ）があり、僧伽は、「一般に「僧団」と言いかえることもできるが、釈迦当時の時代はもちろん、現代においても上座部仏教、大乗仏教、密教を問わず、在家信者を含まない純粋な、出家者たちの共同体である」と説明されている（『ウィキペディア』「僧#サンガ（僧伽）とは」より）。

大乗仏教と上座部仏教では、修行の方法が異なるようである。当然ながら、使用する仏典も異なる。

カトリックと仏教では、一般信者への対応は違うようである。両者の文化や歴史や地理的条件によって違いが起こったのであろう。

2．教義から組織へ

組織を立てるためには、まず、何らかの教義（dogma）が必要である。キリスト教なら聖書であり、仏教ならば仏典である。

そして、その中から教理（doctrine）として抜き出されたものが、「カトリック教会のカテキズム」であり、仏教ならばさまざまな仏典である。

教義や教理のない宗教団体はない（だろう）。たとえは悪いかもしれないが、商品の並んでいないコンビニがないのと似ているだろう。教義や教理に興味と関心をもち、その教えに賛同する者が信者としてその団体に登録される。コンビニに買い物にいくユーザーは自分のほしい商品があれば、その店を贔屓にするだろう。

ある街に試験的に開店したコンビニが想定外に集客すると、さらにもう一店舗、そこも集客がよければ、もう一店舗と、店舗を拡張し、いつの間にか日本中あるいは世界中にそのコンビニができるという状況は示唆的である。

もちろんコンビニの教義と教理は、顧客にとって必要なコンビニエンスという概念である。便利さを求めるようになった買い手の欲求に合致した。

しかし、コンビニがあるから便利さを求めたのか、便利さを求めたからコンビニができたのか、いまでは不分明である。宗教もこれと似たような売り手と買い手の関係を経てきたのではないだろうか。

3. 「イエスの生涯」と「キリストの誕生」

遠藤周作の「イエスの生涯」と「キリストの誕生」には、前著で教義が語られ、後著で組織が語られている。

とくに「キリストの誕生」には、ユダヤ教から改宗したパウロの存在が前面に出てきている。もしもパウロが、生きた「イエス」に出会って、死後の「キリスト」に絞って布教しなかったならば、現在のキリスト教は存在しなかったかもしれないと思うほどである。

パウロは生前のイエスを知らなかった。しかし、十字架上で磔になり、復活後の「キリスト」に出会い、生前にイエスに出会わなかった遅れを取り返したかった、と遠藤は書いている。組織家パウロが中心となってキリスト教を組織化していった。

歴史の転換点にパウロのような存在が必ずと言っていいほど現れる。時代の変わり目に先を見越したような言説を吐く英雄が出る。そうやって歴史は反復されてきた。

日本の明治維新では坂本龍馬がよく挙げられる。あるいは坂本の師であった勝海舟も挙げられることが多い。この場合は歴史を動かす教義や教理がどこから出てきたのかが非常に問題になる。ふと思い浮かぶのはオランダやポルトガルであるが。

4. 宗教と教義

「よこはま児童文化研究所」には教義がないし、教理もない。ただ「ともどもに」という約束がある。ＹＪＫ発足当時から「関係に生きる」という指針があった。この考え方は、西田幾多郎の「経験があって自己がある」や廣松渉の「四肢構造論」にもつながる考え方であった。教義と教理はその集団の活動の目的になる。会員の目指すべき教えや指針となる。ＹＪＫのさまざまな活動に参加する人たちは、日常において、宗教に囲まれて生きている。

街には教会と寺院が建ち並んでいる。奈良や京都や弘前などでは、教会と寺院の狭間に一般の住宅があるような状態である。それだけ宗教団体が精力的に宗団拡張に努めてきたということである。いわゆる布教活動である。

ここでも教会と寺院ができたから、その信者が増えていったのか、反対に、その街や村に住む人々に心の拠り所としての宗教願望があったから、教会と寺院が増えていったのか、いまでは簡単には言えない。

したがって、「よこはま児童文化研究所」の活動に参加する人たちは、いつでも、どこでも好きな教会と寺院を選んで行くことができる状態なのである。したがって、「よこはま児童文化研究所」には宗教は必要がない。ここで言っていることは、既成の歴史的に世界宗教となった立派な宗教のことである。世界宗教たるものは、世界中の人間の精神的な悩みに答えることができるのだろう。

だからこそ、世界宗教と言われているのだろう。信者数の多さで世界という言葉が付いたわけではないだろう。

5. 教義なきYJK

「よこはま児童文化研究所」には教義と教理はない。そして、教義と教理がないことが「よこはま児童文化研究所」の特徴になっている。

ドグマもドクトリンもない人間の集団で、どのように、他者と関係して生きていけるか。「よこはま児童文化研究所」の活動に参加することは、各参加者がそれぞれに新しい教義と教理を創造していくことになる。

他者と関係的に生きて、ある教義と教理を創造し、それを他の参加者と「ともどもに」生きる場で使い、うまく行かなければ、その独自の教義と教理を再創造する。この「作り直し」を繰り返す。

そのための「場の提供者」として「よこはま児童文化研究所」が存在する。

絶対なる教義と教理があれば、これほど便利なことはない。しかしそういう便利な教義と教理があるだろうか。むしろ世界史はその絶対とされた教義と教理において戦争が繰り返されたことを教えている。すべてにわたって絶対視することは危険である。場合によっては、絶対視してはならないというテーゼ自体も相対化されなければならない。

「よこはま児童文化研究所」には教義と教理がない。だから神父も牧師も先生も要らない。

6．人間の欲望

日々、わたしたちは自分の欲望に気がついている。そして、その自分の欲望を満たそうとする。欲望を満たすことが、わたしたちを取り囲む自然や社会や人間が、どう変化していくのかに思いを巡らすことはない。現代には、果てしない欲望の充足がある。

だが、自分が欲望を満たすことによって、自然や社会や他の人々の人生が変わっていくことに気がついたほうがいい。

7．教えの創造

他から与えられた教義と教理に対して「本当かしら」という不信や疑念が湧いてくる。しかし、歴史的に信仰の確立したような「立派な」教義と教理に刃向かうことはできないし、捨て去ることもできない。

集団としての信仰心を守ることが許されている。

「よこはま児童文化研究所」においては、「教えのない場」で、自ら、教えを創造し、再創造しながら、苦労して苦心して身につける。自分が他者と「ともどもに」生きるための教えに信頼がもてる。

自ら創造した教えに関して、自分と他者との生き方に合致しないと感じられたときには、再創造できる場がある。教えを自分で再創造できる喜びを、取り返せるのだ。立派な教義と教理を守るだけのlifeから脱出可能になる。

8．釈迦の教え

この教えは、釈迦の教えにある。「自灯明・法灯明」の教えである。

「アーナンダよ、このようにして、比丘《びく》自らを灯明とし、自らをより処として、他のものをより処とせず、法を灯明とし、法をより処として、他のものをより処とせずにいるのである」

（『ウィキペディア』「釈迦#自灯明・法灯明」より）。

これは「よこはま児童文化研究所」の「教義と教理なき教え」に非常に近いものである。だが、いつの日か、この教義と教理なき教えも捨てられるときがくるだろう。未来に何が起こるのか誰にもわからない。

❹ ＹＪＫのこと

二〇一九・一〇・二七

交わりを軸にしたたくさんの活動が「よこはま児童文化研究所」にある。

1. 集団としての活動

大きなところでは、年に三回の「天城子どもと親とのワークショップ」がある。またほぼ毎月の「トントン広場」がある。また、毎月の「あそぼ会」がある。こういうグループでの交わりがある。

2. 音楽を通して「ともどもに」を体験する活動

またさらに、年に三回の「みんなのコンサート」や、ほぼ毎月の「ゼミナール・コンサート」がある。また年に一回の「朋でのコンサート」がある。

3. 研究会としての活動

そして、毎月の「哲学・科学研究会」や「ラーニング・ボックス研究会」がある。その延長線上で、「日本特殊教育学会」への論文を発表する。そして、弘前市に年一回の「弘前ラーニング・ボックス研修会」がある。

4. 社会の人々との「触れあいの場」としての活動

そして、社会の方々と触れ合う年に六回の「大岡講演会」や、年に一回の「N・M・S」がある。

こうしてみると、かなり多方面にわたった活動をしていることがわかる。一年の活動の開始は一月四日に実施される「金沢動物園ハイキング」からであるが、この活動は参加者の「今年もよろしくね」という挨拶の場にもなっている。

こういうさまざまな活動が「よこはま児童文化研究所」の実態である。

そして、この全活動の中を「協働愛」に基づいた「ともどもに」という約束が流れている。この「ともどもに」という熱い約束に守られていることが、この研究所の基本的なメッセージである。

他の多くの集団の行動との違いは、「よこはま児童文化研究所」の「協働愛」に基づいた「ともどもに」という約束にある。「ともどもに」の約束の内容を、上に挙げた諸活動を通してさらに、さらに、さらに深化させていく楽しみがある。

「ともどもに」とは、ただいっしょにその場にいることとは違う。その場に共に居ながら、その時その場に居るあり方が問われている。たとえば、わたしがAといっしょに居たとしよう。そして、二人でアニメの面白さについて語り合っているとしよう。

A：えんちょうせんせ、コナン君、見た？
T：うん、見たよ
A：あのね、コナン君ね、小さいよね
T：うん、コナン君は、ちいさいよねえ
A：どうして、コナン君が小さいか、えんちょうせんせ、しってる？
T：え、しらないなあ
A：じゃ、おしえてあげようか
T：うん、コナン君が、どうしてちいさいか、おしえてよ

このような話し合いがあったとしよう。このような話し合いの場において、両者が「ともどもに」居るという内容は、どのようなものだろうか。たぶん、Aもわたしも、ともにコナン君について、「話し合えたなあ」という実感がもてたかどうかにあるのではないだろうか。

5.「すべき態度」ではなく「したい態度」へ

わたしとしては、どうぞAさん、わたしの時間を存分に使って、コナン君の話をしようね、とわたしの全存在をかけて、Aと自分に言えるかどうかだろう。

そして、わたしがAとコナン君の話をすることに無上の喜びを感じられるかどうかだろう。わたしがAに対して「こうするべきである、「ああするべきである」というような「すべき態度」をとれば、それは「ともどもに」の内容とは言えないだろう。

いっさいの「すべき態度」から解放されて、「したい態度」でAに触れていけたら、そこに純粋な「ともどもに」の関係が樹立されている。

わたしもAも、ともに、存在の喜びをからだいっぱいに味わえているはずである。

こういう「したい態度」を持たないわたしと話すことほど、Aの存在を脅かす態度はない。Aは、いつでも、どこでも、誰にでも、「したい態度」で向き合える仲間を求めている。

わたしがAを話し合う対象者として、「すべき態度」で接すると、Aの存在は一瞬にして崩れてしまう。

わたしはAの存在を崩してしまう仲間になりたくない。そう決心している。だから、わたしはAとの話し合いに「したい態度」で望みたい。そう決めてしまえば、自然に「したい態度」がでてしまうものである。

Aは、自分の話、それ以上に、自分の存在に交わることができる仲間に関心を寄せてほしいのである。この願いは、正当な願いである。

存在としての存在者である自分に関心を寄せてもらえなければ、苦しくて自殺を考えるかもしれない。それほど、Aには仲間から「したい態度」で接してもらいたいと願っているように見える。

わたしは、こういう「したい態度」で向き合って触れ合う「よこはま児童文化研究所」の「協働愛」に基づいた「ともどもに」の約束に心から賛同する。だから、自分の身を「よこはま児童文化研究所」に預けたい。

二〇二〇・一・五

5 「つながる」ではない、「つながっている」だ

わたしは学生時代にアメリカの臨床心理学者であるカール・ロジャーズの「クライエント中心療法」を学んだ。この流派のキーワードは「understand」であった。日本語に翻訳すれば「理解する」という意味になる。また「understand」は「下に立つ」という意味でもあると教えられた。理解するというキーワードと関連した「共感的理解」と「受容」と「援助」に関する

臨床的な意味を学んだ。

その頃、指導教官が「理解する、受容する、援助する、ではなく、理解、受容、援助で十分に表現されているのだ」とわたしに教えた。「する」を使ってはいけないという教えだった。

わたしのような学生にとって、「する」を使ってはいけないという教えは「何？」以外の何ものでもなかった。「わたしは動けないではないか？」。わたしは、頭の中が真っ白になった。まるで禅問答のような教えを指導教官から学んだ。いや、一方的に言い渡された。

当時、アメリカのカール・ロジャーズの臨床心理学に興味をもった日本の仏教関係者がいた。わたしは、またわからなくなった。なぜ、アメリカの臨床心理学と日本の仏教が関連するのかまったく理解できなかった。

あの奇妙な教えを受けてから数十年が経過し、わたしはやっと指導教官が教えた「する、を使うな」がわかるようになった。

いまのわたしは「よこはま児童文化研究所」の一員として、関係者の方々と「ともどもに」活動している。そして、この書物『ともどもに生きようよ　協働愛ですごそうよ』を感謝の気持ちを込めて書いている。

この「つながるではない、つながっている」で書き残しておきたいことは、日本中で流行している他者と「つながる」という表現に対して、わたしなりに応答しておきたくなったからである。

使われている「他者とつながる」という表現に「理解する」という表現と似たような上下関係を感じる。わたしが「Aたちとつながる」という表現に違和感を感じる。わたしがAたちと「つながる」という表現に、わたしの一方的な行為だけが表現されているようで嫌な感じがする。

年長者が年少者と「つながる」とか、障がいを受けていない人が、障がいを受けた人と「つながる」とか、社会福祉関係の専門職の人が、障がいを受けた人と「つながる」というフレーズに馴染めない。

この嫌な感じはまったくわたしの誤解かもしれない。それは「つながられた人」に聞けばわかるだろう。

わたしが「よこはま児童文化研究所」で学んだ他者との人間関係は、「始めにつながりありき」であった。わたしとAとが出会う、交わることは、両者がすでに「つながっている」関係に気づくことである。真実は、わたしがAと「つながる」ではなく、わたしとAとの「つながり」に気づいて、「ともどもに」生きる交わりに身を捧げることである。

思い切って言えば、わたしがAと「つながる」という表現は差別ではないだろうか。わたしがAとの「つながる」に失敗した場合に、それはAに問題があるから失敗したと言うかもしれない。「わたしがこんなに努力して、Aと、つながろうとしているのに、A（たち）は、なぜつながろうとしないのか」と恨み言を言うかもしれない。

わたしとAが「つながる」という表現にこれから「つながる」という意味が込められている。わたしとAの「つながり」は「これからつながりましょう」ではない。

わたしとAの関係はすでに「つながり」から始まっている。この絶対的な事実を疑うことなく「ともどもに」生きる道で交わればいい。

わたしがAといかに「つながる」のかという行為論、方法論を問う必要はない。すでに両者は存在として「つながり」関係に在る。

草は、大地にも、川縁にも、コンクリートの路上の隙間にも、石垣の隙間にも、岩の裂け目にも生えてくる。

誰一人として、こういう草を育てようとしたりはしないが、その草は自然にその場に生えている。そして、気がつく人は「あれっ、こんなところに草が生えている」と驚く。わたしとAの「つながり」も、草が自然に生えている事実と同じである。わたしたちは誰一人として、その草が「生えてくる」瞬間を見た者はいない。草はいつのまにか「生えている」。草が生えて「くる」のを見た者はいないが、たしかに草は「生えている」。草が生えるのは自然界における「法則」である。わたしとAの「つながり」は人間界における「自然法則」である。

❻「ともどもに」への道

二〇二〇・三・二〇

「ともどもに」という大樹は大地から押し出された樹木である。「ともどもに」生きるはすべての人間の理想である。わたしたちが心を掘って、掘って、どこまでも掘って行けば「ともどもに」生きたいという叫びが聞こえるはずである。

大樹は大自然の中から這い出てきた。大地の底深くからいつの間にか、這い出てきた人類の希望の樹である。大地に深く根ざした根はしっかりと太く大きな幹を支え、幹は大小無数の枝を支え、枝は数知れない葉を支えている。

大樹には時折恵みの雨が降りてくる。その恵雨は大地の子どもたちが大樹と戯れた足跡をきれいに流す。すると、大地の子どもたちはキャッ、キャッと大声を出してまた恵雨と遊び戯れる。まもなく、大樹はもとの美しさに戻り、輝く陽光に照らされる。

大樹の根元には無数の小生物が遊んでいる。大樹の葉と戯れて疲れた虫たちは小枝に挟まれて午睡にはいる。母虫は、子虫のあどけない寝顔を見ながら、未来の姿を、笑みを浮かべながら想像する。

しばらくすると、遠く離れたもう一本の大樹と人生を語ってきた大きな鳥が戻ってきた。

「大樹さん、むこうの大樹さんが、よろしくって言っていましたよ」「ありがとう、大鳥さん。むこうの大樹さんの花、うつくしく陽に輝いていましたか」「はい、それはもう、美しく、輝いていましたよ」「よかった――」

そう、この大地には、無数の大樹が屹立しているのです。そして、互いに、互いの大樹を尊敬し、すべての生命の行く末を見守っているのです。大地と大樹の前には、差別も、偏見も、排除も、殺戮もありません。協生だけが目的なのですからね。

大地には大樹を支えるすべてがあります。大地の恵み、雨の恵み、気温の恵み、風の恵み、昼夜の恵みがあります。生をうけたものは、その大地と大樹に守られて安心して息を吸うことができるのです。そして、その清く澄んだ空の気をいのちいっぱい吸い込んで、こころまで美しくなるのです。

大地は自分の命に架けても、大樹の命を守ります。とくに根の命を守ります。そして、大樹は、大樹に寄り添って生きているすべての生と命を、自分の命と引き換えに守ります。ここには、大地、大樹、そしてすべての生命の間での命の架け橋があります。

7 「ともどもに」の必須要件

二〇一九・一二・五

まず第一に、両者の交わりにおける「いっさいの体験を成立させる根拠たるものが経験されているか」どうかを吟味しなければならない。

Aの行為に対して上から裁くというわたしのあり方は、絶対に許される行為ではない。その理由は、わたしが、Aに対して、そのように振る舞う根拠がどこにもないからである。わたしが、Aの行為を裁くというわたしの行為の根拠が、わたしによって経験されていないのだから、わたしがAを裁くことはできない。

ここでは、わたしとAとの間に起こる出来事を「体験」と呼んでいるが、この体験を成立させる根拠が、わたしによって経験されているかどうか、そこをしっかりと考えなければならない。

わたしとAとを引き合わせたものは何ものか。そして継続して、交わらせているものは何ものか。さらに、これからも、Aとの交わりを、わたしに対して求めているものは何か。

このたえず問われなければならない「何ものかX」という存在の根拠が問題である。

もしも「何ものかX」が存在しなければ、もともと、わたしはAと出会うことはなかった。

出会いという体験を成立させていた根拠を意識できていなければ、わたしはAの「人体としての存在者」だけを観察し、言語化し、他者にそれを伝達するだろう。わたしは、Aに対してそうはしなかった。なぜか。わたしはAの「人間としての存在」に目を向けたかったからである。

さて、わたしとAとの間に存在して、体験を成立させている根拠は何か。その「何ものかX」を知ろうとする行為自体が、Aを「人体としての存在者」として見る行為を止めさせる。これはわたしにとって事実である。この根拠である「何ものかX」を思い、恐れ、従うならば、わたしとAとの関係は揺るぎないものとなる。すなわち、「ともどもに」生きる交わりの関係に変容する。その二人の「場の風景」に大きな変化が起こり、何ものにも代えがたい豊かな関係になる。その二人の場に緑風がふき、清らかな川の水音が聞こえ、はるか遠くまでの山並みが見える風景に変容する。

交わりにおける「いっさいの体験を成立させる根拠たるものが経験されている」ならば、わたしはAを見るよりも、Aとわたしとの体験過程に意識を集中する。そうすれば、わたしとAとの体験が、わたしの思い込みに依るものでなく、もっと別の有り難い存在のお陰であることに気づくだろう。

二人の体験過程が成立する根拠を意識することが重要で、Aとわたしの交わりの関係を築くために必須であることをここで全身全霊を込めて強調しておきたい。望む交わりの関係を築くのは、わたしの行為ではなく、両者の体験過程を根拠づけている「X」の業である。したがって、わたしは体験過程に意識を集中し、その「何ものかX」の声なき声を聞かなければならない。これを「身声」と名付けておきたい。

わたしの身体に充満した「何ものかX」の声を、耳の奥で、身体全体で聴き取りたい。このとき、わたしの身体と「何ものかX」の声が一体となっている、すなわち、Aとの体験が経験されている。

反対に、もしも「何ものかX」が、そのとき、その場に存在し働かなかったならば、すなわち「根拠が不成立」だったならば、わたしはAと交わることは永遠にない。

しかし、現に、わたしはAと交わった。とすれば、わたしとAとの間に「何ものかX」がたしかに存在していたということである。「何ものかX」は目にすることも、聞くことも、匂いを嗅ぐことも、手で触ることも、舌で味わうこともできない。感覚することができない存在である。しかし、Aとわたしの対等の、同等の、平等の「人」関係を求める場に、必ず、「何ものかX」は存在する。わたしはそれを確信している。そして、Aとわたしの交わりを「真・善・美」そして「聖」へと導いてくれる。

8 孤立から「ともどもに」への転換点

二〇一九・一二・一九

「よこはま児童文化研究所」は、参加者が交わる基礎に「ともどもに」と「協働愛」を置いている。

いまの日本の状況で、わたしが孤立しようと思えばすぐにできる。駅の切符は自動販売方式になり、遠隔地までの切符もインターネットで申し込めば、すぐに手続きが完了する。コンビニに買い物に行っても、電子マネーで決済できる。日本の至るところで、顔のない孤独なやりとりができるようになっている。

聞くところによれば、患者さんが担当医師の前に座ると、その医師は机上のコンピューターの数値だけ見て、患者の顔を見ないことがあるという。これは信じがたい場面だが、あるのかもしれない。それほど孤立や孤独になりやすい環境になってしまった。

他者の顔を見ないで生活できる環境は、いまの日本人にとって非常に危険である。凶悪犯罪の頻発はこういう孤独と関係があると思う。若者から「一度人を殺してみたかった」という発言が飛び出している。

孤独とは「他の人々との接触・関係・連絡がない状態を一般に指す」と解説され、孤立とは

「他者と何らかの群を形成せずに、単独の状態にあって他者とのつながりや助けのない状態にあること」と解説される。

昔から使われている日本語では「ひとりぼっち」に当たるかもしれない。昔は、ひとりぼっちで生きていることが淋しいので他者を求めることができたが、いまの日本では、寂しさをなくすために他者と出会うことは非常に難しい。

ネット上で淋しさをまぎらわせる方法があると聞く。でも、そこから真の人間的な交わりが生まれるとは思えない。

他の項にも書いたが、「ともどもに」生きる道を自分のものにするためには、まず、自分を他者に与えることである。そこから「ともどもに」に生きる道が可能になる。

まず、①自分を与え、そして、②協働愛を基礎にした「ともどもに」の道を得て、最後に③真の人間の道を歩み出す、という経路が予定されている。

初めの「自分を与える」という最初の関門が難しいのだ。これは、他者への偏見、差別そして排除しない生き方のことである。一〇メートルの崖からダムに飛び込むよりも難しいかもしれない。

しかし、まず「自分を他者に与える」、あるいは預けるという最初の行為が起こせなければ、「ともどもに」生きる道にたどり着くことはできない。

どのようにして、この前例のない「孤立や孤独の世界」から脱出できるか。前例がないだけに有用な答えは未だない。だから、「孤立や孤独」を心理学的にだけ解釈して、抜け出すための解決策を考えても、抜け出す道にたどり着けない。

したがって、孤立や孤独の世界をもっと広い立場から、多方面から、上から、下から、右から、左から、あるいは斜めから見直さなければならない。そして脱出の可能性のありそうな道を探し、あるいは改めて創らなければならない。

「誰か（X）」との関係枠の中で生きられる新しい道にたどり着ければ、孤立や孤独の世界に戻ることはないだろう。

その「誰か（X）」とは、いったい誰なのだろうか。一度、「天城子どもと親とのワークショップ」に参加してみると、見つかるかもしれない。

二〇一九・一一・九

❾「ともどもに」とは

「ともどもに」の場は湧きいずる泉のような場である。清泉のそばに近づきたくとも恐れを感じて身を引くこともある。自己の汚れに気がつき、清泉が自分の人生にふさわしくないこともあるから。

また反対に、汚水（悪）に惹かれて仲間になることもある。人間は本当に不思議な存在である。

わたしがAたちとともに生きようと決心し、美しい人生を描いてみても、真逆の汚水の中に転落することもある。反対に、ある人は汚水（悪）の中から這い上がり、美しい人生を送ることもある。

わたしの実存には、AとBとのようにまったく真逆の世界に何かのきっかけで嵌まっていく。

神なしで生きてきた人が、突然神学校に入学し、牧師になったケースもある。また、犯罪者だった人が弁護士になったりもする。どちらかに転がるきっかけは、人生という広い場に、つねにある。きっかけに気がつく人もいれば、気がつかない人もいる。

社会の悪が孤児院で暮らす男の子と女の子を翻弄するが、この二人を心から大切にする人と出会い、本当の幸せを手にする物語は珍しくない。この二人が、北米の森の中で焚き火をしながら語らっていると、突然「傷ついた鳥」が空を飛んでいく。この鳥は二人を救い出した男が世話をした鳥だった。

男の子：あいつ、どこへ行くのかな
女の子：きっと、家族の所へ行くのよ

いっしょに生きようとした二人が会話した場と同じような場が「よこはま児童文化研究所」の「ともどもに」そして「協働愛」で生きる場である。

家族とともに生活していながら、まるで他郷あるいは異郷に暮らしているように感じている若者が多くいる。

真の意味で「ともどもに」生きる場は現代人にとって大きな課題である。

二〇一九・一〇・一四

10 YJK発「協働愛」

キリスト教の新約聖書に「相互愛」が説かれている。イエスが弟子たちに「お互いに愛し合いなさい」と命じたと記されている。

イエス以前は、神への愛や隣人愛が説かれていた。イエスは我が弟子たちが相互に愛し合うことを命じたと記されている。

「よこはま児童文化研究所」の交わりにおいて、キリスト教における「相互愛」でなく、生きてはたらく「協働愛」という交わりを発見した。

第四四回「よこはま児童文化研究所」総会における「ラーニング・ボックス学習」の実践中で「協働愛」が発現された。

「協働愛」の交わりが生まれたのは、中扉「I　協の道」の裏ページ（一六〜一七ページ）センター下の写真の中央で、五名の参加者が「ラーニング・ボックス学習」を実践したときである。背中を向けているSさんが学習者である。他の四名は協働学習者である。Sさんの学習に四名が協働学習者として参加している。

そこで、Sさんを分子に、四名を分母に見立てて「分数愛」という言葉がわたしに浮かんできた。その直後に「分数協働愛」というさらに明瞭な言葉が浮かんできた。

$$\frac{S}{G+M+T+H}$$

分数愛の式

分母の四名がSさんへの協働学習者でありながら、この四名がそれぞれに愛に基づいて協働していたことが見えた。

分母において「協働愛」の行為があった。そしてさらに、分母の「協働愛」の行為が分子のSに対して「協働愛」で交わった。

この五名は自発的に学習者の席に座り、協働学習者の席に座った。

さて、ここで一つ考えておかなければならないことがある。写真の中央に五名の分数愛（協働愛）者がいる。なぜ、この五名だったのだろうか？　不思議である。台風一九号通過のその日に、研究所の総会に集まったこの五名は、どうして、みずき、けいいち、けんいち、がく、そしてしおり、だったのだろうか？

偶然？　そう偶然なのだろう。だとしたら、その偶然はどのようにして起こったのだろうか？

また、「ラーニング・ボックス学習法」では、学習者（しおり）と協働学習者（みずき）が必須な人員である。しかし、写真には、そのほか三名が参加している。初めは四名だったが、学習が始まる直前に、がくが参加していた。これも偶然なのだろうか？　誰が、なぜ、このような偶然をもたらしているのだろうか？　深い謎を感じる。

この写真から、考えなければならないさまざまな問題が浮かび上がってくる。たとえば、しおり、みずきのほかの三名は、どうして別の三名でなかったのだろうか？　なぜ、けいいち、けんいち、がく以外の参加者は参観者になっていたのだろうか？　なぜ、けいいち、けんいち、がくの代わりに他の参加者がこの学習集団に参加しなかったのだろうか？

こういう場をただの偶然として片付けてしまっていいのだろうか？　偶然でないとしたら、けいいち、けんいち、がくに、どういう力が働いて「やる」という行為をとらせたのだろうか？

この考察から、学校における教育は、人間（教員）の強制力によって、児童・生徒・学生たちに、強制的に学習させているだけではないのだろうか？　だから、児童・生徒・学生たちが学ぶのは、教員から強制されていたという非常に否定的な学びに終わっているのではないだろうか？　そうでないことを祈る。

よこはま児童文化研究所は、この否定的な結果を生んでいる学習構造から抜け出して、人間（学習者、協働学習者）に働きかけている普遍的な力が何であるかを体得して、その学習の人間的な原理に基づいて学習を進めていかなければならない。

何が、学習者と協働学習者の双方を一つの学習の場に向かわせているのか、その「何が」（X）を体得、発見していかなければならない。

二〇一九・一〇・二一

⓫ YJKの中で考える

「よこはま児童文化研究所」にいていろいろなことを考える。ミクロには、参加者の人生を考える。マクロには、日本、世界の平和と安全を考える。そして、一番考えさせられるのは人間の歴史である。自分の、あるいは自分たちの「幸せ」を願わない人はいない。しかし、歴史的に、つねに、人間が幸せな状態で過ごせたわけではない。絶え間のない争いが人間を襲っている。そこで、人間は幸せを安定させる制度、社会、国家体制を試行してきた。また、反面では、宗教に救いを求めて教会や寺院に参集してきた。この政治と宗教の問題がたえずわたしの頭の中にあった。

「保安官か牧師か」というテーマで考えてきたが、現在は、この両者の架け橋を考えるようになった。一方だけでは、人間の幸せを確保することは不可能である。人間の二四時間、一か月、数年はいろいろな出来事の連続であるために、「保安官か牧師か」という二律背反では解決できない問題が噴出している。「よこはま児童文化研究所」の参加者と「ともどもに」活動しながら、身も心も安定した幸せは「保安官と牧師と」の微妙なバランスの上にもたらされることに気がついた。

牧師について考えれば聖書に行き着く。聖書は歴史的に最も発行部数の多い書籍であり、仏教などと並んで世界宗教の一つである。聖書について考えていたときに、以下のような考えに至った。そのことを書いておきたい。

1. 聖書を読む場所は？

新約聖書を読む場所は戦場である。このように考えるのは、わたしが長年「よこはま児童文化研究所」の一七の活動に参加してきたからだと思う。聖書を、ある「場で読む」書籍の一例として考えるようになった。

この唐突な物言いは読者を驚かせるかもしれない。しかし、長年考えてきた結果、この考えにたどり着いた。

戦場をどのように捉えるかはまた別に問題にしなければならない。しかし、新約聖書を読む、あるいは、真に読める場所は書斎でもなく、神学校でもなく、教会でもない、と思うようになった。現在なら、中東の戦場と化した場所で読むということになる。

虐げられた国に生を受けた人々の幸せへの願いが叶うように聖書を読むべきである。聖書とは、もともと、そういう読まれ方が望まれていたのではないだろうか。国家の争いを解決するのはひとりの英雄ではなく、国民一人ひとりの心の中を見つめて解決するという考え方ではなかったのか。イスラエル国民の「相互愛」が推奨されたのは、その証拠ではないのか。

たとえば、戦場のカメラマンが、時折、マスコミに登場する。彼らこそ新約聖書を「体において」読んでいると思うようになった。戦場のカメラマンが目撃するのは、新約聖書が書かれた当時の争いに満ちた、ローマの支配権力の横暴に虐げられた時代によく似ている。

嫉妬や裏切りが日常茶飯のことであった当時の出来事をドキュメント風に書いたのが新約聖書なのだ。新約聖書発行以後、新しい聖書は出現していないのはなぜなのだろうか？　謎である。

当時の大国ローマの支配下にあったイスラエルの国民が、虐げられている自分たちの国家を救う英雄を求めて書いたのが新約聖書なのだ。しかし、英雄は出現しなかったのだ。その代わりに、「愛」の教えを説いた人間が現れたのだった。

そういう意味で、当時のイスラエルの実情を抜きにして、新約聖書を読むことはできない。これが「保安官か牧師か」という次元で考えた一つの到達点である。聖書は争いの渦の中から誕生した。これは、私見にすぎないのだが。

2.「よこはま児童文化研究所」物語を記述する視点

わたしの心の中で「よこはま児童文化研究所」の存在が大きくなってきた。頭の中に記憶するだけでは間に合わなくなった。それなら、記録することだ。物語形式にして記録したいと思うようになった。

わたしは、つねに、「よこはま児童文化研究所」の活動を基礎、基盤にしながら世界のあらゆる出来事を考えてきた。だから、日本や世界で起きている諸問題が「よこはま児童文化研究所」の一七の活動に対してどのような影響が出てくるかを考えてきた。

たとえば、「グループホーム」について、人間の生き方、あり方、善悪、好悪、倫理、道徳、福祉、福祉行政などの観点から考えてきた。「グループホーム」という制度は入所者にどのような幸せを提供しているのかについて考えてきた。

なぜなら、「よこはま児童文化研究所」は人間の真の幸せを考えながら、生き方を模索しているからである。社会の潮流に流されるだけの浮き草のような人生でなく、「わたしは、これでいいんだ」という自ら選んだ生き方を基礎にした人生を志向してきたからである。

こういう生き方は、ある意味で、社会に対して挑戦的と感じられるかもしれない。しかし、社会制度に挑戦しているのではなく、もっと善い生き方をいっしょに模索してほしいと願っているのだ。

したがって、「よこはま児童文化研究所」は人間の生き方の新しいモデル創りをしているともいえるだろう。ささやかだが、真実を貫いた永遠の道を模索しているともいえる。

3. Aさんたちと居る実感

わたしは、「よこはま児童文化研究所」に参加しながら、Aたちとの「ともどもに」を目指した活動において、新しいわたしの生き方を考えてきた。

Aたちといっしょに居ると、①何が見えてくるのか、②何が見えなくなるのか、③何が必要になるのか、④何が不要になるのか。

また、Aたちといっしょに居ると、⑤何を感じられるのか、⑥何を感じなくなるのか。

また、わたしは、Aたちとたしかに「ともどもに」居る⑦実感があるのか、⑧どのように居たらいいかを知っているのか、⑨何を感じているかを知っているのか。こういういろいろな側面から、自分を点検するようになった。

わたしにとって、Aたちと「ともどもに」生きることが必要になった。わたしはAたちに「何か」大切なものを見てしまった。わたしが、それを言語で表現するのは難しい。でも、わたしから、その何かが離れない。

むしろ、わたしのからだに張り付いている感じがする。

Aたちがわたしを呼んでくれている、あるいは、わたしがAたちに連れ去られたような感じがする。わたしは、もう、Aたちと「ともどもに」居るしかなくなったようだ。

そこから、実感が噴出してきた。「ともどもに」居るとは感情なのだ、「いっしょに居るなあ!」という実感なのだ。そこには、わたしは消えて、ただ「居る」だけの風景が残る。

12 Aさんとわたし――その存在と存在者から協存在と協存在者へ 二〇一九・一〇・二八

わたしがAの存在者からAの存在に触れる理想的な風景を夢見てみよう。

都会に住むわたしたちは、他者の存在や実在に触れることはきわめて難しい。他者に触れたいという欲望自体が萎えてしまっている。

あるいは、さらに、他者に触れたいという欲望が自己の内部に宿っていることさえ失っている。こういう他者へ向き合いたいという欲望が萎えてしまった背景に、都会には夜がなくなってしまったという厳然とした事実が横たわっている。人間の生命にとって重要な夜の存在を、文明が消してしまった。同時に静かさを、穏やかさ、緩やかさ、こういう人間の生命を育む大切な要素を根こそぎ切り落としてしまった。それを、現代人は文明とか科学の勝利と呼んでしまっている。

しかし、そのために、都会人は、ますます、日常から喜びや、生きやすさや、ヴィヴィッドな生命のもつリズム感を失った。これでいいのかと問われれば、誰一人として「いい」と答えられる人はいないだろう。

なぜなら、人は内面で自分の生命が蝕まれているのを、ひしひしと感じているからである。生きる風景をリアルにイメージできなくなっているのである。だから、ヴァーチャルな映像を通じて、かろうじてリアルな風景に触れた気分に浸ってしまう。秋の田圃の稲穂を見ることも少なくなってしまった。

現代人が失った最大のものは他者の存在である。現代人には、もう他者など存在しない。隣人を愛そうとしても、現代人に隣人は存在しないのだ。神を愛そうとしても、現代人には神は存在しない。存在しない隣人や神をどのようにして愛するというのか。

現代人の最大の危機は他者の存在を喪失したことにある。いっしょに歩こうとしても、いっしょに歩く他者が隣に存在しない。だから、現代人にとって最も重要な課題は、他者の存在に気づける感性を取り戻すことにある。

そして、他者の存在が失われたということは、自己の存在も失われたということである。なぜなら、他者の存在なしに自己の存在はないし、自己の存在なしには他者の存在もないからである。

わたしはAとの関係で、他者の存在を取り戻したいと願う。そのためには、既存の出来合いのAとの関係のつけ方から離れる必要がある。そういう既存の役に立たない、それどころか差別を増幅させる地図を捨てて、地図のない二人の世界を、手探りで歩む覚悟が要る。海図もない海原を、灯りもない海原を、一艘の船で航海する覚悟が求められている。Aとわたしとの平等な関係の基本的な構図である。わたしだけが、Aを理解（？）できる地図や海図を持っているのは差別そのものである。わたしも差別用の地図や海図を海中深く投げ捨てなければならない。

真っ暗な海原を一艘の船でAと協《とも》に航海するという「beyond」する気構えが必要である。でなければ、Aとわたしとの命が混じり合っていない、まるで砂漠のような空間に堕してしまう。飢えと渇きによってAとの出会いの地点までたどり着くことは不可能になる。Aとわたしの命が混じり合っての航海であれば、わたしとしては、たとえ出会いの地点までたどり着けなくとも、命の混じり合いを得たことで十分に生きた意味が叶えられる。Aの命とわたしの命が混じり合っていない同行は悪そのものである。

Aを外側から見るのではなく、Aの内なるものと触れながらの同行を続けたいし、続けなければ生きた証にはならない。そのためには、Aとの同行中に、たえずわたしはAの内なる心において、清流の水のように流れていなければならない。Aの心の川に流れるわたしの清流水が、Aとわたしとの命の混じり合いの風景である。わたしがAの心の中で清流水として流れていれば、Aとしてはわたしと同行していても、一時もAであることを失うことはない。いつでも、どこでも、AはAとして存在できる存在者である。わたしはAと同行していながら、ただAがわたしの目前にAそれ自身として立ち現れてくる風景を見つけるだけでいい。

このような風景を、Aとわたしが北の大地の湖の畔に立ち、暗いのではない黒い夜空を見上げ、はるか彼方の空の果てに心を奪われている、そのときに、いつの間にか東の空から少しずつ灯りがやってきて、真っ黒闇の中に立っていたAとわたしの存在を照らし、二人で、ふたりの存在者に触れる、そういう風景にたどり着く。その東の空からやってきた灯りは、本物の灯りであり、日常と非日常の境界を取り払った二人の生の証を示す。

わたしはAといったん触れ合うと終生忘れられないで、ついてまわるような生きた証という証明書をもらったような感じにさせられる。

「よこはま児童文化研究所」は縁が触れ合えたすべての人に生きた証を発行する場として存続するだろう。その証は時代を超えて生きる力を与える本物の証明書である。存在者から存在に立ち返るには他者が必要である。Aによって、他者の復活が求められている。

二〇一九・一二・二五

⓭ 思い出と思いだし

Fさんたちは「あまぎ、こんど、いつ」とたずねる。別の項にも書いたが、天城山荘から横浜に戻り、バスを降りてすぐにたずねる。わたしも「今度の天城はいつかな」と思うことがあるが、Fさんたちのように横浜に帰ってきて直ぐに思うわけではない。しかも、「よこはま児童文化研究所」の予定の打ち合わせで「今度の天城はいつだったかな」という程度である。Fさんたちとわたしの思いは大きく違っている。

しかし、わたしとしても単に「よこはま児童文化研究所」の行事の水準で考えているわけではない。わたしなりに命がけで天城山荘に出かけているのだが、思いの深さにおいて、Fさんたちに及ばないのだ。

そのワケを考えておきたい。Fさんたちにとって「あまぎ」は単なる固有名詞でもないし、予定された宿泊場でもなく、ましてや遊びに行くだけの場所でもない、このことは、わたしには理解できてている。

昨日、帰宅途中の京浜急行に揺られながら見るともなしに車外の見慣れた景色を眺めていると「思い出」と「思いだし」という日本語が浮かんできた。

そして、この二つの日本語が人生に大きな意義を与えていることに気がついたのだった。

このことは「思いだし」に該当する行為とは言えないだろうが、この二つの日本語がこの順序で頭に浮かんできたのは「記憶心理学」で言うところの「想起」あるいは「検索」というのだろう。

しかし、わたしは意図的に「想起」しようとしたわけではない。ふと出てきたとしか言いようがない。意図していなかっただけに、この日本語が浮かんできたときに一瞬だが喜びのような感情が伴った。

なぜか知らないが電車に揺れているわたしの体が「ふわっー」と浮いたような喜びであった。そして、この二つの日本語でFさんたちの「あまぎ、こんど、いつ」の謎に迫りたいと思った。

一般的に「記憶」はどのように説明されているだろうか？

記憶の過程は①記銘、②保持、③想起（再生、再認、再構成）、④忘却、という流れになっている。

①情報を覚えこむことを記銘という。
②情報を保存しておくことを保持という。
③情報を思い出すことを想起、起憶という。
④記憶されていたことを想起できなくなることを忘却という。

この説明から考えてみると、①記銘、②保持、③想起（再生、再認、再構成）、④忘却という四過程において、まず④忘却は考慮外であるので問題にしなくてもいいだろう。そして「あまぎ、こんど、いつ」というフレーズからわかるのは、②保持、③想起（再生、再認、再構成）である。保持はFさんたちのフレーズから問題なくなされている。

「想起」に関しては、「再生」なのか、「再認」なのかを問題にしなければならない。再生と再認に関して、「再生とは経験したことをそのまま思い出すことで、再認とは問われたものが経験したことであるかどうかを、確認をすることです。一般的に再生することよりも再認することのほうが簡単である。

この再生と再認の説明からすれば、Fさんたちの「あまぎ、こんど、いつ」は明らかに体験したことをそのまま思い出す「再生」に当たるだろう。とすると、今度は二つのことが問題になる。

①Fさんたちは「天城子どもと親とのワークショップ」において、何を、どのように「体験」していたのであろうか？

②その体験をどのようにして「記銘」したのであろうか？

の二つである。

ところで、日本語の「思い出」と「思いだし」という言葉は、記憶に関する認知心理学における、最初の「①情報を覚えこむことを記銘という」に該当しないのだ。

「思い出」は「保持」にあたり、「思いだし」は「想起」の「再認」に当たるように思う。

とすると、Fさんたちの「記銘」に当たる日本語とは何だろうか。

ここでひっかかるのは「記銘する」という言葉の「する」である。Fさんたちは「記銘する」のだろうか？　日本語の「思い出」に関して、「思い出スル」とは表現しないではないか。思い出「作り」とは表現する。

しかし、この言葉には「思い出」そのものが作られるのではなく、たとえば、①あちこち旅行する、②ある山岳地帯を登攀する、③大海原を航海する、④飛行機に乗って恋人に会いに行く、⑤葉山のヨットハーバーでヨットに乗る、というような「歩きまわる」結果に与えられた言葉に過ぎない。

また、Fさんたちの「あまぎ、こんど、いつ」も「思いだし」の結果、発言されたものでもないようだ。自然に、ありのままに、思ったままに発言されているようにしか受け取ることができない。

とすると、Fさんたちの「あまぎ、こんど、いつ」を理解する鍵は、認知心理学でいう「記銘」に当たる日本語は何かということである。Fさんたちは記銘行為なしに「あまぎ、こんど、いつ」と発言しているのではないだろう。
ここで少し整理しておきたい。

A　①記銘→②保持→③想起（再認）
B　①X→②思い出→③思いだし

B　①Xに当たる日本語は何か？

「思い置く」あるいは「覚える」、「憶える」などが「記銘」に近い意味があるようだ。意味的には、そうだとしても、Fさんたちが「天城子どもと親とのワークショップ」をわざわざ「覚えたり」、「憶えたり」、ましてや「思い置く」ことなどするだろうか。否。どう考えても、Fさんたちは「天城山荘」に居ながら「あまぎ、こんど、いつ」を体験しているとしか思えない。Fさんたちは「天城山荘」においていろいろな活動をするが、「あまぎ、こんど、いつ」というフレーズに関しては完全な受動態として仕込み、そして「思い出し」ているのではないだろうか。受動態であるだけに「あまぎ、こんど、いつ」のフレーズには、五感による体験のすべてが含まれていると考えられる。

「あまぎ、こんど、いつ」の「あまぎ」という場所を表す言葉には五感の全要素が「思い出されている」、あるいは「復活されている」、あるいは「再現されている」のではないだろうか。そしてまた「あまぎ、こんど、いつ」の「いつ」には、Fさんたちの存在が水中の水のように、あるいは空気中の空気のように、あるいは風の中の風のように絶え間なく、矛盾なく健やかに流れているのではないだろうか。

もしそうだとするならば、Fさんたち自体がすでに「天城山荘」そのものなのである。Fさんたちは横浜で生活していても、身体は「天城山荘」であるので、「天城山荘」での体験がたえず五感を通して再体験されるというギョッとするような在りようをしていることになる。

したがって、Fさんたちと「天城山荘」とは一体なのだろう。Fさんたちが「天城山荘」に行くことは、「天城山荘」が「天城山荘」に行くことに等しいことになる。Fさんたちと「天城山荘」とが、互いの存在を相互に乗り入れしていることになる。

Fさんたちと「天城山荘」はまったく別の存在であるが、しかも同じ存在として存在してしまっている。ここまで体験できるFさんたちとは、いったい何者なのだろうか、恐ろしい気がする。

⓮ 時代の子たち

二〇一九・一二・二八

「よこはま児童文化研究所」に参加している子どもたちを「時代の子」と呼びたい。彼らは、自分たちが誕生する時代を選ぶことはできないが、生まれた時代を変えることはできる。それは彼らの生き方、行為のあり方、理想の持ち方、信仰の有無、思想語の有無などによってできることである。

わたしは学生時代を「変革の時代」としておくった。学生闘争が最も激しかった時代に学問をした。同大学の闘争のリーダーは、「君の専攻科は何ですか」と問われて、「革命科」ですと答えていた、そういう激しくも空しい時代だった。

六〇年代、七〇年代の学生闘争の総決算が少しずつされるようになった。「浅間山荘事件」にかかわった当事者がマスコミに応じて、現在の心境を吐露する時代になった。しかしながら、あの学生闘争で、何が変わり、何を得たのであろうか。

現在は「産学協同」は常識と化した。歴史を汚す「産学協同」に対して激しく「NO」を突きつけた正当な思想はどこに消えてしまったのだろうか？

歴史は変わる。さまざまな学者が歴史について持論を述べているが、未来の歴史について語る人は以外に少ない。未来の歴史とはわたしにとっては、「history」から「hi」を除外した「story」のことを意味している。未来の歴史とは、現在のわたしたちが命がけで語り、創る、「輝ける物語」である。

「もの」を「かたる」人が相当に少なくなってしまった。現代人は「もの」の本当の意味が、見えなくなっているか、見たくなくなっているか、わからなくなっているか、わかりたくなくなっているか、なのであろうか。

新しい未来を目指しながら、現在に生きる「よこはま児童文化研究所」の参加者は、未来の歴史を考えながら「一七の活動」を実施してきたし、これからも、その考えで実施するだろう。わたしたちは、一つ一つの場において「ともどもに」と「協働愛」の思想語を導きの糸として、未来の歴史のイメージを現在の活動に託して活動している。

「よこはま児童文化研究所」は、従来の制度改革か信仰問題かという二律背反の考え方を捨てて、時代の要請（これこそ「よこはま児童文化研究所」が要請する「ともどもに」と「協働愛」が、この社会において現実化すること）に応じて、この二つの領域に架橋しなければならないと考える。一方だけに振り子が振られることが負の遺産をもたらすことは歴史が証明済みである。

さて、「よこはま児童文化研究所」には、Aたちがなぜ「よこはま児童文化研究所」で生きようとしているかについての明確な思想を構築しなければならない義務がある。

彼らがこの「時代の子」として誕生した意義は、やはり、わたしには、彼らが明確な「時代の変革」を求めるというメッセージを持つからだと考える。Aたちを取り巻いて、人間として、してはならないことが象徴的に生じやすい。それは、他の項でも繰り返し採り上げている偏見、差別、排除、そして他者化の問題である。この四つは、素早く、この世からなくならなければならない。

いくら、社会が、「わたしたちは彼らのことを大切に考えています」と叫んでも、社会の隅々までその考えは浸透していない。浸透できない。Aたちが歩む歩道の照明度は、もしかすると、わたしたちの万分の一かもしれないのだ。歩道が昏すぎて、彼らは、歩くのに困ってしまう状態に在るのではないだろうか？

ルネ・ジラールの「世の初めから隠されていること」の松岡正剛氏による解説によれば、「暴力がなければ正義もつくれなくなっていく」という。また、歴史の当初には「迫害」と「犠牲「と「隠蔽」があったという。

そして、現代もこれは続いている。巧みに隠蔽されながら、「迫害」と「犠牲」はなくなることがない。

「神（God）」にさえどうしようもない問題であるが、もしかすると、神がこの歴史上の「迫害」と「犠牲」に加担しているかもしれない。なぜならこの世から「迫害」と「犠牲」は消滅していないからだ。

さて、「よこはま児童文化研究所」の一七の活動から少しずつ見えてきたことは、人間の問題において、個人で解決できる、あるいは解決しなければならない問題があるということ。しかし、その問題を抱えた個人だけでは解決「できない」問題があるということである。この問題とどのように生き抜くか？

「新約聖書」によるキリスト教の時間的な歴史は二〇二〇年になろうとしている。その間「イエス・キリスト」は信者の信仰の対象となっていた。しかし、この世から「迫害」と「犠牲」が消滅していない。「神」にも手の施しようがない、まさに「人間の問題」なのだ。

わたしひとりの「正義」を貫いても「迫害」と「犠牲」は消えない。

ここから「よこはま児童文化研究所」の「ともどもに」と「協働愛」とが現代における思想語として、山並みのはるか彼方からチラッチラッと見えてこないだろうか！

「迫害」と「犠牲」はまだこの世から消滅していないが、その「迫害」と「犠牲」をじっと見つめている「もの」が在る。それは「よこはま児童文化研究所」の死すとも手放すことのできない思想語である「ともどもに」と「協働愛」である。

この両眼が現代の「迫害」と「犠牲」をじっと見つめている。この両眼は、「よこはま児童文化研究所」の参加者にとって、まるで新しい「何者（X）」である。この両眼があれば、もしかすると歴史の当初からあった「迫害」と「犠牲」に終止符を打つことができるかもしれない。

⓯ 忘れられなかった時

二〇一九・一二・四

Fたちが「あまぎ、いこう。こんど、いつ」と言うのは、きっと、「天城子どもと親とのワークショップ」において忘れられなかった時があるからではないか。

Fたちは、時に対する感受性がとても深いのではないかと思う。天城山荘という場とその時にどっぷりと浸かっているのではないだろうか。単なる旅行者として天城山荘に滞在しているのではない。

そこの場に居る時には、すっぽりとその場とその時に埋もれて生きているのではないか。まるで天城山荘で生まれて、天城山荘で育って、天城山荘で学んで、天城山荘で楽しんで、Fの身体から天城山荘が消えることがないのではないか。

でも、なぜだろう？

その謎は、Fが自分を天城山荘という豊かな「場と時」に無意識に、しかも完全に解き放とうとしているからではないだろうか。この解き放ちをわたしたちができなくなっているのではないだろうか。

現代人は忙しく、忙しく蠢《うごめ》いている。その場にその時に居るという実感がない。いまの行動は、単なる次の行動への準備にすぎない。「いま・ここで」の存在者として生きることができなくなっている。その「場と時」から現代人は乖離し、果てしなく続くある目的地への単一行動として蠢いているだけなのだ。

それに対してFたちの生き方は、「いま・ここで」の存在者として存在しているように見える。

Fたちは、どこでもなく、ここ以外のどこでもなく、紛れもなく「ここ(場)」に居る。ここに居る時間が一瞬たりとも途切れることがなく、時間とFがまるで同じ存在者であるような「忘れられない時」になっているのだろう。忘れられない時とは、場と時が身体と一つになっているときに体験できる。感覚的でもなく、感情的なものでもなく、やはり、その「場と時」と一体になっているという謎のような体験を超えた世界の出来事であろう。Fが横浜に戻っても、その「場と時」が普遍的な存在として、Fの身体として継続し続けているのだ。

「こんど、あまぎ、いつ」と。

16 問いの変化とAさん

二〇一九・一二・二八

貫成人氏は、哲学においてプラトンたちは①「存在の原理は何か」、カントらの近世近代は②「どのようにして知りうるのか」、そしてニーチェたちは③「なぜそんなことを知りたいのか」というように問いがシフトしてきたという。そして問いや問い方の変化に理由があるという。①「what」から、②「how」へ、そして、③「why」に向かった問い方の変化がわかる。

歴史的な問いや問い方の変化からみると、わたしのこの書物における問いや問い方は、主に、「存在の原理は何か」あるいは「なぜそんなことを知りたいのか」である。

そして、「なぜ存在の原理は何か」を知りたいかを自問しながら、「なぜそんなことを知りたいのか」に向かったような気がする。わたしの問い方は、「what」の追求を柱にしながら「why」の追求に向かっている。わたしとAたちとが同列の世界で生きるために、世界はどうあらねばならないかを執拗に問題にした。

そして、遂にL・ウィトゲンシュタインが前期の『論理哲学論考』(*Logisch-philosophische Abhandlung / Tractatus Logico-Philosophicus*) において主張した七つの断章の四つ目「思想は有意義な命題である」（"Der Gedanke ist der sinnvolle Satz."）と、七つ目の「語りえないことについては、人は沈黙せねばならない」（"Wovon man nicht sprechen kann, darüber muss man schweigen."）をかすめたような気がする。

とくに四つ目の「思想は有意義な命題である」に関しては、「よこはま児童文化研究所」の二つの思想①「ともどもに」と②「協働愛」とを、参加者に向き合ってほしい思想として提示できたことが大きかった

また、七つ目の「語りえないことについては、人は沈黙せねばならない」に関しては、Aたちの存在に関して、Aたちの「存在者」という視点からアプローチしても、結局のところ真のAたちの存在にたどり着くことができないことを繰り返し述べている。

もどかしいのは、Aたちを表現するときに、適切な言葉と表現法がないことであった。だから、「存在者」とか「存在」、あるいは「人体としての存在」とか、「人間としての存在」、あるいはまた「名のある存在者」とか「名のない存在」とかいうような一読してもすぐに了解できないフレーズを使うしか方法がなかった。また、わたし自身を適切に表現する言葉も表現する方法もなかったのだ。わたしにとって、一番見えにくいのは「わたし」なのだが、それは「わたし」を見えるようにする言葉も表現法も無かったからでもある。

こうしてみると、わたしは「なぜそんなことを知りたいのか」という問いに導かれてたくさ

んの問いを出して、究極のAたちに到達したかったのだ。目の前に居るAたちを見て、それがAたちだと思えば「それでいいではないか」というあざ笑いのような声が耳元でする。

しかし、わたしは、そういうわたしの在りように不快感を感じるし、Aたちがこの世に誕生した意義・意味が台無しになると感じた。

L・ウィトゲンシュタインの「語りえないことについては、人は沈黙せねばならない」という切り方を言い直してみれば、わたしの場合は「知り得ないことについては、わたしは沈黙しなければならない」という結論に達した。Aたちに関して知り得ないことが多すぎるのだった。また、わたしに関しても知り得ないことが多すぎた。

L・ウィトゲンシュタインの言うように「世界は起こっていることとの総体である」("Die Welt ist alles, was der Fall ist.")ならば、Aたちとの交わり方を、どのようにするかによって、世界の総体は変化する。

「よこはま児童文化研究所」は、①「ともどもに」と②「協働愛」によって、Aたちと交わると決めた。とすると世界の総体に、この二つの思想が含まれたことになる。どういう思想で他者と交わるかによって、世界の総体が変わるという発想は、いまのわたしを方向づけるに十分である。すなわち、「よこはま児童文化研究所」の思想で生きていこうという方向である。

こうして、わたしはL・ウィトゲンシュタインの『論理哲学論考』における七つの主張の中

から、

4.「思想は有意義な命題である」

1.「世界は起こっていることの総体である。

7.「語りえないことについては、人は沈黙せねばならない」

に関係したことになる。

そして、このわたしのL・ウィトゲンシュタインへの関係の仕方はたぶんに独断である。しかし、他者の思想に触れるということは、いまの自分の思想と行為との格闘であり、独断を必須とするものであろう。他者の思想を、他者の言い分のままに、わたしが理解することは不可能であり、また、それを承知で思想家は自分の思想を開陳している。自分の思想と他者の思想をつき合わせて格闘しながら、わたしの独断の思想が形成される。そして、いつしかこの世から消滅する。

しかし、わたしたちの思想である「ともどもに」と「協働愛」とは、「よこはま児童文化研究所」の一七の活動の中から芽生えてきたものであるということを忘れないようにしたい。

17 この一瞬のために

二〇一九・一二・一九

自分自身に背いた生き方を続けると「自分はいったい、何のために生きてきたのだろうか」という強い懐疑に襲われる。

だが同時にそのとき、わたしには人間としてふさわしい生き方があったのではないかと気づかされる。そして、人間にふさわしい生き方が必ず在ると確信する。

毎日、あくせく、ただ忙しく仕事に追われて生活していると、生きている実感がどんどん自分から離れてしまう。

「生活」と「生きる」という意味が離れてしまい、生きていることが空しく感じられる。生活しているが「生きていない」という奇妙な感覚が押し寄せてくる。そうして定年を迎え、未来も意味も感じられない余生が始まる。

こうなる前に「この燃え上がる一瞬のために」生きる準備をしておかなければならない。

その迎える「燃え上がる一瞬」がもつ意味や内容は、各人によりさまざまであるが、誰にとっても「燃えあがる一瞬」であることに違いはない。

蝋燭《ろうそく》の芯は蝋の中にありながら、芯が灯されると、芯と蝋とが一体になって灯りを灯し、燃え尽きるまでいっしょである。しかし、芯は蝋（社会）と一体であって、初めて芯として生きられることを忘れがちである。芯は始めから蝋と一体であるから、蝋がなければ芯の灯りもない。

この重大な事実を忘れると、「生活あって生き方なし」の奇妙な本末転倒な生き方に違和感を感じるようになる。衣・食・住が完全に満たされていても、「何か足りない」というあの空しさ、虚ろさを感じるようになる。

蝋燭の芯も、燃え尽きる前に燃え上がる「一瞬」があるが、人生もその燃え上がる一瞬がないと生きたとは言えない。その一瞬をわたし自らが「いつ燃え尽きよう」などと設定することはできないが、誰かあるいは誰かたちと「ともどもに」「協働愛」で生きていけば、必ず燃え上がる一瞬の訪れがある。

蝋燭の芯は蝋（共同体）と一体となって周囲を照らす。そうなのだ、自分が生活していて周囲を照らすまでには行きつかないかもしれないが、自分が周囲の人々と「ともどもに」生きていれば、その「生きている」という厳然とした事実自体が照らす行為になっていると思う。一本の蝋燭よりも二本の蝋燭のほうが暗闇をよく照らし、蝋燭が三本、四本、そして無数の蝋燭が「ともどもに」互いに互いを照らし合えば、闇は消えてなくなる。

「よこはま児童文化研究所」の「ともどもに」生きるとは、互いに互いが蝋燭の芯であることを知り、また蝋燭の蝋であることを知りながら照らし合う生き方かもしれない。

「天城子どもと親とのワークショップ」に「ともどもに」居るときの若者たちの表情には互いに照らし合っている喜びが満ちあふれている。そう、自分の蝋燭の芯は友人を照らすためにあることを知り「ともどもに」生きることが、生きる意味である。

18 その瞬間「消滅と再生」について

二〇一九・一〇・二七

わたしは瞬間である時間に興味と関心がある。わたしがフルートとリコーダーを吹いているからだろう。わたしがフルートに息を吹き込んで出された音は瞬時に消滅する。そして消滅直後（刹那）に新しい次の音が出される。フルートの演奏は音の消滅と再生の反復にある。

わたしが息を吹き込んで出された音は瞬時に消滅し、次の音が生まれる。この音の消滅と再生は音の宿命である。演奏は音の消滅と再生の芸術である。

わたしとフルートは、このように一音の宿命に生き合って演奏する。音が連綿と続いて生まれるために、いま出されている音は瞬時に消滅する。この長いフルートとの関わりから、わたしは「刹那」と「刹那滅」とに関心を持ち続けてきた。

あるとき、谷貞志氏の『「無常」の哲学――ダルマキールティと刹那滅』と博士論文である『刹那滅の研究』に出会い、大変刺激を受けた。とくに前著は、谷貞志氏自身のただならない「刹那滅」への覚悟が語られているようで身に沁みた。氏の「死」への志向は重要なテーマであると感じ取った。わたしはインド哲学に関心をもつようになった。このことについては別の機会に書いてみたい。

福岡伸一氏が唱えた生命の定義に使われた「分解と合成」が気になり、氏の関連著作を読ませてもらった。この「分解と合成」という生命の捉え方と、谷貞志の「刹那滅」の捉え方に、不思議な共通点を感じた。この考え方がわたしの中で複雑に融合し絡み合って、他者への「偏見、差別そして排除」に立ち向かう重要な視点装備になると思った。

わたしが「よこはま児童文化研究所」のさまざまな活動に参加する人たちと交わるときに、この二つの言葉が有効に機能すると思い込んだ。

まず、絶対的な「実体」の否定であった。わたしの内部で蠢《うごめ》く他者と交わるときに生じる他者の「実体」観への信仰が揺らぎ始めた。現在は、完全に他者の「実体」観は消滅した。わたしの内部で蠢く「偏見、差別そして排除」への衝動は、他者と刹那滅の存在として交われない、あるいは生命は「分解と合成」の連続であると交われないためであると思った。

ここから、他者と交わるために他者（存在者）を「見ないで見る」あるいは「見て見ない」

視点に気づいた。

そうしたら、わたしの中で対立する存在者が消滅した。対他存在者が消滅し、わたしの自己否定によって他者の存在が浮きあがってきた。わたしが他者の存在と「ともどもに」居るときは……。

19 時間と行為の作法

二〇一九・一一・五

現代は管理社会である。わたしが、日本が管理社会になったと実感したのは、ほぼ三〇年前ぐらいであった。何もかもが規則づくめで、仕事で創造性を発揮することは論外であった。何もかも上からの指示や通達に従って実施しなければならなくなった。

これは現場で仕事をする人間にとって耐えがたい拘束であると感じられる。日本人は自由で健康に生きていく権利が保障されているが、職場からそれが失われた。その頃から不登校の問題が出始めたことは不思議な一致のように感じた。

1．時間の管理

ところで、「よこはま児童文化研究所」が開催する「天城子どもと親とのワークショップ」は、予定表という形式で日程の時刻を呈示する。管理というと強い表現になるので、「提案」とか「提示」という言葉のほうが適切だろう。

天城山荘へ出かける集合場所に集まる時刻、バスに乗って出発する時刻などを「提案」する。こういう意味では、時間管理というよりも、参加者の交わりの「開始と終わり」の時刻の「提案」といったほうが適切である。

時間と時刻は違う。時刻は時計で計り、確認することができる。一方、時間に関しては、参加者各自にそれぞれの時間感覚がある。一時間という刻みに関しても、Aには長く感じられるかもしれないが、Gには逆に短く感じられるかもしれない。

したがって、他者の時間を管理できない。他者の体内で、他者の感覚で時が流れている。それに対して時刻は流れたりしない。時計は時を「チッ、チッ、チッ」と刻む。

これまで「天城子どもと親とのワークショップ」において、参加者から「時間管理はしないでほしい」というクレームはなかった。

そして、参加者は予定の時刻に関して、かなりルーズに振る舞っている。参加者各自の時間意識によって時刻を生きているように感じる。

Aが帰りの出発時刻を過ぎてもバスに乗っていなかったことがあった。Aは天城山荘の自室の押し入れの中で眠っていた。また、バスの出発間際にトイレに行き、他の参加者を待たせる人がいる。時間と時刻の絶妙な組み合わせかもしれない。

2. 行為の管理

バスが出発する時刻に遅れる行為は許されるか。そして、Aがバスに乗り遅れないように、バスに乗り込む行為は管理されるべきか。

管理は参加者の生存の権利とどういう関係にあるのか。あるいは、バスの発車時刻を守るのはAの義務なのか。人権と権利という大きな基本的な視点からの議論は大切だろう。そして、スタッフは憲法上の基本的人権を熟知していなければならない。

しかし、「天城子どもと親とのワークショップ」はある種の学びの場であるので、学びの水準における「適切な行為」の学習、修得について考えてみたい。

まず、「失敗から学ぶ」ことは奨励されなければならない。Aがバスの発車時刻を守らなかったというのは、「守るべき行為の失敗」だろう。他の参加者がバスの発車時刻に合わせて車中にいるのは「守るべき行為の成功」だろう。

こういう行為について、L・ウィトゲンシュタインは「是認の行為」と呼んだ。自分の行為が他者から「是認される行為」はさまざまな「言語ゲーム」において必須であると考えた。Aは次回からバスの発車時刻を守れば、その行為は他者から「是認」される。今回の守った行為は「是認された行為」と呼ばれる。

Aの「是認された行為」が積算されれば、バスの発車時刻を守る行為が取れるようになった。

そして、他の食事開始時刻を守る、お風呂に入る時刻を守る、「ワクワクタイム」の開始時刻を守るというように「守る行為」を拡大し、是認される機会が増える。

こういう「守る行為の是認」が繰り返されることを通して、「守る」という「義務的」な行為が、守りたい「希望」としての行為に質的に変換することが予想される。

こうして、Aは他者からの「やらされ感」の行為でなく、自ら「やりたい感」へと飛躍する。この飛躍はAと他の参加者にとって喜びとなる。なぜなら、生きる意味の一つは他者からの「やらされ感」を少なくしていくことにあるからである。「やりたい感」からバスの発車時刻に乗る、こうなれば、Aが生きた喜びの証(時間)が増える。そして、Aの是認の行為は他者から他者へと語り継がれる。

管理された「やらされ感」から抜け出すためには、たとえば、バスの発車時刻を守らなければならない義務感などから、「守りたいから守る」へと飛躍しなければならない。管理したい他者が、Aの行為を管理したときに、その管理行為を無効にするためには、Aが「やりたいからやる」という強い「やりたい」という内発力によって応答することである。

なぜなら、管理行為の必須条件は、「管理行為の実施者」と「被管理行為の実施者」であり、Aという「被管理行為の実施者」が管理行為を無効にできれば、管理行為は成立しないからである。

重要なことは、Aが「やりたいからやる」という自発的な内発力を発揮して生きていることである。

3.作法の管理

最後に、時間の管理、行為の管理の次に、作法の管理の問題がある。

NHKのある番組がイラン出身の女優であるサヘル・ローズさんが戦場の瓦礫の下から、フローラ・ジャスミンさんによって救われたと、映像を流した。ジャスミンさんはその後ローズさんの育ての母親となった。

彼女は、その後、さまざまな理由や慣習から、養母といっしょに日本に来日し、日本に留学していたジャスミンさんのフィアンセのアパートでいっしょに暮らすようになった。

しかし養母のフィアンセはジャスミンさんに対して「僕をとるか、その子をとるか」の二者択一を迫ったという。このときフィアンセが迫ったポイントは、ローズさんの生活作法のなさ、すなわち、無作法にあった。

一般家庭で父母に育てられると、その社会から是認される行為が身につく。しかしローズさんは孤児院で育てられた。そして養母のフィアンセが是認できない無作法な行為をするようになった。

現にサヘル・ローズさんは、食事のときに手で食べていたそうである。いわゆる「手づかみの食事」である。

ローズさんに作法の「作」がなく、「作」が抜け落ちて「無法」となり、その結果、養母のフィアンセから排除された。二人はフィアンセのアパートを出て公園での路上生活者になった。

その人が属する社会から是認される行為ができるかできないかによって、その社会から差別されたり、排除されたりするようになる。作法の程度問題などではなく、その社会が是認できる作法があるかないか、また作法の実行力が問題とされる。

もしかすると「聖書」に書かれていることも、ユダヤ社会が是認する行為の集大成なのかもしれない。

日本であれば、儒教、仏教、神道などが聖書に該当する。とすれば、これらの本は救済を目的とした宗教領域にとどまるものでなく、民族の生活全般を規定する行為の規範集である。宗教の聖典は信仰だけの問題でなく、民族の生きる作法に大きく関与してきた。

さて、「天城子どもと親とのワークショップ」におけるAの作法の問題であるが、これまでAが他の参加者の是認を得られなかった行為はきわめて少なかった。母親から受けた「躾」はAが集団行動をするときに十分に発揮された。

しかし、A（だけではないが）の行為を見る目盛り（測定値）を小さくしていくと、Aに対して社会が求めている是認の基準とズレてるかもしれない。ある目盛りでは、Aの行為は微調整を必要とするかもしれない。

まずAの行為が社会の是認とズレてるとA自身が感じた場合に、Aがそのズレを修正して、より社会の是認に近づけようとするかどうか問われる。

反対に、Aが気づかないままで、他の参加者が気づいた場合は、どういう問題が起こるだろうか。

Aが気づいた場合は、周囲の参加者は、「Aの是認されるように頑張る努力」に向き合っていくことが求められる。Aが社会の是認が得られない行為を繰り返しながらも、是認される行為にたどり着きたい気持ちと努力に寄り添わなければならない。

「よこはま児童文化研究所」の「ともどもに」「協働愛」で交わる行為が求められている。

逆に、Aは気づかないが、他の参加者が気づいた場合にどう振る舞うかである。一番簡単な振る舞いは、Aの是認されない行為をそのつど管理することである。

しかし、この方法を「よこはま児童文化研究所」はとらない。だとすると、他にどういう振る舞いがあるだろうか。

一つは、Aに、似たような行為をしている他の参加者の行為を観察してもらうことである。しかし、この方法でも、Aを強制して観察させることは望ましくない。

「ともどもに」の交わりを満たす方法で、Aが、是認されない行為を学習し直し、新しい是認される行為の習得を可能にする方法は何か。

この課題は非常に難題である。「Aの社会から是認されない行為」を「是認される行為」へと変換させる行為自体が、社会から是認されなければならない。

とすれば、Aと「ともどもに」「協働愛」で交わっていく道しかないだろう。

いまは、社会から是認されない方法で他者の行為に介入(管理)する事例が増えている。その端的な事例が教員間の「いじめ」問題である。目的と方法に大きな乖離が起こっている。目的がよければ方法は何でもいいいわけではない。

20 自分が自分を必要とする

二〇一九・一二・一九

以前、「カウンセリング・ワークショップ」に参加していたときに、「エンカウンターグループ」という用語があった。日本語にすると「出会い集団」とでもいうのだろうか。

いまは、「エンカウンターとは出会いの意であり、エンカウンターグループは、メンバーがそれぞれ本音を言い合うことにより、互いの理解を深め、また、自分自身の受容と成長、対人関係の改善などを目指すものです」と説明されている。

出会いの条件は「本音を言う」ことであるようだ。出会うためには恐ろしい体験をしなければならないらしい。

「本音を言う」などという恐ろしいことを「本音」で言っているのであろうか。

その前に「本音って何か」という大問題がある。本音という言葉は「本心から言うことば。本当の気持を言うことば」と解説される。

ということは、わたしたちは、日常、嘘ばっかり言っているということにならないだろうか。また、本音と嘘とを明瞭に二分できるのだろうか。また、本音と嘘との境界がどこにあり、その判定を誰ができるのだろうか。ここに謎がある。

日常、最も理解や認識しにくいのは「自分」であり、自分の行為である。あまりにも当たり前のことなので、いつも素通りしているのが自分である。

また、「自分」や「自分の行為」を意識し、知る必要があると考えない。普段あたりまえで意識されることのないものを意識することほど難しいことはない。

たとえば、普段わたしたちは日本語を使って他者と会話しているが、そのつねに使っている日本語を意識することはまったくない。だから「日本語って何か」と問うこともない。それと同じで、いつも使っている自分に対して「自分って何者か」と改めて問うことはない。自分も日本語も当たり前すぎて意識されない。この二つはいつも素通りされている。

したがって、日常の自分は、もしかすると、自分の「影」かもしれない。いつも「影」を見ているのかもしれない。友人たちは自分の影を見て、「A君は、えらいねえ」などと評価してくれているのかもしれない。

逆に、自分が友人の影を見て「B君は、算数がよくできるね」と言っているのかもしれない。

日常、自分が「自分を」必要とする場面が多い。たとえば、「天城子どもと親とのワークショップ」において、朝食の合図の音楽が聞こえてくる。そのときに、食事でパンを食べるのは、まさに自分であるために、食堂に「行く」か「行かないか」を決めなくてはならない。

こうして、日常、たえず自分が自分を必要としている。しかし、この「行く」か「行かない」かを決定する過程を意識することはまったくない。自分が自分と会話している過程に気がつくことはない。

しかし、日常、実際に、あるいは現実に、自分は自分と向き合って、「行く」か「行かない」を決定している。そこが見えていない。だから、自分の人生を全うするために、自分が自分と話し合っている事実に気がつくようにしよう。

㉑ そこに居るのは「誰か」あるいは「物か」

二〇一九・一二・一八

とても恐ろしいことであるが、街なかで出会う人を「誰か」という感覚よりも、その人を「物か」と感じることがある。この感覚は都会だけに限られるのかどうかわからない。故郷に帰郷して確認するしかないが、おそらく故郷ではその人を「物か」と感じることはないか、非常に少ないのではないだろうか。

新宿のある街を歩いているときに、そこに蠢《うごめ》いている群衆が一瞬「誰か」というよりも「物か」という感覚に襲われることがある。東京の銀座四丁目の交差点を渡るときも、「誰か」という感じになれないことが多い。

交差点ですれ違う人を「誰か」よりも「物か」という感じにさせられる。逆にいえば、その人々にとって、わたしが「誰か」ではなく、「物か」として映じているのではないだろうか。横浜駅の地下道を東口から西口に渡るときにも「誰か」感ではなく「物か」感に襲われるのだ。「誰か」感を持てない分、その地下道を物のように流れている人が怖く感じる。

「閉じこもっている人たち」や「引きこもっている人たち」は、もしかすると、わたし以上に、人に対して「誰か」感を持てないで「物か」感にたじろいでいるのかもしれない。その結果、彼らは自宅から出られなくなっているのかもしれない。

人が「物か」と感じられるようになった原因は何だろうか？ わたしは傍観者が増加しているのではないかと想像する。他者の存在や、他者の行為や、他者の気持ちに思いが及ばなくなってしまったのかもしれない。他者に対して無責任というわけではないが、積極的に当事者になることは、できれば控えたいという尻込みの気持ちが原因かもしれない。

人が人と「ありのまま」で交わることができなくなったのだ。他者の前で、何か付加価値を付けなければ交われなくなったのだ。その人自身が他者と交わるのではなく、装飾品が互いに交わり合っているために、「誰か」感が薄れ、「物か」感があふれてしまったのだろう。女性ならば、Xさんが使用している化粧品対Yさんが使用している化粧品の「物か」品評会のような交わりになりやすい。男性なら、Aさんが掛けている腕時計対Bさんが掛けている腕時計の「物か」品評会になりやすい。また社会全体がこういう「物か」品評会化社会になるのを煽っている。

したがって、現代社会は人対人の「誰か」の交わりではなく、身につけている物対物の品評会に明け暮れているといえる。

ところが、Aと「ともどもに」居るときは、「誰か」感にあふれ、けっして「物か」感に陥ることはない。この事実はAの存在から人間だけが表現されている証である。

二〇一九・一一・四

22 来る不思議

「よこはま児童文化研究所」には児童だけの「あそぼ会」という活動の場がある。毎月の第二日曜日の一時から二時までの一時間の交わりである。

あるとき、参加する仲間が、都合がつかなくなって誰も来られない日があった。その時間をスタッフの「学習の場」に切り替えた。

ところが、R君が突然「こんにちは」と言って研究所にやってきた。わたしは、突然の参加に非常に驚いた。R君は、今日は訪問者があって来られないはずだった。しかし、R君は「あそぼ会」に元気にやってきた。

どうしてR君は来られないはずだった「あそぼ会」に切り替えたのだろうか。

R君の心の中で、何が、どのように変化して参加を選択したのだろうか。「来られなかったけど、来られるようになったから、来たよ」というエピソード扱いになるだろう。だいたいはそれで済む。

わたしは、R君の心中を察すると、そういうエピソードで済ませるわけにはいかないと感じた。R君には、参加・不参加の選択について深い葛藤があり、参加を選ぶか、不参加を選ぶかを慎重に丁寧に考えた末に参加するという選択肢を選んだのではないだろうか。

R君も、自分がなぜ「あそぼ会」に参加する気持ちに切り替わったかわからないだろう。気持ちの切り替えはある瞬間に刹那に生じた。切り替わった時点で、切り替わった理由が消滅していたのだろう。

なぜなら、その切り替わった理由が消滅しないで残されていたら、周囲の身近な誰かを傷つけたかもしれないからだ。

切り替わったという結果だけが残り、切り替えた理由（原因）は消滅した。人は、善い人間であろうとして、こういう心理的な操作をするものだ。R君が「あそぼ会」に参加したのは、原因（理由）のない選択による自由な行為ということで収まりがつく。そして周りに誰も傷つく人がいない。

R君は、来られるから来たのではなく、来たから来られるようになったのだ。人生の賭けにでた。この参加した選択体験は今後のR君の将来に重大で重要な影響を及ぼすかもしれない。

わたしの解釈では、R君が「あそぼ会」への参加を決めたのだ。そして、周囲の誰もが、R君の参加への決意を変えることができなかった。

だとすれば、この選択自己決定の時点で、R君は自分の人生において、行動と自己とが一致した体験をしたことになる。これからのR君の辿る人生の道筋を変えることは誰もできない。

そして、さらに重要なことは、R君が自己決定という水準で選択自己決定を手に入れた厳然とした事実である。R君は、この選択自己決定の体験を懐に入れて、いつでも、どこでも、誰とでも、自己を見失うことなく生きることができる。

R君に訪れた刹那の神秘な選択自己決定は、R君の今後の人生に大きな影響を及ぼすだろう。そして、自己と行動選択が一致できたR君は、現在、R君それ自身として、R君の生を営んでいる。

R君はR君でいいのだ。R君はR君以外の何ものにもなり得ないし、なる必要もない。R君はこのように思って生きているかもしれない。

❷❸ 語彙不足、そして思索不足

二〇一九・一二・四

子どもがやっている遊びを見ていると「なんであんなことをやるんだろう」、「どうして、あんなやり方でやるんだろう」と不思議に思うことが多い。子どもはその遊びを楽しそうにやっているのだ。

わたしたちには、子どものやっている遊びを感じたり、理解したりする語彙が非常に少ない。あり合わせの語彙や、間に合わせの語彙や、的外れな語彙でわかったような気になることが多い。

子どものやっている遊びを正しく理解しようとすると、教育学、保育学、心理学、行動心理学、認知心理学、精神分析学、脳科学などを学習するようになる。そして、子どもの認知構造とか行動の「刺激―反応」関係とか、深層心理から適当な術語を持ち出し、子どもの遊びに適応させる。

子どものやっている遊びを「因果関係」という自然科学の枠組みで捉えるようになる。こうして、子どものやっている遊びの「原因探し」に夢中になる。

わたしは、それはそれで、結構いけると思うし、そのことを否定する気はまったくない。そういう方法で、わが子や、よその子のやっている遊びを理解できるなら、それも一つの方法であろう。

さてここで、人は、自分のやっていることを、どのように理解しているか探ってみよう。たとえば、覚醒剤に手を染めたような場合を考えてみよう。自分が覚醒剤を常用するようになったのは、何か原因が外側にあったからだ、と理解したとしよう。自分が覚醒剤を常用するようになった原因は自分の中にはないとする理解である。

これを「原因外在説」と呼んでおこう。やっていることを因果関係で捉えようとすると「原因外在説」に堕ちる。だから、覚醒剤を常用する原因は自分の内部ではなく、外部から侵入したと思うようになる。

しかし、解決にいたるだろうか、覚醒剤をこれから飲まないでいられるようになるだろうか。否、ならないと思う。

さて、子どものやっている遊びを、わたしたちが、どのように理解すればいいのかというポイントは何か。

ここで「体験」と「経験」というよく使われる言葉を使ってみたい。

浅見洋氏は『西田幾多郎とキリスト教の対話』の「凡例」において、「体験は、個々の主観の中に直接的に見いだされる意識内容、ないし過程、経験は、体験に対する反省、すなわち知性によって普遍化、一般化された個々の意識内容」の意で用いるとことわっている。

とすると「体験」(子どものやっている遊び)は、その子どもの主観の中に見いだされる意識ということであり、「経験」とは、いま、ここで、子どもがやっていること(体験)の反省からやってきた意識ということになる。

とすると、わたしたちが、子どものやっている遊びを見て、不思議に感じるのは、そのやっている(体験している)子どもが、自分の体験を反省し、意識化していないからだ、ということにならないだろうか。

この知的な過程が、子どもの場合に省略されるので、わたしたちに不思議な感じをもたらす。そして年齢の低い子どもほど、この知的な過程が省略されている。

そして、いろいろな体験を繰り返す中で、その体験が経験されて、反省を受け、自分のやっていることを修正したり、相手に合わせてやれるようになったり、待てるようになったりする。

とすれば、Dがやっていることを不思議に感じた場合には、Dは体験を経験して自分のやっていることを意識化していないので、わたしたちは、Dの体験を、D自身が経験できるように見守ればいいことになる。

わたしが、子どもの遊びを理解する方法は、子どもの遊びの体験を、子どもといっしょに経験することといえる。

24 行為の仕方の学び方

二〇一九・一一・一

1. 教えない教育

大学時代の講座に「教えない教育」があった。

その講座の担当教官は授業用の黄色くなったノートを持っていなかった。いつも何も書いてない真っ白なノートを机上に置いて授業をした。この教官は他の教官と違って講義をしなかった。ただ黙って椅子に座っているだけだった。学生はただ困惑するだけだった。

彼は、『援助する教育——教師のためのカウンセリング入門』（一九七一）、『人間中心の教育——教師の自己変革をめざして』（一九七五）、『自己実現の教育——豊かな人間性の育成をめざして』（一九八〇）（いずれも明治図書出版刊）などを出版していた。彼は教育を「援助」と考えていた。

しかし、彼に何も教えるものが「ない」というわけではなかった。ただ教える方法として、「教えない」という方法を使った。

彼はカウンセリングを専門とし、アメリカのC・R・ロジャーズの「来談者中心療法（Client-Centered Therapy）」を精力的に日本に紹介するためにロジャーズ全集を翻訳出版した。

彼に教える内容はたくさんあったはずであるが、授業はいつも講義なしで学生との自由な話し合いの場であった。

2．教えのない教育

それに対して、「よこはま児童文化研究所」の「天城子どもと親とのワークショップ」の方針は「教えない教育」ではなく「教えのない教育」である。

「天城子どもと親とのワークショップ」のスタッフは何も教えることがない。テキストとしてまとまった教えの書籍がない。したがって、天城山荘では、参加者は、交わる場において、自由に即興的に他の参加者と交わることになる。

「ねばならぬ」という規範もない。守るべき規範がなければ、参加者は楽かもしれないが、反面では苦悩の端緒となるかもしれない。

参加者は、おそらく、「ねばならぬ」集があったほうが助かると思っているかもしれない。実際に「よこはま児童文化研究所」には「ねばならぬ」集はない。

3．行為法の学び方

それでは、参加者たちは、どのようにして行為の仕方を身につけているのだろうか。わたしも含めて、体当たりで、その場その場で交わった参加者と臨機応変に行為している。「ねばならぬ」集を持つ参加者は、自分が依拠している「ねばならぬ」集から外れていると判断した場合に、他の参加者に文句を言ったり、注意したり、意地悪したり、悪口を言ったり、仲間はずれにしたりしながら、しだいに、場にそぐわない一般的な「ねばならぬ」集を修正していく。先に「ねばならぬ」集があって、交わりがその後にあるのではない事実に気づいていくようである。

彼は天城山荘という具体的な交わりの場において、「ねばならぬ」集をたえず修正しなおすものだということを学ぶ。先に生まれた参加者、すなわち大人と呼ばれている参加者が、後に生まれた参加者、すなわち子どもとか若者と呼ばれている参加者と、「ともどもに」に交わるために、その「ねばならぬ」集の改正を繰り返す必然性を学ぶ。

ここに教えがあっての「教えない教育」ではない、教えが何もない「教えのない教育」の醍醐味がある。教えがなくとも、お互いの交わりに「協働愛」があれば「ともどもに」生きられる。参加者が互いに互いを信頼して、互いに鏡となり、自己の行為の方法を場にあったものにすることができる。

4. なぜそのように行為をするのか

「天城子どもと親とのワークショップ」の交わりにおいて、Aがなぜそのように行為するかについて、わたしがすべてわかることはない。むしろ、Aがなぜそのようにするのかわからないことのほうが多い。

Aが、なぜ、そのように行為するのかわからない場合に、わたしに二つの反応がある。一つは、そのまま見過ごす。もう一つは、そのまま見過ごすわけにはいかないので、確認したくなる行為である。Aの行為は二番目が非常に少ないが、たとえば、つねに、野球のボールぐらいの大きさの色つきの粘土を持ち歩くことは確認したくなる。

Aはこの粘土を食事のときにお料理の皿の横に置く。ホールで、全員で遊ぶときは、手に持って遊ぶ。このAの行為はわたしにとって謎である。

したがって、わたしはAのこの行為をそのまま見過ごせない。でも、これまで一度もAに

「なぜ粘土を持ち歩く」のか尋ねたことがない。何となく訊きにくい。なぜなら、Ａはその粘土を楽しそうに持ち歩いているからである。

Ａはわたしがその行為を謎と感じていると気づいていないかもしれない。あるいは、気づいているかもしれない。ただ、わたしとしては、Ａが自分は「なぜ粘土を持ち歩く」のかを知っていてほしい。Ａがいつも粘土を持ち歩く行為に対して、他者は「あれ、何だろう」とか「あれ、おかしいよね」と感じているかもしれない。

５．どういう時にどう行為するのか

「天城子どもと親とのワークショップ」のような集団行動をとる場合に、参加者は互いに互いの行為を見ている。そして、見あいながら評価したり、感心したり、疑問を感じたり、憤慨したりする。

「天城子どもと親とのワークショップ」において、どういう行為が一番ふさわしいか決まっていない。「天城子どもと親とのワークショップ」用の「行為集」はない。これからも創らないだろうと思う。

天城山荘にいれば、たえず他の参加者といっしょに行為する。したがって、天城山荘において、どういう時に、どのように行為すればいいかを示す適切な「行為集」があれば便利だろう。

参加者から、便利で適切な「行為集」を創ろうという提案はない。おそらくこれからも提案は出てこないかもしれない。推察するところでは、それぞれの参加者が、それぞれに自分用の適切な「行為集」を創っているかもしれない。

一般に、わたしたちが、ある状況と場において、どのように行為するかを示す「行為集」はないようだ。それぞれの人が、それぞれに学んだ倫理や道徳、あるいは法律などの枠内で行為している。

人間を守っている場面と、人間が守らなければならない場面がある。憲法や法律は人間の権利を守っている。これは誰でも知っていることだ。

しかし、ある場面では、自分が守らなければならない義務がある。この守るべき義務を無視すると罰則が与えられる。たとえば、赤信号を無視する場合に罰せられる。

「天城子どもと親とのワークショップ」の交わりにおいて、参加者は繰り返し天城山荘に行くことで、二番目の自分が守らなければならない場において、どのように行為するかを学ぶ。参加者は、たえず学習し、再学習し、学習をし直している。

天城山荘用の「行為集」にするだけでなく、参加者が自分の生活の場や職場に応用できる「行為集」に創り直しているかもしれない。

6．他者の「行為集」を自分の「行為集」に変換する

「天城子どもと親とのワークショップ」の二日目に「太郎杉」へハイキングする。ほぼ片道三キロぐらいの距離である。全員が小さなグループをつくって、清流にそって、わさび畑と杉木立を見ながら登攣する。

このハイキングにおいて、自分は誰と登攣するか、今日も車イスを押すか、誰が先頭を登攣するかなど自発的な登攣用の無言の「行為集」ができ上がっている。

彼といっしょに登攣したから、下山は彼女といっしょに歩く。こうして自由な道連れを選びながら登攣と下山をする。各参加者は「太郎杉」までの登攣と下山の間に、他者と居る「わたし」を感じ、同行者と「ともどもに」交わりの歩きのために「わたしたち」を感じるようになる。たまに出会う他の登山者たちに「こんにちは」の挨拶をしながら、「よこはま児童文化研究所」の「わたしたち」を超えたもっと広い場での「わたしたち」を体験する。

山道を歩きながら、うっそうと茂った杉林の山景色、足下に流れる清流とその水音、林の間から漏れる青い大空と陽光、こういう山の風景を皮膚で感じ、参加者全員が宇宙にいることを体験できる。

参加者は宇宙に存在し、宇宙を構成し、他の地球人と空と空気を通じて一直線につながっていることを体感できる。この体感は大きくて鮮やかな発見である。地球の裏側にも「太郎杉」

があって、「天城子どもと親とのワークショップ」参加者と同じように体感しているかもしれない。

地球は宇宙の一部である。したがって、参加者は宇宙に存在している。宇宙を感じる道が「太郎杉」へのハイキングである。

二〇一九・一一・七

25 心ではなく存在を救うこと

人間の心と言えば心理学と決まっているようだが、そうとばかりは言えない。心理学は人間の心のほんのわずかしかわかっていない。ヴント以来科学的であろうとし、ジョン・ワトソンが「行動主義者から見た心理学」(『認知心理学』誠信書房、一九八七)によって、意識を内観によって研究する心理学ではなく、観察可能な刺激や反応に着目する自然科学としての心理学を提唱し(行動主義宣言)、行動主義心理学を創始した。その結果、人間の心の全体を見ていく立場が消えた。

その後、認知心理学が台頭したが、人間の心を科学的に見ていく立場から脱していない。認知心理学とは、ナイサーの定義によると、「感覚入力が変換され、還元され、精緻化され、貯蔵され、回復され、そして用いられる、そのすべてのプロセスに関わる学」（一九六七年）とされた。

またさらに、臨床心理学という領域があるが、「臨床心理学（clinical psychology）とは、精神障害や心身症、心理的な問題や不適応行動などの援助、回復、予防、その研究を目的とする心理学の一分野であり、臨床の文字通り、医療の対象となる可能性のある人々への心理学的援助を目的とした一学問分野である」と説明される。

心理学は科学の方向へ接近することで人間の存在から離れた。哲学の一領域で人間の心を問題にしていれば、いまよりは人間の心の近くで、ものが言えたかもしれない。

存在のレベルで悩む人に臨床心理学は歯が立たない。たとえば、信仰の問題とうつ病の問題は次元が違う。心理学は科学的に、合理的に心を説明するが、人間の心は合理的でもあり、かつ非合理的でもある。

たとえば、覚醒剤の常用者の問題はそのいい例になるのではないか。最近では、テレビのコメンテーターが「心は覚醒剤を止めようと思うが、脳が止めさせてくれない」とコメントする。覚醒剤常用を脳の問題だけにしていいのだろうか。

芸能界やスポーツ界における覚醒剤常用者が取り沙汰されるのはなぜだろうか。

人間の心に科学的心理学では計り知れない闇があることを暗黙の内に知らせているのではな

いだろうか。

臨床心理学は人間の心を救うという。しかしながら覚醒剤の常用は脳の問題だという。そうであるなら、脳がなぜ覚醒剤から手を引かないのか説明しなければならないだろう。また、脳と心との関係を説明しなければ収まりがつかない。人間の心の奥底に大きな、歴史的に醸成された「闇」がある。

その巨大な闇に光を当てなければならない。

現代において、人間の闇を見つめている領域は何か？ また誰か？

反面的な「合理性」だけで片付く人間の問題は少ない。人間が傾いていく非合理性への秘密を解き明かさなければ救いはない。

人間の合理性だけを追い求めて、人間の奥底にある非合理性を無視すれば、人間の心は二つに引き裂かれる。

わたしたちは、人間の心の合理性と非合理性との折り合いをつける方向へ舵を切らなければならない。

心の奥底の見えない存在を見つめよう。

26 Aさんという風土

二〇一九・一一・二五

1．各国の風土

日本人がヨーロッパの中世思想史の研究やキリスト教の研究、あるいは神学の研究をすることにどのような意味があるのだろうか。

あるいは、日本人がプラトン哲学を研究したり、アリストテレス哲学を研究したり、カント哲学を研究したり、ヘーゲル哲学を研究したりして博士号を取得することに、どういう意味があるのだろうか。

昔、日本のワサビをイギリスの土地に植えたところ、日本の土地で育てられたワサビの味がなくなった、という話を聞いたことがある。この話は、土地柄と植生が分けようもなく一体化している例であろう。人間の味も同じではないのだろうか。

いまでは、日本の禅寺で欧米の人たちが修行しているが、その場面を見ていると何となく違和感を感じる。このわたしの抱いた違和感には、偏見とか差別とか、ましてや排除する気持ちなどまったくないが、自分の気持ちにそぐわないのだ。その風景がわたしの胸の内でピタッと収まらない感じがする。

あるいは、歌舞伎座で欧米の人々が舞台に現れて、日本の伝統芸能を演じる場面を見た場合、みなさんはどのような感じになるのだろうか。

あるいは、伊勢神宮の神主に欧米人がなったとしたら、どうだろうか。外国の方が神主になるという道は閉ざされているかもしれないが。反対に日本人がローマカトリックの司祭になれることはよく知られている事実である。

わたしの宗旨は天台宗だが、先祖が祭られてある寺の住職が欧米の人だったら、どんな感じになるのだろうか。

オードリー・ヘップバーン

昔、イエズス会の神父と身近に暮らしたことがあるが、その神父が日本語で話すときに、何となく違和感があったのを覚えている。そして、いまでも鮮やかに覚えているのは、オードリー・ヘップバーン演じる『ローマの休日』をいっしょに観覧したときに、わたしたちの笑うシーンがまったく違っていた事実である。とても不思議な感じがしていまでも覚えている。この神父は後年日本名を名乗り、最後まで日本での神父を通し、祖国で亡くなった。

ところで、反対に、ヨーロッパの教会で日本人が司祭を務めたら、かの国の人は、どのような感じをもたれるのだろうか。

素直に受け入れられるのだろうか。バチカンには世界中の神父が集まり次期法王を選んだりするが、そのときに、互いに、素直に受け入れられているのだろうか。たぶん、受け入れられているのだと思う。

キリスト教と神父

こういう感じは、おそらく、わたしが外側から見ているから生じるのだろう。当事者たちにとっては、素直に受け入れられることなのだろう。いずれも推測の域を出るものではない。ただ、わたしが聖書を読む場合には、傍観者でもなく、非当事者でもなくなる。現に、日本語に翻訳された聖書を、日本という土地で読むのだから。

でもいまの日本は聖書が書かれた当時の国ではない。言語も習慣も生き方も、何もかもいまの日本とは違っているはずである。しかし、違いを乗り越えた普遍性が聖書にはある、と言われれば、そうかなと思う。

しかし『般若心経』を読むときの感覚とははっきりと違うのだ。この違和感、差異感、疎遠感を乗り越えるにはかなりの時間が必要だろう。

よく聞く話は、日本古来の思想や哲学や宗教と接ぎ木すればいいのではないか、という折衷案のような考えである。この案は、すでにクリスチャンとなられた人から出る発想だろう。仏教徒であるわたし側から絶対に出てこない発想である。

風土という重みが目の前に立ちはだかっているのだ。風と土とがその民族をその民族たらしめている。考え方、感じ方、生き方の全般にわたってその民族の肌に染み入っている。

この問題が洋の東西を未だに引き離している。

これから数千年という長い、長い年月を重ねなければ東西の溝は埋まらないだろう。でも、年月がその溝を必ず埋めるだろう。

Aさんという風土

さて、Aという風土に触れるには、Aが生きてきた風土に生きてみるしかない。Aを外側からいくら調査研究してみたところで、Aを肌で感じるような交わりが成り立つことはない。X症候群と言われているAたちと一度も会わないで、Aのことをいくら話しても、その話の内容はAと無関係である。

二〇歳頃に、大学で、いささかX症候群についての知識を得ても、その知識とAは同じではない。「人体としての存在者」についての知識をいくら獲得しても、「人間としての存在」のAに触れることはない。

Aの人生を豊かにするのは、「人体としての存在者」に対するサービスではなく、あるいはケアーではなく、「人間としての存在」に向かうリガードなのである。

「人間としての存在」であるAが、「人体としての存在者」にどのように向き合うかは、A

の選択に任されているのである。

わたしたちは「人体としての存在者」のAに立ち入ることは控えなければならない。そうではなく、「人間としての存在」のAに、心底、向き合うことが必須なのである。

わたしはAと向き合うときには、可能ならば、「無為」に徹したい。鹿島祥造さんの翻訳した「老子」によれば、「無為」とは「無」の為すがままに任せるということだそうである。おおいなる無が、大いなる海がすべてを受け入れるように、下に位置して、Aの為すがままに、そのまま海の水に溶け込ませるように、一体化することである。Aと一体化しない交わりなど真の交わりとはいえない。A「について」の理解は、実在するAの理解とはほど遠いのだ。

27 AさんとJ・S・バッハと

二〇一九・一二・二

二〇一九年、冬の「天城子どもと親とのワークショップ」のAと新しい体験をした。そして、この体験を美しいと感じた。ちょっと可愛い美しさと言えばさらに言い得ているかもしれない。

あの偉大なプロテスタントの作曲家であるJ・S・バッハの「マタイ受難曲」のコラール

「われを知り給え、わが守り手よ」、アリア「わが頬の涙」を聴いたときと似たような感動を覚えた。
一二月二日（日）の朝食時に、わたしがAに声をかけた、

T：Aちゃん、わんちゃん、どうしてるの
A：あのね、おうち
T：うーん、ママといるんだ
A：？？？？？

すると、突然、Aが涙声になった。いそいで、わたしはAに近づき「どうしたの？　Aちゃん」、「あのね、くすりがないの」、「あっ、くすりか」、「うん、くすり」。
わたしは、たぶん、原所長が薬を預かっているだろうと思い、尋ねた。

T：原さん、Aちゃんの薬を預かってるの
H：はい、もっていますよ
T：Aちゃんがね、くすりがないって、泣いているよ

Ｈ：Ａちゃん、くすりは、ここにあるよ

Ａは原所長から薬をもらって、飲んだ。わたしが感動したのは、Ａが「くすりがない」と言いながら涙を流したことである。

わたしにはこれは謎である。わたしにはＡの深い心はわからない。たぶん、Ａが毎日飲んでいる薬を飲まないと、ママを悲しませるとか、ママに叱られるとか、ママに申し訳ないとか、いろいろな涙のわけを推量するだけである。謎であり神秘である。

だが、わたしが最も驚いたのは、「くすりがない」と涙を流した人が、この世に「在る」という事実である。わたしは、たぶん、くすりがなくとも涙を流すことはないだろう。多くの人たちは、くすりがなければ、探すだろう。探して、見つけて、安堵して、そのくすりを飲むだろう。しかしＡは「くすりがない」と、わたしに言いながら、泣いた。

どこか、何か、なぜか、Ａとわたしに決定的な違いが在ることを感じた。くすりに対する感じ方が大きく違う気がした。そういえば、この「天城子どもと親とのワークショップ」にいつも持っている大きな丸い粘土を持ってこなかった（ようだ）。こういうちょっとした変化にＡの心の動きがあるのだろう。

あるいはＡが涙声になったのは、大好きなわんちゃんを話題にしたからかもしれない。Ａ

は、そのとき、わんちゃんといっしょにいなかった、という事実がAの涙を促したのかもしれない。

Aのわんちゃんへの思いと、わたしの思いに大きな、大きな差異があったのかもしれない。わたしはAの心だけでなく、心の根に触れて生きたい。このときのAの心の根は、何についているのか？　謎である。

28　Aさんと一つになる受容

二〇一九・一二・一七

「カウンセリング」における「受容」について次のような説明がある。

受容

相手をそのまま、否定も肯定もせず、評価を加えず、受け入れること。

これはカウンセリングの基本的「態度」として説明されているものである。そして、2．傾聴と、3．共感的理解をカウンセリングの基本的「態度」とするらしい。

ここで説明されている受容には三つの条件がある、すなわち、相手をそのまま受け入れるには、

①否定しない
②肯定しない
③評価しない

の三条件であるが、受容という基本的「態度」はこの三条件が満たされて可能になることらしい。

カウンセラーが、この三つの条件を満たすために、どのような訓練を受けるのだろうか。また、①否定しない、②肯定しない、③評価しない態度をどのようにして身につけるのだろうか。カウンセラーが目の前のクライエントを否定も、肯定も、そして評価もしていないという事実を、誰が、どのようにして判別できるのだろうか。わたしには大きな謎のような話である。

もしもカウンセラーの「精神」（心理療法なので「心理」かもしれないが）を外側から、判定者がある装置を使って、あるメルクマールをもって、このカウンセラーは、たしかに否定も、肯定も、そして評価もしていないと判別できるとしたら、それは評価していることにならないのだろうか。

どうにも腑に落ちない三つの条件の判定法である。

きっと何かわたしにはわからない「やり方」があるのかもしれない。

ここに使われている「受容」という用語が意味するところは、カウンセラーがクライエントを受容するという関係があるということである。しかし、カウンセリングの受容という行為の構造が明らかになっていない。どのような関係構造になるのだろうか。

そして、クライエント側からいえば、否定も、肯定も、そして評価もしない人（カウンセラー）とどのようにして会話を交わすのだろうか。まるで、車道も信号も方向もない、あるいは、わからない道路を走っている自動車のような感じに見えるのだが、違うのだろうか。

カウンセリングの目的は

「カウンセラーがクライエントに対して**明確な解決策を直ちに提示することは原則的にない。**これは、カウンセリングという場においてクライエントが自らに向き合い、その作業を通じて新しい理解や洞察に自発的にたどり着き、最終的にカウンセリングが終結した後には、カウンセリングにおける経験を生かしてクライエントが実生活の問題や悩みに主体的に相対して行けるように導くことが、カウンセリングの目的である」

と説明される。

本当にクライエントに理解と洞察が、こういうやり方で生じるなら、すばらしいやり方であると思う。しかし、太字と斜字を見ればわかるとおり、明らかに、カウンセラーがクライエントを「導く」のである。①否定しない、②肯定しない、③評価しないやり方、あるいは態度と、ここで言われている「導く」とは矛盾しないのだろうか。あるいは、ここで使われている「導く」には、わたしの理解できない高度な意味が含まれているのだろうか。そこが知りたいところである。

さて、「受容」に関してわたしの考えを述べてみたい。

クライエントの存在を「朝顔の種」とする。この朝顔の種は、朝顔の花を咲かせるのが目的である。朝顔の種が、朝顔の花を咲かせるためには、すなわち変容するためには、朝顔の種は水を含んだ土の中に移らなければならない。空気中に種として存在し続けても、朝顔の種は目的である朝顔の花を咲かせることはできない。

朝顔の種が土中に移ると、しばらくして発芽する。発芽するまでは、朝顔の種に対して土と水の存在が働いている。発芽後は空気、太陽の恵みにより、朝顔の種は、安定して朝顔の花に向かっていく。この種から花咲きまでの発育過程で朝顔の種に洞察が起こる。それは、朝顔の種だけでは朝顔の花を咲かせることはできない、という事実を、身をもって知るという洞察である。

①否定しない、②肯定しない、③評価しない態度を朝顔の種に当て嵌めると、朝顔の種は朝顔の花を咲かせることができないという結果になりはしないだろうか。とくに朝顔の種と水を含んだ土との関係においては、土と水とが朝顔の種に自らを捧げているように考えられるし、

発芽後の空気と太陽は朝顔の種が宿していた可能性を十分に引き出す役割を果たしているように考えられる。

したがって、①否定しない、②肯定しない、③評価しない、ではなく、朝顔の種が持っている可能性を十分に引き出し、朝顔の花が咲くように働くためには、土、水、空気、そして太陽が、それぞれに、それぞれの出番に応じて朝顔の種に自らを捧げているのだ。土、水、空気、そして太陽がまず自らを朝顔の種に捧げなければ、土、水、空気、そして太陽の存在が無意味になるのだ。

朝顔の種は土、水、空気、そして太陽を前提として、朝顔の種という存在を全うしているし、土、水、空気、そして太陽は朝顔の種によって、各自の存在に大きな意味をもたらすことができるのだ。

これがわたしの考える「受容」という言葉への意味づけである。

二〇一九・一一・一

29 協存のAさん

Aが自室にひとりで居る。これは厳然とした事実である。物理的に否定しようがない事実である。たぶん、普通は、この物理的なAの存在を孤独と呼ぶだろう。この見方は、それはそれで否定のしようもない。

しかし、人間には物理的な存在だけを見る装置しかないのだろうか。たとえ、Aが自室にポツンとひとりで居たとしても、その風景を孤独としてではなく、協存としてのAに触れることができるのではないか。もしこれが可能ならば、わたしはどのような道筋を通って行けば協存するAに触れることができるのだろうか。

それが、わたしにとっての最大の課題である。そのためには、「生きるとは何か」という問いを準備しなければならない。この大きな解決できないようにみえる問いをどのようにして解いていけばいいのか。

わたしたちは、たえず、目の前に見える物だけを刺激として生活する。目に見えたり、聞こえたり、触ることができたり、味わうことができたり、いい匂いだとうっとりできる感覚的な刺激だけを実在と錯覚して生活する。だが、もし、感覚できる情報だけが実在なら、「生きるとは何か」に答えを出せなくなる。感覚を満足させるだけの生であったら「生きるとは何か」に答えはいらないだろう。そういうことではなく、Aとの協存への「協働愛」があれば、Aが自室にポツンといる物理的な存在から、一歩一歩歩みを始めて「ああ、わたしは、たしかに、Aとともに居る」という確かな存在者同士の経験ができるはずである。Aの存在あってのわたしの存在であるという存在観がもてるかどうか、そこが歩みの成功の分岐点になる。

30 Aさんの見えてくる風景

二〇一九・一〇・三一

あなたの着ている「偏見という上着を脱ぎ捨てよ」という（Xからの）声が聞こえるだろうか。

わたしは、わたしの偏見を脱ぎ捨てていかないとAの本当の姿に触れることも交わることもできない。これは真理である。

これまで身につけてきた知識や概念（これらを偏見という）を使ってもAの実在に触れることも交わることもできない。誰でも知っている事実ではないのか。

しかし、ここから先に歩もうとする人は少ない。自分の人生とAの人生とを交差させるという発想が湧かないからだ。先に歩むためにはいかなる困難にも負けない強い意志がなければならない。

他者からわかってもらえない悲しみ、苦しさ、結果としての無残さに触れたことのない人は、Aを、けっして、わかりたいとは思わないだろう。また、深く交わりたいとも願わないだろう。隣国の人として傍観するほうが楽なのだから。人生という旅の傍観者！

何度も言うが、わたしが、あつい偏見という上着を何枚も着ていたら、Aの実在に触れることはできない。わたしは、日々、Aと接しながら偏見というあつい上着を脱ぎ捨てなければならない。何枚も、何枚も脱ぎ捨てなければならないのだ。他者を知るとは、自分の偏見という上着を脱ぎ捨てることなのだ。

反対に、Aたちは、わたしについていっさいの偏見を持たないし、偏見という上着を一枚も着ていない。この事実は恐ろしいほどである。

わたしとAは、分けることができない不可分な関係にあるという生の基底まで降りて行かなければ、わたしはAの実在に触れることはできない。わたしとAとは同じ大地に根ざしながら生きているのだ。両者の体内に同じ大地の血が流れている。

偏見という上着を着ていれば、わたしは安全かもしれないが、Aと触れ合い、交わるという喜びや、楽しみもやって来ない。偏見は真理を閉ざしてしまう。

わたしがAの存在と一致していかなければ、つねに、Aはわたしの目の前から実在という姿を消してしまう。わたしとAとの存在（大地）における一致があれば、お互いに自然に（フト）笑顔がほころび、笑い声がころがり出てきて、人生の素晴らしさ、人間の奥深さを、しみじみと感得できる。人が複数存在する意味が向こうから大船に乗ってやってくる。

まず、わたしがあらゆる偏見という上着を脱ぎ捨てることが必須である。だが、その前に、わたしに対して、Aの存在と一致したいというXからの促しがなければならない。人は、つねに、よきXからの促しを待ち受けながら生きている存在なのだ。あなたは、よきXをあの天城山中の林に見るはずである。

31 Aさんはいつから・どこから

二〇一九・一二・二六

「天城子どもと親とのワークショップ」に出発する前にバスに乗車したかどうかを参加者の名前を点呼して確認する。

UY：Aさん
A　：はい
UY：Bさん
B　：はい

こうして、次々と参加者の名前が呼ばれて、乗車しているかどうかを確認していく。

UY：UGさん

UG：——

この場合は、まだUGさんはバスに乗車していない状態を示している。

UYさんの点呼に「はい」と応答したり、不在で応答がなかったりする。「はい」と応答したAさんは、たしかにバスに乗車している。

しかし、そのAさんとはいったい誰なのだろうか。「はい」と応答したAさんとは，誰なのだろうか。

すると、こんな解答が聞こえてくる。「それは、Aさんに決まっているじゃないか。なんか問題があるのか！」という声が。

そう、「はい」と応答したAがAであることは間違いないのだ。たしかにそれはAなのだ。いつも見慣れたAなのだ。あのAなのだ。あの愉快な声で「はい」と応答しているじゃないか、というAなのだ。

でもね、それはAの「声」が聞こえただけなのだ。Aの声は物理的な現象にすぎない。声はたしかにAから発せられたが、Aとは別物なのだ。

そして、バスの中に座っているAは、洋服を着ているAだから、目の前のAは洋服なのだ。

でも、こんな声が聞こえてくる。「だって、Aの顔が見えるじゃないか」という声だ。

でもね、それはAの顔であってAそれ自体ではない。お化粧しだいで顔はいろいろと変貌する。Aにいくつぐらい顔があると思いますか。Aには数え切れないほど顔があるのだ。Aの顔を表現しているのは皮膚であり、Aそれ自体ではない。それは物質なのだ。

しかし、またこんな声が聞こえてくる。「だって、Aの顔は表情豊かに変化しているよ。それがAじゃないの。心が表情を変化させてんじゃないの」という声がね。

でもね、顔の表情は顔の筋肉の運動に属することであってAそれ自体とは違う。筋肉運動の過程と結果が表情なのだ。

このようにして、一つずつ考えていって突き詰めると、「Aそれ自体は誰か」という新しい問いが出てしまうのだ。

そして参加者の誰かが「Aそれ自体」を知っているのかという大問題が発生してしまうのだ。そう、Aそれ自体を誰も知らないのだ。それでも「Aさん」と呼びかけたり、「Aさん、いっしょに食べようよ」などと誘ったりしているのだ。でも誰もAそれ自体を知ることはない。

日常生活では、この程度の水準の交わりで十分なのかもしれない。しかし、そうもいかない場合がある。真のAの存在でなく、表面上のAを見て、それがAだと勘違いすることは、非常に危険な見方である。

わたしたちは、常日頃、真のAでないAと交わっていることになる。このことを、どのように考えていけばいいのだろうか。人生の究極の目的は「真の自己」に至ることだとしたら、大きな問題である。

繰り返すが、わたしたちは真のAを知らないで、その目の前のAをそのままAだと決めつけて交わっているということだ。

だとすると、「Aは、いつから、どこから居るのか?」という大きな問いが出てくる。もちろん、ここで問われているのは「真のA」の存在である。

わたしは、人生において一瞬でもいいから「真の自己」を燃え上がらせたいと念じている。水中の水のように生きてみたい。空気中の空気のように生きたい。また、「よこはま児童文化研究所」の参加者のすべての人も、水中の水のように生きてほしい。

そのために、互いが、互いに、互いの真の存在に一瞬でも近づけるように偏見、差別、排除の動機づけを払拭してほしい。真に強い人は、他者に対して偏見をもったり、差別したり、しまいには排除したりしない。水中の水のように、他者と溶け合って一体となって「ともどもに」そして「協働愛」に燃えて生きたいと願うのが、真の強者である。

❸❷ 誰も苦しめたことはありません

二〇一九・一一・二一

わたしにはAの、あたしは「誰も苦しめたことはありません」という内なる声が聞こえる。Aは、一度だって誰かを苦しめたり、悲しませたりしたことはない、ときっぱりと言うのだ。わたしはそのとおりだと思う。

Aは、誰かを苦しめるために生まれてきたのではない。また、誰かを悲しませるために生まれてきたのでもない。ただ天に祝福されて生まれてきたのだ。なのに、母の胎内から出ると不条理が待ち受けていた。Aは、悲しいのは「あたしよ」と、きっと、思っただろう。天が祝福してくれたのに！

Aは誓った。あたしは「誰も苦しめない」、そして「誰も悲しませたりしない」と。そして、Aはこれまで、その念じたとおりに生きてきた。これからも、天から与えられた命を天にお返しするまで、誓いを守って生きていく。

Aは、「誰も苦しめない」というカノンを天がすべての人にお与えになることを希っている。

そうすれば、世界中が平和で幸福な大地と変貌するだろうと。

世界は、いつも、誰かが誰かを苦しめて成り立っている不条理な戦地になっている。末法の世に落ちている。これは、政治や経済や軍事で解決できる生やさしい問題ではない。世界中の人々が「誰も苦しめません」と天に誓うことで達成できることなのだ。

そういう世界を戦地にもたらすためにはAやAたちの生き方から、学ばなければならない。Aの生き方に「誰も苦しめたことはありません」という重大な秘密が隠されていることに気がつかなければならない。

Aの思う「あなたの苦しみは、あたしの苦しみよ」という内なる声を聞き取り、Aと同じように生きることがAからのメッセージなのだ。

二〇一九・一二・九

33 誰も憎まないで生きられました

トンネルを抜けると左手に雄大な富士山が目に入った。大きな橋の下には、春の川に美しい水がゆったりと流れている。水底に小石が貝のようにあり、その横を小魚がすいと流れていった。ふたりでゆっくりと歩きながらしばらく川音を聞いた。わたしとAは風そよぐ美しい春の川岸を歩いていた。

右手には大きな岩肌が見える小さな山が幾重にも連なっている。「ああ、もう何度この美しい景色を見てきたのだろう。いつ、誰と見てもこの美しさに変わりはない。それが、本当の美しさなのだろう」。

すると、その小さな山の上からふわーっと春の山からの「あいさつ風」が吹いてきた。その風が川岸に咲く菜の花に吹いていった。すると菜の花たちは一斉に風の来た道と反対のほうへと揺れていった。しばらくするとまた菜の花たちは元のようにもどり、何事もなかったように、前の菜の花の表情になった。


「きょうも、いろんなひとたちに、あたしたちを見てもらえたね。あたしたちは、ただ咲いているだけなのに、見てくださるひとたちから、どうして、うつくしいなんて言ってもらえるのでしょうね」

「そうだね、あたしたちは、こうして、この川岸にただ咲いているだけなのよね。そして春のやさしい風に吹かれて、ゆれているだけなのよね。あたしたちは、こうして咲いている」

「そうよね、あたしたちは、季節が巡ってくると、また、いつものように咲いて、そしてまた土の中で眠るのよね。あたたかーい、つちのふとんにつつまれて、しずかにねむるのよね。

そしてまた、春がやってくると風さんたちが、あたしたちを目覚めさせてくださるのよね」

「そうそう、そして、あっ、おきなきゃっておもうのよね。おきると、ときおり、しずかに春の雨があたしたちを元気にしてくれるのよね。春雨のあとはきまってあたたかいお日さまの笑顔ね。あたしたちは、土さん、風さん、雨さん、そしてお日さまさん、みんなに守られて、まいとし、きれいねといっていただける花を咲かせられるのよね」

「そう、こんなしあわせってあるかしらね。みんなに分けてあげたいわね」

「そうだね、とくに、まいとし見てくださるAさんにわけてあげたいわねえ」

「でもね、あのAさんは、あたしたちと、どこか似ていると思わない」

「えっ？　Aさんが、あたしたちと似ているの」

「うん、あたしね、そんな感じがするの」「へええ、そう」

「だってね、あのいつも見てくださるときのあの眼差しが、まるであたしたち花の眼差しに似ていると思わない」

「う―ん、そういわれると、あたしを見てくださるAさんの眼差しに、あたしはぜんぜん濁りを感じないわ。いちども濁りを感じたことがないわね」

「でしょ―、よかった、あたしもね、あのAさんの眼差しには、まいとし、あいたいのよね」

「そうね、そういわれれば、あたしも、どこかで、そうねがっていたようなきがするわ」

「でしょー、だってね、あの眼差しはね、『菜の花さん、あたしね、きょうまで、いちにちも、誰も憎まないで生きて来られたのよ。また、この三六五回もだーれも憎まないで生きられたことを菜の花さんたちにいえるのは、とっても嬉しいのよ。また、これから三六五回、だれも憎まないで生きて、らいねんも、しずかに生きてきましたって、いえるようにしたいわ』と語りかけているようだわ」

「そうね、あたしも、おなじよ」

そう、菜の花がAの心を見ていました。Aに生き方の「花」があるのです。だから、生きとしている。Aのこころから、わたしのこころへと飛んでくるのは、Aの「花」です。響きがあり、艶があり、そして美しさを感じる。

草原には「花」を咲かせない草があります。その圧倒されるような緑のどこかに小さな「花」を見つけたときの嬉しさを忘れることはできません。何もかも忘れてその小さな「花」とともにただそこにいるだけでいい。草は花を憎まず、羨まず、また花は草を憎まず、羨まずに共生しています。ただ、草として、ただ花として、そこに共生しているだけ。

こころからこころへと届くのは「花」である。人間が「生きるとはどういうことか」という大問題を極限まで絞り込んで得たこたえが「花」である。そういう意味で「花」には普遍性がある。それは、備わっているのではなく、獲得された普遍性である。無駄な知性、感情、意欲を極限までそぎ落とした結果として浮かび上がってきたとしか言いようのない「花」(普遍性)である。

草と花とが共生するために必要としないものすべてをそぎ落とした結果、「草原と花」が地球上に残された。同じように、地球上のすべての人間が共生するために必要としないものをすべてそぎ落とした結果「ともどもに」と「協働愛」とが残された。

見えない空気がなければ鳥は空を飛ぶことはできないし、目に見えない水がなければ草も花も共生できない。見える物を追いかけすぎて、目に見えないものを疎かにした結果が現代である。

そういえば、あの草と花は同じ大地に生えていた。この事実は、なかなかに、見えない。形こそ草と花なのだが、中身は同じで同じなのだ。

自分の背後を見て生きようよ。

34 場違いなところ

二〇一九・一一・二八

Aたちにとっていたる所が場違いな所ではないだろうか。Aの内なる身になって、わたし自身をある場所に置いて考えてみたい。

たとえば「横浜美術館」でルノアールの絵画『アルジャントゥイユの帆船』を見ているとしよう。

Aはこの絵の前に立ちじっと見つめている。そして、遠足で行ったことのある江ノ島で見たヨットを思い出し、「あっ、おんなじだ。ヨットだ」と叫ぶ。Aの目にまずヨットが飛び込んできたのだ。真っ白い帆が風になびいていたあの江ノ島のヨットと重なったのである。

Aが思わず口にした「あっ、ヨットだ」という喜びの声は、他の人々にとり騒音以外の何ものでもなかった。Aは、美術館の絵画は静かに見るもの、という社会的な常識を破ってしまった。

そして「静かに見なさいよ」という社会的な制裁を受けた。そこから、不特定多数の社会の人々の偏見、差別、排除が始まる。美術館で静かに見ることができないAはその場でのけ者にされた。

でも考えてみれば、芸術は見る者に感動を与えるものだと言われてきた。感動は身体を通して表に出てくる。ルノアールの絵を見て感動すれば、思わず声が出る。表情に輝きが増す。小躍りしたくなるではないか。そして、こういう感動を与えるのが芸術だったのではないか。

エルヴィス・プレスリーが唄い、踊るコンサートホールで畏まって正座して聴いている観客などない。

彼の歌や踊りに乗っていっしょに芸ずるのだ。そして満足し、感動し、次のコンサートを待ち遠しく感じる。わたしは、ルノアールの絵を見ることと、エルヴィス・プレスリーの歌を聴くこととに違いがあるとは思わない。芸術がAを制御できるとは思わない。

反対に、Aが芸術の内容を制御するのだ。試しにルノアールに訊いてみるがいい、「Aのような鑑賞を望みますか、それとも、静かに鑑賞することを望みますか」と。エルヴィス・プレスリーは間違いなく「Aのようないっしょに乗ってくれる観客が望みだ」と言うだろう。

わたしたちは、初めから、Aの鑑賞法を間違っていると考えているのだ。しかし、わたしはAの鑑賞法に社会が移行する日を「待つ」つもりだ。素晴らしい風景画の前で踊り子たちが踊る場面を、多くの観客は、何の違和感もなしに見ている。

絵画と踊りが一体となって観客の心を打つ場面にAが居たら、どんなにかAは満喫できるかと想像してみる。

いろいろな場に偏見と差別と排除が立ちはだかっているのだ。

35 Aさんとともに「在る」こと

二〇一九・一一・二九

わたしがAとともに「在る」ようになってからについて振り返ってみると、ずいぶんと変化があった。車で言えば、高速走行から四〇キロ走行への切り替えがあったような感じ。また、音楽で言えば、allegroからandanteへのテンポ移行があったような感じ。

そう、わたしの歩み方に変化が生じ、以前よりも緩やかになった。この変化は、明らかに、Aの存在と関連している。がむしゃらに突進する生き方を放棄した。ゆったりと、Aの歩む速度について行けるように調整できたということかもしれない。

わたしは、Aと出会う前も、忙しく立ち回る現代人の生き方について行く自信がほとんどなかった。つねに、二番目か三番目で生きていこうとしてきた。だから、Aと出会って生きる速度を落とすことにほとんど苦労はしなかった

以前よりもさらに速度を落として視界が変わった。いままで見過ごしてきたものが見え始めた。とくに「人は何のために生きるのか」というテーマが見え始めた。

Ａの存在の近くに住むと「生きる」というテーマが自然に湧いてきた。Ａの楽しみは何かな。Ａの喜びは何かな。Ａの苦しみは何かな。Ａの嘆きは何かな。Ａの悲しみは何かな。こういうＡの内なる動きに敏感に反応できるように変化した。

もしも、わたしがＡの存在に触れることがなかったら、すなわち人生の場を高速で走り回っていたら、「生きる」テーマは、おそらく、視界に入って来なかっただろう。

わたし自身は、病気をしたことがなく、苦しむことや、悩むことにもほとんど縁がなかった。わたしの周囲で起こるさまざまなことに関して、それなりに対処できていた。しかし、それでは「生きる」テーマから見放され、自分が何のために生まれ、何のために生き、何のために他者とともに居るかについて、永遠の謎に終わったかもしれない。

そういう意味で、Ａとともに「在る」ことが、わたしに真の人生の意味を与えてくれたと思う。Ａ「在っての」わたしであるという表現に爽やかさを感じる。

ありのままのわたしの内部を表に出してみた。

36 君自身としてですか、クリスチャンとしてですか

二〇一九・一二・二

二〇一九年一一月三〇日から翌日の一二月一日まで、第一三五回目の「天城子どもと親とのワークショップ」が開催された。冬の天城は両日とも晴天だった。

東名高速のリニューアル工事の中であったが、往復ともほぼ順調な旅程であった。往路は足柄サービスエリアでランチの準備をして、修善寺の「虹の郷」へと向かった。夏の「虹の郷」と違って、駐車場は乗用車と観光バスとであふれているような感じだった。

園内へのゲート前で、ひとときを過ごして観光客でいっぱいの園内に入った。たくさんの、さまざまな種類の犬が散歩していた。Wはその犬に近づき「かわいいね」と愛情のある声で呼びかけていた。どうもWは人間よりも動物に愛情を感じるらしい。

またWは赤ちゃんが大好きだ。このときのWはまるで時間や世界が自分のためだけにあるような振る舞い方をする。Wが他者に愛情を注ぐことができるのは、こういうひとときなのだろうか。Wよ十分に世界に向けて君の愛情を注ぎなさい。

さて、NTさんは、「けんちゃんや、やっちゃんの車イスを押すために天城に行く」と宣言したとおりに行為していた。あの広大な「虹の郷」で、けんちゃんの車イスを押していた。わ

たしにはNTさんは無心で車イスを押しているように感じられた。そして、彼は車イスを押す自分を知っていると感じられた。

そう、彼は知りつつ車イスを無心で押す。彼自身と車イスを押す行為とが一ミリも離れないで一体となって押している。「虹の郷」の園内には、ただひたすら車イスを押す行為だけが在った。

こういうNTさんの行為を「美」と呼ぶのだろう。意図のない行為は「美」そのものだ。計らってしまえば、その行為はただの労働になってしまう。彼の行為には「働」く苦「労」がまったく感じられなかった。無為。

無為とは「無」のな(為)すがままの行為である。人為的な計らいや意図や傲慢さが、彼の車イスを押す行為には微塵も感じられなかった。

夕方、天城山荘での夕食時にわたしはNTさんに尋ねたいことがあって、訊いてみた。

T　：NTさん、あなたが、そうして車イスを押したり、世話をしたりしているのは、NTさん自身ですか。それとも、クリスチャンとしてですか

NT：(ちょっと間をおいてから、はっきりと断言するように)ぼくです。ぼくが車イスを押してます

T：あっ、NTさん自身なのね
NT：はい、そうです、ぼく自身です
T：あっ、ありがとう。わかりました

このような会話を交わした。わたしは、しばらく目を閉じた。そして、NTさんがドンと身近に感じられた。「あっ――、そうだったのか」という強い感情に打たれた。いや、打ちのめされたというべきだったろう。わたしは、じぶんの感じる力のなさに愕然とした。何という愚かな自分だったのか。何という失礼な自分だったのか。何という見透す力のない自分だったのか。挙げればきりがないほどの後悔と懺悔の言葉が噴出した。

「どうぞ、こんなわたしを赦してください、NTさん」。これからは、NTさんに向き合うべき向き合い方で向き合います。だから、赦してください。そしてNTさんの心の中にわたしも入れてあげてください。わたしを育ててください、NTさんの側にいられる人間になれるように。

37 命の二つ

二〇一九・一一・一六

人間の命は地球よりも重いという言い方がある。

たしかに、こういう言い方で、人間の命の尊さを訴えたいときがある。しかし、こういう言い方をしなければならない実態は何か。戦争で尊いわが子の命を失ったときに、母が慟哭とともに流す言葉の涙がその証拠となる。

「人間の命」という表現には生物学的な意味だけでなく、精神的な意味もある。生命すなわち「生きるための命」というもっとずっと深い意味がある。

何かを「信じて生きている」場合に使われる。また、「命」Xなどという言い方もされる。これは、生物学的な意味を超えた内容を露わにする場合の表現法である。何かを信じて生きているが、その信じている内容を失うような事態になれば、「命」を失うに等しいと思い、その何かを自分の命と引き換えにする。

命の二つとは

（1）生物学的な命

と二つあることになる。

（2）精神的な命

人間の命と表現される場合には、（1）の生物学的な命をさす場合が多いし、もっぱら、この意味で使われる。すなわち、生死を分ける場合の命という意味である。

しかし、わたしには生物学的な死が、そのまま精神的な死とはどうしても思えない。何かが死を越えて継続するのではないか。それがなければ人の死はあまりにも空しすぎる。

釈迦が遺言とした、①自灯明、②法灯明は、（2）の精神的な命ということになる。

そして、この意味での命が明確に把握されていなければ、生物学的な命も曖昧なままに過ぎ去っていくのだろう。

したがって、この二つの命は、相互に協《とも》に働き合ってひとりの人間の生を引き受けていることになる。

この二つの命が協働しなければ、人間の「生命」はむなしく時を失うだけである。そういう意味では、二つの命の協働が生きた証になるといえる。

㊳ 心のおちつき

二〇一九・一二・六

似たような言葉に「心のやすらぎ」というのがある。「おちつき」と「やすらぎ」の違いは何だろうか。

なんとなく体験的には、「おちつき」のほうは自らそうなるような趣を感じるが、「やすらぎ」のほうは他から与えられたような受動的な感じがする。おちつきたい、やすらぎがほしい、こういう言い方を比較しても、おちつきたいのは、何か事に臨んで、たとえば弁論大会あるいはコンサートなどのときに心を鎮めてあがらないでうまくやりたいという心を感じる。また、やすらぎがほしいときとは、人生の苦難から少しでも逃れてどこか静かな場所で過ごしてみたい、という切なる願いを感じる。

こう考えてみると、Aと「ともどもに」生きてみて、Aからは「やすらぎ」への欲望を感じたことがない。そして、つねに、「おちついて」対処している。Aがわたしと居ておちつきをなくしたことはない。

なぜだろうか。

通常、わたしたちは、交通事故にあうなどした場合に「おちつき」をなくしてしまう。「どうしよう、どうしよう」ともがき始める。そして、どんどん心が落下して、這い上がれないほど沈んでしまう。こういう「おちつき」を失う体験をいくら繰り返しても、事態に遭遇するとまた「おちつき」を失う。

しかし、考えてみれば、こういう「おちつき」を失った後は、ある意味で宝の山に入ったようなものである。たとえば、そういう「おちつき」を失う自分を振り返ってみることができる。なぜ自分はある状態に遭遇すると「おちつき」を失うのか、少しずつ意識化できるようになったりする。次元は低いかもしれないが、自分を客観的にみることができる。「おちつき」がなくなる過程に入り込める。「おちつき」を失っていく自分を「おちついて」眺められる。見る自分と、見られる自分とが意識できる。

見る自分は、おそらく、理想的な自分であり、見られる自分は現実の自分であるから、つねに、見られる自分は、見る自分から叱責される。

それでいいのだが、見られる自分を破壊しないで両方の自分に架橋できるようにしたほうがいい。対象化された自分（見られる自分）は、自分の「すべての行為」の展示室でもあるのだから、対象化された自分を破壊することは、そのまま「見る自分」を破壊することになる。

とすると、Aの「おちつき」は、「見る自分」と「見られる自分」との間に乖離がないことを意味していたのだ。この両者が一体ならば、Aから「おちつき」を失わせることは不可能である。逆に、Ａの「おちつき」が「見る自分」と「見られる自分」とを乖離させないことになるのだ。

39 「人情八百屋」から学ぶこと

二〇一九・一二・一九

落語に「人情八百屋」という演目がある。わたしは立川談志版で繰り返し聞いている。話の内容は次のようなものである。

あるところに、貧しい長屋住まいの四人の家族があった。両親と二人の子どもが肩をよせあって生活していた。満足にご飯も食べられないほどの貧しさであった。

そこにある夫婦が八百屋を営んでいた。その貧しい家族のことを聞いて、八百屋の主人は貧しい家族に食べ物や僅かながらの金銭を与えた。

八百屋の夫婦は、これであの貧しい家族も四人で食事ができるとほっとした。そして、しばらくして、またその長屋を訪ねたが、両親は首つり自殺で亡くなっていた。与えた金銭は家主に取りあげられていた。残されたのは二人の子どもであった。そして、その同じ長屋に住む火消しの親方と、その八百屋とで一人ずつ養子にする話になったが、結局、八百屋が二人とも養子として引き取った。

この落語の話は重大な問題を突きつけている。わたしが、牧師か保安官かというテーマで取りあげてきた問題である。あるいは宗教か革命か、あるいは旧約聖書か新約聖書か、あるいは制度改革か施しかと言い換えても同じことである。

この落語では、物質的かつ経済的な援助が裏目に出たという教えである。落語のネタには仏教的な背景のあるものが多いと言われるが、この「人情八百屋」のネタにも幾分、仏教的な匂いがしないでもない。

初めに貧しさ、その貧しさに対する支援、その支援物資をふんだくった家主の行為、残された子どもの命、それを引き取る他人の情け、こういう筋書きのネタになっている。

このネタには制度的な救いの発想はない。ただ人間の人情に基礎をおく人情話に仕立てあげられている。しかし、このネタが示した問題は重要であり、永遠の二極構造をもつ課題である。

これからの社会、世界は、偏見、差別、排除、具体的にこの落語のネタになっているような「貧しさの追放」のために永遠にこの二極構造に橋を架ける大仕事をしなければならない。

人情だけに依存できる状況でないことは万人が知っている。難民の受け入れ問題に関しても、

「人情派」と「現実派」とが激しく闘っているのが、いまの現実の世界である。地球温暖化問題の解消は、この二極構造に架橋しなければできない。

発想を「生活」から万民が「ともどもに」「生きる」という方向へと切り替えて、地球上のすべての人が同じ大地と感じて生きられる豊かな環境を目指すことを、地球から求められている。

「よこはま児童文化研究所」の「ともどもに」生きる約束が、地球温暖化問題へと一石を投じることになるだろう。そのためにも「ともどもに」の考え方をもっと深化させる必要がある。

40 かけがえのない居場所

二〇一九・一一・一八

Fさんが「こんど、あまぎ、いつ」と言う。いま、「天城子どもと親とのワークショップ」から戻って、バスから降りて、横浜に着いたばかり。このFさんが言ったことに「天城子どもと親とのワークショップ」の存在理由があるのではないか。参加者は、思い思いに自分に会いに天城に向かっている。自分の存在と切り離せない天城に向かっている。

Fさんにとって、天城はどういう意味をもつ場だろうか。Fさんにとっての天城は単なる場所を意味していない。森に囲まれた天城山荘という場所ではない。バスはS字に曲がった葛《つづら》折《お》りの「天城路」を順調に登っていく。バスの車内から狩野川が見えてくる。季節に応じて花や草、鳥や動物、空や空気、そして水流の違いがあっても、Fさんにとっては、四季折々に変化する景色全体が「あまぎ」なのであろう。

天城山中には、都会にない景色が朝、昼、晩そして夜に現れてくる。時には幻想的に色づいた風景も見られる。春には春風と菜の花、桜の花、夏には雄大な富士山、秋にはたわわに実った米、そして真っ赤な紅葉が迎えてくれる。

天城は、都会にある人間の声よりも、自然の音や風景に充ち満ちている。Fさんの「あまぎ」とは、このような風景の中に居ることだろう。

そういう意味で、Fさんにとっての「あまぎ」は感覚的な意味合いが非常に強い。天城という場所の時間的・空間的な全体や、風景を、五感を通してからだの中に取り込んでいる。風景全体をからだに吸い込んでいるといえるかもしれない。

そのときは、Fさんは天城の風景と一体になっている。Fさんが天城に居るし、また天城がFさんのからだの中で息づいている。Fさんは、目の前に天城を視ながら、もう一つのからだの中に息づいている「天城」を感じている。

誰もが、かけがえのない風景を体の中に持っている。そして、その風景が人生の折に触れて甦ってくる。そのとき、誰でも自分の来し方行く末に納得する。「自分の人生はまだ途切れていないぞ。かけがえのない場と生きていけるぞ」と。

Fさんにとって「あまぎ」は文字通り自分の分身である。自分が自分に会いたくなるのは当たり前ではないか。Fさんの「こんど、あまぎ、いつ」は「こんど、いつ、自分に会えるの」という切ない願いを、わたしは感じる。

41 YJKの青年たちへ

二〇一九・一一・二五

わたしは「よこはま児童文化研究所」の青年たちと話すときに、本当に、照れる。彼らの顔をまともに見ることができなくなることが多い。でも何とか最後まで話すように努めている。この照れる感情は、自分の若いときに、父親と話しているときに感じたあの照れと似ているように思う。

長い間いっしょに生きてきた青年たちと話すときに、照れる必要などまったくないのに、なんとなく照れてしまう。子どものときに悪さをして母親に見つかり、一瞬何と言い訳しようと焦ったあの感情と似ている。彼らと向き合って、たとえばUGさんと、照れている自分に気がつき、もうどうしようもなくなるのだ。

彼のほうがずっと年上に感じられて、自分の存在がちっぽけになったように思う。

そして、事実そのときの自分はちっぽけな蟻のような存在なのかもしれない。

でも、わたしは青年たちといっしょに居るのが好きだ。そして、青年たちと何とはなしに話すのも好きだ。いま、わたしの小さい頃から続いている「照れ」を引き出す力を持っているのは「よこはま児童文化研究所」の青年たちである。

あとは、誰に会っても照れることはない。むしろ「ずーずーしい」と感じられているかもしれない。でもわたしの根っこにあるのは「照れ性」である。

青年たちがわたしの照れを引き出してくれることは天の恵みだと思っている。

「よこはま児童文化研究所」の青年たちと不思議と「生き死に」のテーマで話した記憶がない。むしろ遊びについて話したり、実際に遊んだりするほうが多い。

なぜだろう。よく青年特有の悩みとしての「生き死に」、「愛と死」、「人生とは」、「神は実在するのか」というようなテーマで話し合ったことがないような気がする。こういうシリアスなテーマは、わたしではない他の誰かと話し合っているのかもしれない。

あるいは、わたしを悩ませたくないという配慮なのかもしれない。あるいはまた、テーマとして話し合うことなく「生き死に」の現場で闘っているからかもしれない。

シリアスなテーマについて話しあえる青年たちは、時間的に、経済的に、交友的に、宗教的に余裕があって、一時に罹るはしかのような体験にすぎないのかもしれない。「よこはま児童文化研究所」の青年たちは「はしか」に罹って話し合うのではなく、そのテーマのど真ん中で「生き死に」をやっている。

そんなときに、わざわざ、わたしと話し合う必要などないのだ。「人生とは」などと問う時間もなく「人生そのもの」のど真ん中で苦悩したり、喜んだり、泣いたり、悔しがったり、もうたっぷりと味わってしまっているのだ。「よこはま児童文化研究所」の青年たちにとって「生き死に」について話すことには意味がなく、ただただ「どう生き抜くか」を日々の生活において実践している。そういう彼らがわたしと「生き死に」のテーマで話し合うことはない。

42 他者の味をじゃましない――調味料としての自己

二〇一九・一一・一九

Aには Aの味がある。またBにはBの味がある。彼らに彼らの味があることに気がつく人は少ない。彼らの醸し出す味を味と認知できないからである。

AやBといっしょに居る時間が増えるほど、わたしは彼らの味に気がつくようになった。

だから、わたしは、彼らにとっての調味料となることに決めた。彼らの味わいがもっと出れば、彼らと彼らを取り巻く大勢の人々とのやりとりがさらに楽しくなると考えたからである。調味料が嫌みになれば、彼らの味は飛んでしまう。

だから、そっと彼らの醸し出す味に寄り添うようにさせてもらう。要するに邪魔にならないようにそっと横に居させてもらうのである。

そのためにはAやBが話している間は絶対に口を挟まないことにした。彼らの出している話題を横取りしないことにした。ただ、黙って、じっと彼らの話す言葉に聞き入ることにした。でも、たまには相槌を打つことにした。すると、彼らはもっと楽しく話してくれるようになった。「あっ、味が出てきているな」と感じることがより強くなってきた。要するにわたしは黒《くろ》衣《ご》に徹すれば、いい調味料に早変わりできるのだ。

主役は、AとBたちである。一日の内、一回ぐらい主役になって、思いっきり話すことは必要である。彼らはいつも聞き役に回されることが多い。そして、その役回りがいかにおかしいかに誰も気づかない。

でも、AとBは「それは、おかしいんだよ」とわたしたちに伝えている。それが聞こえるかどうかによって、自分が調味料になれるかどうかわかるであろう。

わたしは、いつまでも、彼らの味がもっともっと出るような調味料に徹したい。そういう存在が彼らには必要だから。

43 他者を肯定する生き方

二〇一九・一二・四

他者を知るのはいつ頃なのだろうか。「他者」、「知る」というキーワードは難しい。知る前に感じるのかもしれない。「あっ、目の前に誰かがいるな」という感じである。

したがって、Aが他者を見るときと、他者を知るときとは同時ではないだろうか。なぜなら、いまなら、Aが自分の体験から、見ることは知ることだとわかっているからだ。

他者の知り始めは「肯定的に」向かうのか、それとも「否定的に」立ち向かうのか。赤ちゃんが、母の母乳を飲んでいる姿を見れば「肯定的」であるが、しかしまだ、赤ちゃんは「知る」ということを「知らない」。ただ無心に母の母乳を飲んでいるのだ。この時期は、赤ちゃんは「母」の存在を知らないで飲んでいる。だから、赤ちゃんは他者（母）を知らない。

赤ちゃんが、いつ母を他者として知るようになるのか。エリク・エリクソンが面白いことを書いている。赤ちゃんは「肯定的に」母の乳房から母乳を飲んでいるが、あるとき、赤ちゃんが母の乳首を噛むときがやってくる。すると噛まれた母は、赤ちゃんの口を乳首から離す。

エリク・エリクソンはここに人生の始まりを設定したようだ。

乳首から口を離された赤ちゃんは、そのとき、母という他者を知る。いや、まだ感じるか感覚するというレベルかもしれない。しかし、自分の口が母の乳首から離された事実は消しようがない。

すると、微妙な時期なのだが、赤ちゃんが他者を感じる、感覚した、まさにそのタイミングでは「否定的に」事実と向き合ったことになる。知るというよりずっと前の人生の始まりにおける他者の感覚には、「否定的」な匂いが残る。

したがって、わたしたちは、生涯かけて他者と肯定的に向き合うことを学び通さなければならなくなる。なぜなら、そのときの赤ちゃんには、体内に「プロテストする」感覚が芽生えるからである。

44 みずみずしい言葉

二〇一九・一一・二三

いまの社会には、何かと言い訳がましい言葉が増えてしまった。社会全体が、悪を許さないという憤りの一方的な糾弾行動に明け暮れている。自分は正しい。すべて相手が間違っている。

だから、相手が謝るまで絶対に許さない。こういう正義論が罷り通っている。

このような行動あるいは行為の構造化によって、社会の平和や国家間の平和、世界の平和を維持できるのだろうか。否。

自民党は言い訳党であり、野党は糾弾党ではないか、と思われている。そして、この言葉のやりとりがＮＨＫなどで放映されると、街の中でも同じような場面は繰り返される。悪行と善行とがくっきりと二分されて行為が行われることなどあり得るのだろうか。

人間の行為それ自体に「悪行」と「善行」とが混在しているのではないか。百パーセント善人、あるいは百パーセント悪人と二分できるとは思えないが、思考停止すれば、こういうあり得ない二分法もあると思い込むことは可能なのだろうか。

言葉は反応である。だから言葉になる前の「もの」が問題である。もう一つ、言葉になる前の「もの」をどのように見るか、感じるか、という重要な視点がある。だから、二分された陣営は、言葉に成る前の「もの」それ自体を明らかにしなければ、いつまでも水掛け論になるだけだ。

みずみずしい言葉が聞けなくなったのは、言葉以前の「もの」そのものが汚れてしまったからではないか。もっと「和の美しさ」を求めて自己主張をする訓練をすべきではないか。「和の美しさ」を互いに求める中でしか相互理解はありえない。ハーモニーとは互いに互いの波長に感じて、互いに調和しようとしない限り実現できない。

みずみずしい言葉の水源は「和の美しさ」にあるのだ。和とは「なごみ」であるが、もう忘れかかっている美の世界だ。

45 真実の湖

二〇二〇・一・一三

一枚の写真を見ながらふと湧いてきた思いを書き留めておきたい。

ふと浮かんだ言葉が「真実の湖」である。「虚偽の湖」という言葉は浮かんでこなかった。わたしにとって非常に幸いである。

こうして、わたしが文章を綴っているときに、ふと浮かんでくる、あるいは湧き出てくるイメージがある。また、自分が一生懸命に文章を綴っている感じがするときと、何かに促されて綴っている場合がある。後者はめったに起こらない稀少現象である。

さて「真実の湖」というフレーズは何かからいただいた頂戴物である。わたしが思い描いたフレーズではない。だから、いそいで書き残しておきたくなった。嘘が混じり合わない純粋な気持ちのうちに書きたいと思った。

このフレーズが浮かんできた背景にあるのは、「よこはま児童文化研究所」や「天城子どもと親とのワークショップ」に継続的に参加している参加者の胸の内に「ちこっと」触れ合えたように感じたことである。

参加者一名ではない。参加者は一名、二名と数えられる数ではなかった。「なかった」という表現は、わたしが、薄々ながら、そのように感じていたからである。

参加者を数として見る人はいないと思いたい。そこが観光旅行との大きな境目になるかもしれない。参加者は数に還元されることはない。

「天城子どもと親とのワークショップ」の内部に汲めどもつきない「真実」がなければ、参加者はゼロになる。

なぜなら、真実のかけらもない旅行なら、観光旅行で十分に満たされる。そして、参加者は一回限りの方が多いだろう。目的は観光なのだから。

ところが、「天城子どもと親とのワークショップ」には違う目的がある。「ともどもに」と「協働愛」で触れあうことである。

この二つの思想語に真実がなければ、「天城子どもと親とのワークショップ」は消滅する。その真実は、天城山荘への参加者全員で体験し、その体験を経験にしながら、自己の器に盛り込む必要がある。

ただ、たとえ参加者全員で実行しながら真実に触れていくといっても、源泉は「よこはま児童文化研究所」になければならない。源泉は「よこはま児童文化研究所」の四四年という継続されてきている意志の重みにある。四四年間一度も「天城子どもと親とのワークショップ」を実施しないという話が出たことがない。計画するスタッフの全員が真実という湖に身を投じていたからではないだろうか。

計画には、派手さや、人の目を引く驚きや、嫌らしさがまったくなかった。いつもどおり、いつものように計画し、いつものように参加者同士が語り合い、遊び合い、風呂に入り語り合い、ともに食事をし合い、ともに太郎杉まで登攀してきた。

そこにこそ「真実」があったのではないか。参加者全員が同じ「真実の湖」に身を投じていたために、おそらく、同じ「真実」に到達していたのではないかと思う。

他者なしには自己なし、そして、自己なしには他者なし。真実は出会いの継続にあった。天城という山林の地に足を運ぶことにずっと促されてきたのだった。

46 受信力と発信力

二〇一九・一二・三一

わたしたちが生活している場は問いと答えの連続からなっている。この問いは、わたしの内部から出てくる場合もあるし、外部からやってくる場合もある。

いずれにしても、わたしたちは目の前に出てきた問いに対して、何らかの答えを出さなければ生きていけない。これは「問い」であると感じる力が必要である。

たとえば、目の前のBさんが、さりげなく「ぼくね、悔しいんだよ。でもね、何も言えなくてね」とわたしに言うことは、わたしに「問いかけている」と受けとれるかどうか。

したがって、わたしがこのBさんの問いかけを無視することは、Bさんを傷つけることになる。無視されることほど悔しいことはない。そのためには日本語のリテラシーが必要になる。臨機応変にその場の雰囲気や、その人の意を汲んで応答することが求められる。わたしが、その場において「水中の水」として存在できるかどうかにかかっている。

「問いと答え」の場の一つの典型的な例は学校である。小中高までは、問いはすべてといっていいほど教員から与えられたものである。教員の仕事は児童・生徒に適切な問いを出すことである。教員は一人ひとりの児童・生徒にあった適切な問いをつくる創造力が必須である。児童・生徒は、教員から出された問いに適切な答えを出すことで可能性を広げられる。

児童・生徒たちは、与えられた問いに適切な答えを出しながら、学校生活の大半を過ごす。学校生活のすべての場は、問いに満ちた時間である。国語、算数、理科、社会から、給食の時間、休み時間、休憩時間、部活の時間、修学旅行の時間、朝礼の時間、ホームルームの時間、ありとあらゆる時間は問いかけに満ちている。

もしも、学校から適切な問いかけを除いたら、教員と児童・生徒との関係は混乱状態になる。教員からの適切な問いかけが、児童・生徒の学校生活をスムーズに送らせる原動力となっている。

会社に勤務しても、毎日の業務は「問いと答え」の連続から成り立っている。会社においては、担当部署の人が、随時に出てくる問題、課題に対して適切な答え（企画）を出さなければ、経営が行き詰まり、しまいには倒産さえ招くことになる。

したがって、社員が答え（適切な企画）を出すことは会社からの至上命令である。会社の場合には問いというよりも問題（たとえば、ユーザーからのクレーム、他の会社との競合問題など）と言い変えたほうが適切だろう。

公立機関では、問題は町民、市民、県民、国民から出てくる。だから公立機関は、公的な問題処理機関といえる。台風後の復興企画とその実施。地震後の住民対応の企画とその実施。外国からの脅威を防御するための施設の建築と企画。住民への説明、などなど数限りなく問題処理項目がある。

まだまだ例を挙げれば切りがない。社会生活は個人生活と異なり、問題や障害に向き合って処理しながら業務が遂行されている。そして、そこに憲法や法律や慣例が適応される。これらの範囲内で適正に業務を処理しなければならない。そうしないと、公的機関の一方的な企画実施は、住民から監視され、チェックされる。それでも、住民の要望に沿ったサービスができないことが多い。ここでも「受信力と発信力」が必須である。住民あっての仕事の成否は関係者の「受信力と発信力」にかかっている。

したがって、いずれの場合にも「受信力と発信力」が問われることになる。発信する側の発信への適切な応対は、受信側の問題に関する理解度、守備範囲能力、適切な応対、正確な対処などに依存している。

住民の要望への適切な発信力をつけたかったら、さまざまなメディアを使って情報処理能力を養い、まず適切な受信力をつけなければならない。発信者は、まず適切な情報の受信力をつけ、その後に、住民の要望へ発信する過程が予想される。

コンピューター時代の到来によって、日本も「情報化時代」になった。一秒も休むことなく情報が国内・外を問わずに空を飛び交っている。わたしたちは、自分に与えられた問いや問題や障害を適切に処理できる情報を素早く受信し、適切な処理、技術、計画などを発信しなければならない。

Aたちはこういう日本に生活している。いまでは小学生からスマホを使うようになった。世界中の情報を素早く受信できるようになっている。それだけ、個人レベルでの「受信力と発信力」の質が問われるようになった。

スマホ依存が高まり、さまざまな問題が出てきた。スマホを一日も手放せなくなる依存症候群が増加してきた。今後もこの増加傾向は強くなるだろう。この問題に関して、Uさんが大学の卒業論文で取りあげた時期は予測段階であったが、いまは現実化した。

スマホやコンピューターからの情報は使う人の体験に基づいたものでない。これが弱点である。こういう情報の入手法には五感を使った体感性がない。言語的な情報や図的な情報や数字的な情報が、コンピューターに満載されている。その情報に対して実感をもてないことが多いと思われる。

さて、こういう時代であることを確認して、わたしが、ここで問題にしたい「受信力と発信力」とは、人間関係において、他者の感情や気持ちや願望などに対する「繊細な感受性」を基礎にした受信力であり、発信力である。わたしたちにとって、他者との交わりにおいて重要な要件は、絶対に「他者を傷つけない」ように発信するということである。

なかには平気で他者を傷つける人がいるが、他者をまったく傷つけないで生きている人もいる。Aさんは他者を傷つけないで生きている代表者である。

Aさんは「他者を傷つける」ということを知らないのかもしれない。あるいは、学ばなかったのかもしれない。だから、Aさんは他者に対して偏見や差別や排除をしたことがない。

なぜAさんは、社会で頻発する偏見や差別をしないのだろうか。そして、なぜわたしたちは、偏見をもち、差別し、そして排除するのだろうか。Aさんとわたしたちとで何がどう違うのだろうか。

世界には差別発言が頻発する。国家レベルから、民族レベル、そして個人レベルで、差別発言が頻発している。この原因や理由はどこにあるのだろうか。

わたしは頻発する差別発言の大元には、「繊細な思いやり」のなさがあるように思える。社会に「繊細な思いやり」のできる人が少なくなったために、範型としての「思いやり」を学べなくなっているのではないだろうか。

たとえば、あの良寛さんのエピソードにある、甥っ子を諫める話である。良寛さんは甥っ子に何も言わないで帰ろうとして、玄関で草鞋の紐をむすんでいた。見るとその草履に良寛さんのあつい涙がぽろぽろと落ちていたというエピソードである。

このエピソードは甥っ子を言葉で諫めるのではなく、行為で気づいてもらう。しかも、良寛さんが意図的に涙を流したのではなく、ふっと涙が流れてしまった。そういうエピソードである。

わたしがこの良寛さんの涙のエピソードまで到達できるかどうかわからない。だが「繊細な思いやり」の範型として学習することはできる。

いまは、言葉の時代になっているが、言葉だけで生きることは難しい。言葉にまさる行為（身体的表現）がたくさんある。

わたしは自分の身体が察知（受信）した行為で発信していきたい。涙を流す、笑う、悔しさを感じる、愚かさを知る、惨めさを感じる、苦しさを噛みしめる、哀しさに落ち込む、寂しさに耐えきれない感じ、面白くて笑い転げる、などの身体の体験から発信したいと思う。そういうわたしの感情は、そのままAたちに伝わると確信している。

言葉の「受信力と発信力」も重要だが、その中に身体による感情体験が伴っていることが必須である。わたしたちは、相手の言葉よりも表情や声のトーンや仕草や振る舞いに敏感に応じている。そして、そこから、相手の言った言葉の理解を確信し、信頼することを学ぶ。Aたちと、互いに互いに対して「繊細な思いやり」のある交わりをしたい。そこにこそ「生まれてきてよかった」という実感が湧いてくる。

47 太郎杉——見に行くから会いに行く

二〇一九・一一・四

晴れた朝になると、天城山荘から途中までバスに乗り、天城山中の太郎杉までハイキングする。もう何度太郎杉まで行ったのだろうか。

太郎杉は「天城山一大きな太郎杉／太郎杉は天城一のスギで、樹齢四五〇年余、目通り九七三㎝、根回り一三・六m、高さ五三m、枝張りは長径で二七mの巨木です」と紹介されている。青森の北金ヶ沢の樹齢一三〇〇年の銀杏には敵わないが、それでも四五〇年という樹齢には驚かされる。

樹齢は人間の年齢をはるかに越えた年数で存在する。たぶん、十和田湖の水の水齢も数えられないほどの年数に達しているのではないだろうか。水底の水齢はじっと齢を重ねていたに違いない。それと比べて、太郎杉までの左側を流れる滑沢渓谷の水流は、日々、新しい命を流している。

樹齢や水齢を楽しみながら参加者全員で歩く道のりは楽しい。杉の木立の上からこぼれる陽光のなつかしいこと、あたたかいこと、すばらしい贈り物である。ときおり頬をかすめる風の命も奇跡ともいえるほどの贈り物である。「ああ、わたしたちは、自然からの贈り物に囲まれて生を営んでいるのだ」と感じる一瞬である。

最初の頃は、太郎杉を「見に行く」という感覚だった。ある参加者は「もう、太郎杉は見飽きた」と言った。しかし、わたしは、太郎杉を見飽きるという意味がわからなかった。あの樹齢四五〇年の大樹を見飽きることなどあるのだろうか。ない。「ない」と言い切れる自分に驚いた。太郎杉を「見に行く」から飽きるのだ。

いつしか、わたしは太郎杉に「会いに行く」という気持ちに変わっているのに気がついた。すると、天城山中でわたしたちを待っている太郎杉の存在が、なつかしく、他の物に代えることができなくなった。そうだ、太郎杉はわたしたちを待っているのだ。そして、Aが太郎杉を見ているが、太郎杉もAを見ていたのだ、と気がついた。あの大樹に目があり、心があり、Aたちを見ていたのだ。互いに見つめ合っているうちに、「会いに行く」、「会いに来るのを待っている」という関係に変化していた。

あの樹齢四五〇年の大樹は、わたしたちが天城山中から、それぞれの住み処に帰っても、あの大きな樹で、あの樹についた大きな目でそれぞれの命を見守っていたのだ。Aが「太郎杉に会いたい」と言うのは、樹を超えた樹の命の響きに呼応しているからだろう。

命の響き合いが「また、会おうね」という呼び声として天城山中に響き渡り、空を越えて未だ見たことのない国まで透き通った笑顔を運んでいるように思えるのだ。

❹❽ 知らない人と話してはいけません

二〇一九・一一・二〇

「知らない人と話してはいけません」という教えが学校や家庭で徹底しているらしい。わたしは、どのぐらいの人々が本気でそう教えているのかという実態を知らない。親や教員が児童・生徒に「知らない人と話してはいけません」と禁止しなければならない不信社会であることは、わたしにもわかる。

しかし、小学生の児童が親と教員から「知らない人と話してはいけません」と言われた場合に、話せる人がほとんどいなくなるのではないかと心配になる。話せる人と言えば、家族、学校の教員たち、クラスメート、近所のよく知っている安全なおじさん、おばさんぐらいになるのではないだろうか。

親と教員が「知らない人と話してはいけません」と教える場合には、「知らない人」と表現している人に関する概念、内容、範囲、などをしっかりと認識していなければならない、と思う。

メディアを通して流される「世界中の人はみんな友だち」という呼びかけと矛盾したことを児童たちに教え込んでいることにもなる。「世界は一つ」と「知らない人と話してはいけません」の矛盾が解かれることなく流布しているのが現状である。この矛盾が、非常に難解でやっかいな課題である。

児童たちが「知らない人と話してはいけません」と言われたら、彼らはどのようにして「知っている人」を増やしていけばいいのだろうか。その道筋が「知らない人と話してはいけません」と教えている親と教員側にあるのだろうか。

実際に、わたしが下校途中の児童に「今日は、早帰りだね」と声をかけると、「うん、そうなんだ。きょうは、せんせいが学校からいなくなるので早く帰れるんだ」と気楽に応じてくれる児童がいる。しかし、多くの近所のおじさん、おばさんたちは児童たちに気楽に声をかけるのを控えているように見える。遠慮しているのだ。

同じ町内に暮らしている児童が誘拐されると、警察が近所のおじさん、おばさんたちに聞き込みをする。そのようなときに、近所の人たちは答えようがない。児童の誘拐が増加している現代において、「知らない人と話してはいけません」という教えが、児童が安全に登下校できるかどうかを再考しなければならない時期ではないだろうか。

「知らない人と話してはいけません」という教えは、地域社会の多くの人たちとの関係性を断ち切ることにつながる。その結果、地域の人は、目の前を通る児童たちの顔と名前が一致しない。警察の聞き込みに対しても聞かれたことへの「応答責任」が果たせない。登下校における児童の身の安全を確保するために「知らない人と話してはいけません」と教えただけで本当に安全が確保できているのか。児童の身の回りは知らない人で満ちあふれている。そういう中で児童は人間不信に陥り、目つきが悪くなり、心が傷つき、ひきこもったり、閉じこもったりするようになるかもしれない。

親と教員からの「知らない人と話してはいけません」という教えは、児童にとって、つねに闇夜を歩めと言っていることになっていないだろうか。

地域の大人たちと児童・生徒たちとが、互いに「応答責任」を果たせる社会を再び実現させるために、いまこそ、互いに顔見知りの地域社会を作りなおすときである。

児童・生徒が国の宝であることはいまも変わりがない。

二〇一九・一一・一六

49 めぐりめぐって希望

この世に生きる希望はあるのか。

このように感じて生きている人は多いのではないだろうか。失っているのは衣食住の経済的基盤だけでなく「心の支え」ではないのか。

相談する人もなく、世の中にひとり漂う若者が増えている。希望を分かち合える人もなく孤独に生きる人もいる。「ともどもに」生きる相手がいない寂しさに耐えられるのか。沈む太陽が赤く染めた夕空を見て何も感じられなくなっている人もいる。夜空に大きな満月がかかっていても、見上げる力も希望もなくなっている人がいる。

人とのやさしい関係が崩れたのだ。一人ひとりの形をお互いに見ることができても、他者との間の「関係」は見えない。そうすると孤独の寂しさを相談できる相手なのかわからない。この人と希望をつないでもいい人なのかわからない。やさしい「関係」が感じられない限り、他者との向き合い方は決められない。

いまはもう他者との忘れがたい時を得ることなどできなくなっている。台風で大きな被害を受け、地震で住宅を根こそぎ持って行かれ、大雨で家屋が流される。こういう気候変動の時代に生きるわたしたちに、いま一番ほしいのは「ともどもに」「語り合える人間」ではないのか。そういう相手がいるなら、鳳《おおとり》が太陽に向かって羽をはばたかせるように、まっしぐらに相手の胸に飛びこんでいける。だが、そういう相手は滅多にいない。また、そういう人が側にいても、感じられない。二重三重に「関係」の不確かさに囲まれてしまっている。

残るのは他者に対する不信感だけになっている。もう神への祈りの歌も歌えなくなっている。子どもたちの眼差しは空をきり、ただやみくもに今日の課題に取り組まされ、人はなぜ生きるのかという大きな問題から遠ざかる。

自分がいまやっていることが、社会全体の構造の中で、どのような位置づけにあり、どのような結果に結びつくのか、わかりようがなくなっている。わたしたちは全体が見えない不確かな時代に生きている。

社会が平和であれば、家族も平和に生きられるという厳然とした事実が忘れられている。子らの目は死んでいないか。


個人と社会との関係は見えない。しかし見えないけれども、何か感じる。その感じが何であるかを知ろうとしなければ、めぐりめぐって不幸がめぐってくる。

「よこはま児童文化研究所」の「協働愛」と「ともどもに」生きる約束を社会に拡大していければ、子らの眼差しに光が戻ってくる。ただ何もしないで待つのではなく、子どもたちと「ともどもに」生きて、その中で獲得した生きるために大切な道（「協働愛」と「ともどもに」）を示すことが、わたしたちの使命である。「よこはま児童文化研究所」は、一日も早く、子らの眼差しに美しい「夕焼け小焼け」が入ってくるように場を提供したい。

50 経験と理解

二〇一九・一一・二〇

「経験知」という言葉がある。勘や感覚などとして体得された知識という意味である。だから、経験知は暗黙知であると言われる。これは、「形式知」である「文章や数値として表現し伝達できる形式の知識」と比較されて使われる。

わたしはAといろいろな場所で話をする。わたしが話すよりも、Aが話すほうが多い。そして、わたしはAが話をしているときに、A自身を体験し、Aプラス何かをいっしょに体験している。

わたしのこのAの体験、あるいはAとの体験は理解だけでなく、大きな誤解も伴う。もしかすると誤解のほうが圧倒的に多いかもしれない。Aと話をする前に、わたしが誤解することがあることを十分に承知しておかなければならない。これは大前提である。

わたしの体験は誤解を伴うものである。

したがって、たえずAと話し合って、どこを、どのように誤解しているか確認し、わたしのAの体験を修正し直さなければならない。おそらく、わたしは最後まで真のA（実在）を体験することはできないかもしれない。

わたしがAの実在に達し得ないことは真理である。わたしが完全にAを体験し、完全にAを知ることはできない。でも、Aを体験しようとすることはできる。わたしにできることはつねにAとの体験を新しく更新させることである。

わたしがAの話す内容に耳を傾け、聴いて、聴いて、聴くことはできる。聴くという態度を貫くことはできる。

したがって、わたしにとってAの体験は聴くことに尽きる。それを促すものは、わたしのAの体験にたえず誤解があるからである。しかし誤解を恐れず進んで真の理解へと歩まなければならない。誤解は真の理解への薪である。誤解を燃やし続けることで、一歩、一歩と理解にたどり着くことができる。そうしているうちに、はるか彼方に見えたAの真の姿（実在）が見えてくるかもしれない。この見果てぬ夢が理解への原動力になっている。体験には継続する宿命がある。

51 併存でも吸収でもなく

二〇一九・一二・一六

わたしとAとが「ともどもに」生きるとは、わたしがAをわたしの中に併存させることでもなく、吸収することでもない。「ともどもに」生きるとは、Aがわたしに従属して生きることとはまったく違う生き方なのである。文字通りに「ともどもに」なのである。

朝顔の種を、水を含んだ土の中に入れてあげると、しばらくすると芽を出す。いわゆる発芽段階になったのである。朝顔の「種」の段階はそこに「在る物」であったが、発芽して次元を上げて「生き物」の段階に進んだと考えられる。

人間の場合も、一個の精子が一個の卵子と結合して受精卵の段階に進む。精子や卵子は「在る物」であり、受精卵は「生き物」の段階である。

こうしてみると、地球上のあらゆる物は、「在る物」から「生き物」へと段階を上げて、朝顔ならば「花」を咲かせる最終段階に向かい、人間ならば「ことば」を操作して世界を創造し、世界と「ともどもに」生きるようになる。人間の最終段階は知的存在、知的な生き物に成ることである。

だとすれば、わたしとAとの「ともどもに」生きる関係とは、この最終段階の「知的存在、知的な生き物に成ること」を互いに促進しあうことである。人間に成るとは、精子と卵子の結合により受精卵となり、最終的に母胎から誕生し、誕生後は社会的な諸刺激を受容し、共通言語を共有した知的な存在へと大躍進することである。

したがって、わたしとAとはまったく同じ人間として存在しているわけなので、互いに互いの目標に、この目標はすべての人間に共有されている言葉を使う「知的な存在になる」ということに向かって、切磋琢磨することである。わたしとAとの存在には何一つとして違う物などないのだ。わたしがわたしで在るのは、AがAで在るからであり、その逆でもある。わたしたちは他者の存在を乗っ取ることなどできないのだ。

II　働の道

みんな、なにたべてるの

しおりとラーニングボックス

不二農園（不二聖心女子学院内）茶畑にて

ゲーム友だち

天城山荘にて

やっちゃん森くんをおいこそう

虹の郷の記念樹

今日はソフトクリームありますよ

コアラの動物園にて新年会

❶ 時の流れがＹＪＫを創った

二〇一九・一一・一七

現在、「よこはま児童文化研究所」は五〇年に向かって歩んでいる。現在の所長の原は四代目である。そして現在の所長である原の任期が一番長い。

時の流れの中で、「よこはま児童文化研究所」の活動の幅と内容が拡大されてきた。初めは「天城子どもと親とのワークショップ」が主たる活動であった。御殿場の青少年のための宿泊所から合宿が始まり、その後、現在の天城山荘に定着した。

その四〇年以上の歳月において、「言葉を使う場」や「手足を使う場」や「耳を使う場」や「頭を使う場」や「いっしょに集う場」などが開設されていった。そして、そういう場が一度も途切れることなく継続されてきた。「よこはま児童文化研究所」で開設された「場」が時の流れに沿って、時の流れとともに、時の流れに従って、時の流れに応えながら継続されてきた。

時が「よこはま児童文化研究所」という存在を創造してきた。もし「よこはま児童文化研究所」にこのような継続という時が与えられなかったら、いまごろ消滅していたであろう。さまざまな活動空間が時という伴侶を得て継続されてきたのは奇跡であると感じられる。

いまでは、「よこはま児童文化研究所」の存続を心配してくれる参加者が増えている。この研究所を必要と感じてくれている人が増えている。それは継続してきたその内容に秘密があるように思われる。他者からの否定に対して肯定で返してきた歴史が秘密である。

参加者中心に「ともどもに」生きるという理念が、長い年月をかけて理解されてきたからではないだろうか。「よこはま児童文化研究所」にありあまるほど「在る」のは、協働愛と笑顔と継続する意志と他者肯定である。

❷「ともどもに」と天城

二〇一九・一〇・三一

よこはま児童文化研究所は年に三回、「天城子どもと親とのワークショップ」を開催してきた。

今年の冬の開催で一三五回目を迎えた。研究所のそばから、平坂さんの観光バスに乗って伊豆天城まで行く。

町田インターで東名高速道路に入り、途中の足柄サービスエリアで、「浄蓮の滝」でいただく昼食を買う。

若者たちが車イスで参加するUさんを「浄蓮の滝」の茶店まで連れて行ってくれる。Uさんは途中の茶店で休み、好きなジュースを飲んで、若者たちが上まで連れて登ってくれるのを待つ。

若者たちはUさんのバスの乗り降りを自発的にやってくれる。このときの若者たちの表情は、ごく自然で「乗せてあげた」とか「降ろしてあげた」というような表情はまったく見られない。いつでもいいですよ、という自然な振る舞いなのである。バスに乗せたら、若者たちは、またバス中で思い思いの交流を始める。わたしはこういう自然な若者たちのありようが大変気に入っている。「ともどもに」を絵に描いたような美しさで淡々とやっている。仲間として何の分け隔てもなく、まるで、自分の身体の一部のように、移動させてくれる。わたしは、こういう若者たちの行為を随分と見てきた。いつも美しい行為に感じた。

誰かに指図されてUさんを移動させているのではない。そこにUさんがいるので、バスに乗せる。バスからUさんが降りるので、降ろす。ただ、それだけの行為なのだ。

それを見ている周囲の参加者は、やはり、若者たちの行為を美しいと感じているだろう。

またKさんは、明らかに、Uさんと触れるためにワークショップに参加している。Uさんの役に立ちたいという強い思いが、Kさんを天城に行かせているように感じられる。

美しい行為を見ていると「あのX」を見る。

3 「ともどもに」との出会い

二〇一九・一一・二〇

わたしが「ともどもに」の風景に出会ったのは「よこはま児童文化研究所」の「天城子どもと親とのワークショップ」である。

ほぼ五〇名前後の参加者が天城山荘で合宿をする。この天城山荘で「ともどもに」生きるという人生で最も大切なことに出会ったのである。

それからのわたしの人生は、一日もこの「ともどもに」生きることから離れたことはない。わたしには、「ともどもに」から離れる理由がないし、離れても戻ってくることをわかっていた。「天城子どもと親とのワークショップ」で参加者と「ともどもに」活動すると気持ちがいいのだ。参加者といっしょに生きている「場」が気持ちよくさせてくれる。参加者の表情に暗さは見られない。恨みや、憎しみもない。参加者の晴れ晴れとした表情に触れて、それが連鎖反応を起こして参加者全員の表情が、五月晴れのように晴れ晴れとなる。

人生の一コマかもしれないが、「天城子どもと親とのワークショップ」の晴れ晴れとした体験は横浜に戻っても途切れることがない。そして「あまぎ、こんど、いつ」という呼び声があちこちから聞こえてくる。参加者は、天城にともに居る嬉しさ、楽しさ、そして気持ちよさを喜んでいる。

人の人生に楽しいことは少ないので、一時でもいいから、心から喜べる楽しい時間があることが嬉しい。参加者だけでなく、このわたしも十分に共有している気持ちである。そして横浜に戻り、天城の森や川や空気がふと甦ると、あの時、あの場所で、あの人たちと「居た」イメージが湧いてくる。おそらく、「ともどもに」生きる生き方は、人にとり永遠の課題（喜び）であろう。

バングラデシュには未だに路上生活する人たちが大勢いる。世界中の人々がいっしょになって彼らと「ともどもに」生きる方向を目指してほしい。

そして、ひとりもどこにも路上生活をする人がいなくなるように世界中が見守ってほしい。

二〇一九・一一・二八

4 わたしの道

1. はじめに

「よこはま児童文化研究所」に「障がいを受けた人」と呼ばれる子どもたちが来ている。わたしは、「障がい」あるい「障がい（児）者」という「ことば」を使わない。そして、そう呼ばれている子どもたちに対して、偏見も差別も、排除する気持ちはない。

「障がい者」、「障がい児」という「ことば」をこの世の中から消滅させたいと考えている。

こういう差別的な印象を与える「ことば」を使うことは人の文化史において恥と罪である。

2.「障がい」という「ことば」

このような「ことば」を考え、使い出した人が、どのような意図や目的を持っていたかはわからない。歴史的にさまざまな流れがあり、こういう「ことば」を使って仕事をしてきた大勢の関係者は、「障がい（児）者」に対して思いっきりの善意で向き合ってきたと考えているはずである。

たとえば、「障がいを受けた人」として生まれたために座敷牢に入れられていた子どもを、座敷牢から出し、その子どもの人権を守った立派な仕事がある。この仕事は、歴史上、画期的であり、教育的に大きな意味や意義があった。このような大仕事をするために「障がい」という用語を使わざるを得なかったのだろう。

しかしまた、行政側が善意の気持ちで「障がいを受けた人」と接しながら、接してもらう「障がいを受けた人」側の気持ちを配慮しなくなることも多かったと推察する。時の渦の中で初めの志が薄れていくことは大いにありえる。

3．歴史的な事件

フィリップ・ピネル（Philippe Pinel、一七四五年四月二〇日－一八二六年一〇月二五日）は、「精神病患者を鎖から解き放った」初めての医者として知られている。しかし、内実は、ピセトール精神病院の元患者であり、後に同院の監護人となったジャン＝バティスト・ピュサンの影響が大きかったとされている。この歴史的な大仕事も、患者側からの変革だったのだ。

最近では、エディス・シェファーの『アスペルガー医師とナチス～発達障害の一つの起源』（光文社、二〇一九年）が話題になった。アスペルガーの子どもたちへの対応は、優生学的な観点から「障がい（児）者」へ対応したと言われている。アスペルガーの「高機能自閉症論」が、ある学者によって日本に導入されたときは、エディス・シェファーナが問題としたナチスとの関係はまったく問われることがなかった。

また、一九三九年に米国アイオワ州ダベンポートで、アイオワ大学のウェンデル・ジョンソンの監修により行われた吃音症（言葉がスムーズに出てこない症状）に関する実験により人生を台無しにされた被害者の声が、先日、放映された。わたしが「言語障害治療学」を学び始めたときに、ヴェンデル・ジョンソンの『どもりの相談』（内須川洸訳、日本文化科学社、一九六七年）を読まされた。

しかし、先日放映された多くの被害者の存在は知らされなかった。時代的にドイツのナチスと並行していたためにアイオワ大学側が問題を隠蔽していた。

4.「相模原障害者施設殺傷事件」

さらに、三年前（二〇一六年）に起きた「相模原障害者施設殺傷事件」は、恐ろしいまでの衝撃を国民に与えた。この事件は、明らかに、優生学上の観点から引き起こされた。殺害動機として表に現れてきたのは優生学的な観点であった。ナチスの考え方とあまりにも似ている点が指摘された。これは恐ろしいまでの偏見、差別によって、実際に排除した事件であった。しかし犯人の偏見、差別そして排除の考え方はとても納得のできないものである。

精神的、情緒的、知的、そして身体的な治療領域で、過去にパイオニア的な仕事をした学者、研究者、実践者たちのおぞましい過去が取り沙汰されることが多くなっている。

5.全体の見えない仕事の割り振り

善意の行為であっても、その仕事の始点から終点までの距離が長くなればなるほど、自分が担当している部署が、全体のどの部分を担当しているか見えにくくなる。チェック機能がまったくと言っていいほど入りにくくなる。

歴史的な例として、ナチスの行政マンだったアイヒマンの仕事がある。有能な官吏にすぎないアイヒマンがしたことは大勢のユダヤ人をガス室に送り込む仕事だった。

管理者部分で悪事を計画し、その下部の人間が実際の仕事を担当する官僚機構がはたらけば、実行する下部の人間は官吏部門の意図（悪事）を知ることなく、大勢の人間をガス室で殺害した。

こうして簡単に世界史を紐解いてもさまざまな要因が縦横に重なり合って、ある人（々）の意図が実現されていることが見えてくる。

6．「障がい」の実態から学ぶ

「障がいを受けた人」と呼ばれた人々の多くは、犠牲者ではなかったのか？

そしてこの犠牲になった人々は、社会に向かって、あるいは国家に向かって、何も言うことができなかったのではないか？

このような歴史から、わたしが学ばなければならないことは何であろうか。わたしが歴史的な過ちに陥ることなく、ただしく「障がいを受けた人」と交われるために何をどのように学ばなければならないのか。

7. 鹿島祥造訳の『老子』

一つは、「老子」の説く「タオ」から学ぶことではないかと直観した。わたしが向き合いたい「老子」は、鹿島祥造氏の翻訳本である。わたしがはっと感じた言葉は「名のある領域」と「名のない領域」であった。

わたしたちは、通常、「名のある領域」で他者と関係をもつ。わたしに見える他者の姿（「名のある領域」）と関係をもつ。これは、わたしたちが人間である限り避けられない。「老子」の説く「名のない領域」を知ったならば、見える姿だけに交わるのではなく、見えない「名のない領域」を意識しながら交わる方向へ舵を切り替えることができる。

わたしに見える姿である「名のある領域」の住人で「障がいを受けた人」と名指しされる以前の、わたしに見えない姿の「名のない領域」における交流を意識的に実行すれば同等の交わり関係が成立する。わたしの言葉を使えば、「人体としての存在者領域」ではなく、「人間としての存在領域」で交流することができる。

現代において完全に忘却された「たましい」の領域で交わることを希望する。わたしとAとが触れあうのは「人体としての存在者」ではなく「人間としての存在」すなわち「たましい」の領域においてである。

8. 「障がい者」という言葉の始め

ある人々が、ある人に対して「名のある領域」すなわち「人体としての存在者領域」でかかわったために、「障がい(児)者」という言葉を必要としたのであろう。

これからは、「名のない領域」すなわち「人間としての存在領域」を認識して、同等、平等、対等なまじわり関係に戻ろう。文化発展は、過去の誤りを認めて、より正しい方向へ舵をきることである。

わたしは、これからも、「よこはま児童文化研究所」の思想語①「協働愛」と②「ともどもに」に突き動かされて、「障がい」と「障がい者」という二つの「ことば」を「障がいを受けた人」へと切り返すはたらきをしたい。

5 Aさんとわたしの根のつながり

二〇一九・一二・一四

AをAたらしめている根は何だろうか。そして、わたしを、わたしたらしめている根と、両者はどのように関係しているのだろうか。

横浜市山手にある丘の上の「イギリス館」の庭園にピンクのバラが咲いていた。枝や葉は少しばかり枯れ気味なのだが、花はツンと咲いていた。時折、鳥たちが庭園に降りてきて餌を探したり、あるいは野良猫がひなたぼっこしたりする長閑《のどか》な場所である。

「バラを種から育てることは、ときには努力と忍耐が必要です。どんなに慎重に育てても、殆どの種は発芽せずに終わってしまいます。それでも大半のバラは、ローズヒップ（バラの実）の中にたくさんの種を作り出すため、発芽率が低くても種から育てることはできます」（バラを種から育てる方法［https://www.wikihow.jp/バラを種から育てる］より）。

この説明によると、バラの種はほとんど発芽しないようだ。

「太陽」と「空気」からエネルギーを受けた「土」と「水」の混じった中に種を蒔き、しばらくすると芽を出す。発芽するのである。そして、芽が地表に出ると、今度は「空気」と「太陽」の恵みによって、茎をつくり、枝をつくり、葉をつくり、そして最後に花を咲かせる。

ここで一つの疑問が湧いてくる。種の中に、すでに芽、茎、枝、葉、そして花になる要素が存在していたのか？　あるいは、土、水、空気、そして太陽のエネルギーによってある要素が加えられて、芽、茎、枝、葉、そして花がもたらされるのだろうか？

種がなければ花を咲かせるまでの過程は起こらないだろう。だから、種は必要条件なのだが、しかし、種を空中に糸で吊しておいても芽、茎、枝、葉、そして花までの過程は生じないだろう。十分条件はいったい何なのだろうか。

すると、種はもともと「土」、「水」、「空気」、そして「太陽」からの加入エネルギーを前提条件として存在したということになる。種だけが存在しても「土」、「水」、「空気」、そして「太陽」からの加入エネルギーが存在しなければ実を結べない。

それでは、こういう複雑なシステムを何が、あるいは誰が考え出したのだろうか？

「土」、「水」、「空気」、そして「太陽」は種だけではなく、人間存在の生存にとっても必須条件であり、大前提の必要条件である。生き物全体にとって前提となる必要条件である。

「実生とは、種子から発芽したばかりの植物のこと。子葉や第一葉のある時期を指し、一般にいう芽生えのこと」（『ウィキペディア』「実生」より）と説明されるが、実生の瞬間をもたらす物は何か。

生態系は「生態系の生物部分は大きく、生産者、消費者、分解者に区分される。植物（生産者）が太陽光から系にエネルギーを取り込み、これを動物などが利用していく（消費者）。遺体や排泄物などは主に微生物によって利用され、さらにこれを食べる生物が存在する（分解者）」（生態系）（wikipediaより）というメカニズムをもっている。

このような系の中で花が咲く。何かによって、そうなり、何かによって利用され、そしてまた何かによって、何かになっていく。このような系あるいはメカニズムを思いついたのは何か、誰か？

わたしたちはステーキを食べて、体内に取り込み、エネルギーや体の保持として活用している。また、サラダとして各種の野菜を食べ、体の調整や健康の維持として活用している。

動物と植物の生存の大前提になっているのは、「土」、「水」、「空気」、そして「太陽」である。だとしたら、Aもわたしも、大元において、「土」、「水」、「空気」、そして「太陽」の恵みによって誕生し、生存し、そして死ぬ。

動物であるAもわたしも種子を残せない。動物は子孫を残す。しかし、植物の種子を残す（たとえば、朝顔）種のものは種子を残す。

このサイクルは「土」、「水」、「空気」、そして「太陽」からの恵みが途絶えない限り反復される。動物と植物は、まるで永遠に繰り返される駅伝ランナーのいちメンバーのような存在として存在している。

Aもわたしも動物（人間という動物）としての存在者となった。ここからは、Aもわたしも動物の種としての生命を生きるように決定されている。動物の種としての決定からは逃れられない。その種の表現者として、Aが存在し、わたしが存在している。

だとすれば、人間同士の間で、憎み合ったり、恨みあったり、殴り合ったり、殺し合ったり、核戦争を引き起こす理由は、人間の条件のどこから出てくるのだろうか？

人に何が備われば核戦争がなくなるのだろうか？

6 Aさんと生きる

二〇一九・一〇・二四

いささか堅い文章になるのを覚悟して、Aとの生き方を記しておきたい。Aという表記は、いつもAたちという意味を込めて記述していることをお断りしておく。1．自己の場の設定、2．自己の眼の設定、3．Aの設定の風景、4．同一目線の約束、そして5．Aの生命に触れるを順に記しておきたい。

1．自己の場の設定

Aと生きる。ここまではたどり着く。しかし、この先に大きな問題が待っている。どのようにして、わたしはAと生きていくのか？　必ずこの問いが聞こえてくる。そして、いそいで答えを探すのだが、その答えはどこにも見つからない。そうして、Aと生きる決意を喪失してしまう。

さて、そうならないようにするには、どうしたらいいのだろうか。何か方法があるのだろうか。誰かが、すでに発見してくれているのだろうか。遠藤周作の『死海のほとり』の中に、遠藤周作の人生を横切っていった人は、忘れられない、と書いてある。

そう、それはたしかに、わたしの人生を横切っていった人のことを忘れることはできない。もし、忘れてしまっていたら、その人はわたしの人生を横切ってはいなかったのだ。Aはわたしの人生を横切っているのだろうか？

わたしは、いまAと生きていく風景や景色を設定しようとしている。どういう風景や景色であれば、わたしとAとが、互いに互いの人生を横切るような場になるのだろうか。風景や景色として、リアルに設定した場がないかぎり、浮わついた言葉だけの「ともどもに」の心理に陥ってしまう。それは、避けなければならない、約束なのだ。なぜなら、「よこはま児童文化研究所」の約束は「ともどもに」生きることと定めているからである。

したがって、わたしはつねにAの姿が見える場に立っていなければならない。わたしがAをたえず見続けられる場に立つことによって「ともどもに」生きる約束が果たせるからである。頭の中の、あるいは脳内の記憶神経にAを閉じ込めてはならない。リアルにAが見える場に立つこと以外に「ともどもに」生きることはできない。たとえば、「トントン広場」や「天城子どもと親とのワークショップ」が考えられる。

2. 自己の眼の設定

眼の設定を固定化してはいけない。そう思っているが、わたしのような者は、ついつい固定させてしまう。そして、Aの実在に触れることができなくなり、ありのままのAを知ることなく、抱きとることもできなくなる。これでは、自己の場の設定をしても、元の木阿弥になってしまう。

ここで言うところの「眼」とは、視点とか視座とかいう意味である。その視点に初めからAの実在にまるごと触れられる眼であるという意味である。そうでなければ、わたしはAをただの対象として、客観的に認識することで終わる。わたしの望みは、客観的なAの認識ではなく、まるごとAの実在に触れて、Aのありのままの姿を抱きとることにある。

こういう視点をどのように身得できるだろうか。明らかに、わたしの中に外部から何らかの知識などを持ち込むことではない。外から何かを持ち込んでしまえば、それはすでにわたしではなくなる。わたしが、わたしとして、わたしだけでAと向き合える場でなければ無意味なのである。No more anything。必須条件はわたしだけという非常に困難な場を設定している。わたしの中に既存の力として装備されてある「誰かX」だけを導きの眼とする。

3．Aの設定の風景

さて次に、Aにどのような場に立っていてほしいかが問われる。一番ほしい条件は、社会からの薄汚れた言葉で汚染されないでいてほしいということである。

たとえば、卑屈になったり、暴力的になったり、嘘をついたり、逃げ回ったり、人生を避けて通ったり、他者からの自己規定に縛られたり、他者への偏見や差別や、他者の排除などのないAであることを望む。

誕生のままのAであってほしい。あるいは、いつでも、どこでも、生きている限り誕生時のAに戻れる風景を望んでいる。Aの体内から社会の害毒をいっさい押し出した状態を唯一の風景としたい。Aはこれらから自由である。

だから、周囲の人は、あるいは社会は、国家は、Aの体内に害毒が混入しないように配慮すべきである。Aのためにという名目で、Aの体内に流し込む害毒はいっさいしてはならない。

Aへの親切、福祉、教育、指導などの名目で、Aの体内に流し込む害毒はいっさい排除しなければならない。もし、こういう名目でAの体内に流し込むならば、Aのためだけになる、という絶対条件を守らなければならない。

純粋にAのために、と言い切れるならば、Aの体内に必要な情報を流し込むこともあり得るかもしれない。しかし、往々にして、Aのためと言いながら、社会や国家のためであったりする。このごまかしや、すり替えは絶対にあってはならない（ちなみに、この必須条件はすべての人に該当するものであることを申し添えておきたい）。

Aがつねにとして生きていけるような場の設定をすべきである。福祉と称してAの実態を剥奪し、実在と縁もゆかりもない、もうひとりのAと似ても似つかないようなAを捏造してはならない。

4. 同一目線の約束

多様性の時代に生きているわたしたちは、その多様性の中身をしっかりと理解し、実際の生活の中で実践しなければならない。多様性を奪うことが争いの元凶になっていることは誰でも知っている。しかし、人間の性《さが》で、自分と少しでも違う他者を許すことは難しい。即座に差別、疎外、排除、偏見の虜になってしまう。

同一目線を維持するためには、地球上の人間は、すべて同じではないがすべて違うこともない、という多様性の視点を身得してほしい。これは、実はAの心底からの全人類への願いである。

多様性として認められない人間が、この地球上にあふれている。偏見、差別、疎外そして排除の歴史を生き抜いてきた人々がこの地球上にあふれている。それでも、偏見、差別をやめられない人間が無数にいる。そして、地球を壊し続けている。

もしも、わたしたちがAをありのままの実在として触れ合うことができるならば、地球は生き長らえるだろう。そうすれば、Aはわたしたちをありのままの実在として認めてくれるだろう。互いに触れ合って、互いに抱きとりあえれば、それを「誰かX」がはるか昔から望んでいた人間の生き方として喜ぶだろう。

もしも、わたしたち一人ひとりが、自分の行為の働きを促している「誰かX」を感じ取れれば、その「誰かX」という最高の場において、互いに手を取り合って、互いの存在の実在に触れて、互いに抱きとることができるようになる。

わたしたちは「誰かX」によって、促されている存在なのである。「誰かX」の促しが消えてしまうと、わたしのエゴが動き出し、偏見、差別、疎外そして排除の歴史に舞い戻されてしまう。だから、わたしは「誰かX」からの促しにつねに敏感でなければならない。「誰かX」は、同一目線で生きることを好むのである。

5. Aの生命に触れる

Aは、Aの実在に触れようとしない人に会えば、生命を閉ざしてしまう。口もきかなくなり、耳もかさなくなる。食欲は消え、笑顔が消えてしまう。Aは、Aとして呼ばれたいのだから、Aの実在に無駄なほかの名称を加える必要はない。AはいつもAとして生きている。

Aは朝にAとして目覚め、Aとして朝食をとり、Aとして職場に行き、Aとして働き、A

として帰宅し、Aとして夕食をとり、Aとして団欒し、Aとして眠る。これがAの生活である。一度だってAとしてでない生き方をすることはない。

朝に目覚めてから、夜に眠るまで、AはAの命の炎を燃やし続けて生きている。そう、Aは二四時間継続してAとして生きている。それ以外のAの生き方はない。

わたしも二四時間わたしとして生きている。Aもわたしも、実在するAとわたしを生きている。同じなのだ。だから、わたしがAの実在に触れるためには、Aの生命のリズムやメロディーやハーモニーに触れて生きなければならない。

勝手に思い込んで「これがAである」などと思ったら、わたしはAから反撃されるだろう。「それは、わたしじゃないよ」ときっぱりと拒絶される。わたしは、二四時間、つねに、燃やし続けているAの命の炎に触れてこそ、「そうだよ、Tさん、それがあたしだよ」と言ってもらえる。

Aの思っている「あたし」と、わたしの触れたAの「あたし」とが一致しなければ、それはAの実在に触れていないことの証になる。そのためには、わたし自身が「わたし」に触れていなければならない。それは至難のことだ。

でも至難だからこそ、目指さなければならない。わたしがAの人生、実在に触れることは非常に難しいことなのだ。適当に「これがAね」というお付き合いでは、けっしてAの実在に触れて、ありのままのAを抱きとることはできない。

Aの実在は実在であるがために、刻々と変化し続ける。ならば、わたしの実在も刻々と変化し続けていることに気がつかなければならない。新しいAに古いわたしが触れても、それは触れたことにはならない。

ともに新しい「わたし」でなければ、両者の「わたし」同士の触れあいはできない。

二〇一九・一二・二二

❼ HMさんとの出会い

昨日HMと会った。もうHMと会い始めて一〇年になる。初めから不思議な出会いであった。なぜ、わたしの前にHMが現れたのだろうか。この気持ちは一〇年間変わらないで続いている。「なぜ」二人は出会ってしまったのだろうか。秘儀としか表現することができない。

昨日のHMとの出会いで「新しい体験」をさせてもらえた。そして、その体験はいままでにない深い意味が込められていると感じたのでHMの母親に「今日も、Mちゃんから、いろいろと教えられました。ありがとうございます」と伝えた。

するとHKちゃんが「Mちゃんから、せんせいは、何を教えられたの。話して」と突然に言われた。わたしは、わたしの中ではっきりと「Mちゃんから、教えられたことを、Kちゃんに話したい」と思っていることに気がついた。

K：Mちゃんが、せんせいに何を教えたの？　話して

T：うん、いいよ。

K：はやく、話してよ

（笑顔で、興味深そうな表情を見せて、わたしが早く話すように促した）

T：うん、話すね

こういう展開になるとは想像もしていなかったので、嬉しい気持ちと少々照れるような気持ちとが交錯する中で、だいたい以下のような話を始めた。

「えーとね、先生がね、Mちゃんから教えられたことはね、先生の朝顔の種があるでしょう。その朝顔の種をMちゃんの体の水分をたっぷりと含んだ土の中に植えるの。そうすると、先生の蒔いた朝顔の種がMちゃんの土の中から芽を出すでしょう。それから、出てきた芽がどんどん生長して枝や葉をつけるでしょう。そして、最後には先

生の蒔いた種が大きな朝顔の花を咲かせるでしょう。そしたら、Mちゃんは、毎日、毎日、この先生の朝顔の花と「ともどもに」生きていかれるでしょう。ずっと、ずっと、いっしょに生きて行かれるでしょう」

すると、Kちゃんは、わたしに、笑顔を見せた。わたしはそのKちゃんの笑顔の意味がわかるような気がした。きっと喜んでくれている表情なのだと感じることができた。わたしはまた話し始めた。

「そしてね、こんどは反対にね、Mちゃんの朝顔の種を先生の体の水分をたっぷりと含んだ土の中に蒔くと、やっぱり、同じように、最後にはMちゃんの朝顔の花が先生の土の中で咲き始めて、先生はずっと、ずっとMちゃんといっしょに生きて行かれるようになるよね。それは、先生にとっても、Mちゃんにとっても、とても幸せな「ともどもに」の生き方なんだよ」

すると、Kちゃんの笑顔がわたしの目の前に大きく見えた。Kちゃんの目が輝き、反面不思議そうな底から訴えるような表情が見て取れた。なんだか、話しているわたしは幸せにすっぽりと包まれたような感じになった。

この朝顔の種の主題は、あの「誰か（X）」に与えられた謎を含む永遠の伝言であろう。わたしがこの世に生を受けたのは、「朝顔の種」、「土」、「水」、「空気」、そして「太陽」の「五者の関係世界の存在」が「人間の精神と身体の世界」に直結している謎を伝言するためであったかもしれない。

地球の四季は休むことなく巡っている。しかし、この五者関係の中で、生物は途切れることなく四季折々にわたって、止むことなく解体と生成を繰り返している。

「ともどもに」の約束において生きるわたしの精神もたえず他者の印象に関して分解と生成を刹那において反復している。この事実が、わたしとMちゃんとの関係をたえず洗い流し、淀みのない渦の起こらない新鮮な場へと引き上げてくれる。

やはり、「よこはま児童文化研究所」の「ともどもに」の約束が、幅広く伝言されて、世界中が互いに互いへと自分の種を蒔き始める必要を感じる。

8 自分を縛っているのは？

二〇一九・一二・二六

若者たちと話をして、一番感じることは「自分で自分を縛って、悩んでいる」ということである。

他の項でも書いたのだが、自分が二つに分離されているのだ。分離なのか、あるいは分割なのか、整理しておこう。

分離とは「分かれて離れること。また、分けて離すこと」であり、分割とは「ある物をいくつかに分けること」である。

Sさんの元々の自分が在って、それが分かれて離れた状態が「自分（自己）分離」という状態であると考えることにする。

Sさんの①元の自分が悩むからSさんの自分が分離するのか、それとも反対に、②Sさんの自分が分離するから悩むのか。どうもこのへんが判然としないことが多い。

たとえば、Sさんに、「後から入社した年下の上司が、いろいろと従来のやり方に反対し、その上司のやり方を押しつけてくる。ぼくはどうしたらよいかわからなくなった」という悩みが発生したとする。

この話からだと、先に悩みが発生して、その後、Sさんの自分が分離したように思えるのだ。なぜならSさんの述懐にある「わからなくなった」というのは、明らかにもう一人のSさん、すなわち「分離したSさんの自分」が発生したと言えるからである。

その上司が同じ職場に現れる前には、Sさんは従来どおりの手順で仕事ができていた。したがって、悩みはなかった。自分が分離することもなかった。

ところが、Sさんは、「従来の手順で仕事をしていたSさんの自分」（S1）と、上司が来てから「別の手順で仕事をするように強制されたときに出てきた別の自分」（S2）とに分離した。

「S1」の時点では、Sさんは分離した自分でなかった。しかし、「S2」の時点で、Sさんは自分が分離された。

「S1」が「S2」にスムーズに移行できれば何も問題は起こらなかった。しかし、Sさんの「S1」時点での自分は、上司のやり方を受容できなかった。

とすると、「S1」の時点におけるSさんの自分が新しいやり方を受容できなかったために、悩みが発生したということになる。自分が分離したために、悩みが発生したと考えられる。

（1）悩みが、自分分離を引き起こす

（2）自己分離が悩みを発生させる

Sさんの場合は（1）なのか、あるいは（2）なのか。わたしはSさんと話し合いながらやはり（2）ではないかと感じた。新しいやり方を処理できないために、もう一つの自分を設定して、新しいやり方に適応しようするのではないか。そして、この方法は、その上司がまた配置換えになった場合に、元のやり方に戻ることができるという利点を有する。Sさんの元の自分は消滅しないで保存されていたということになる。

会社勤めのサラリーマンには、ありきたりの問題なのかもしれないが、Sさんのように真剣に「悩む」若者がいるのだ。

ただ、自分の水準で解決するのか、自分と直接関係のない問題として解決するのかによって、Sさんのその後の人生の開け方は相当異なるだろうと思う。Sさんが会社における出来事を「自分という主体」において解決する方向で舵をとったことは、わたしを相当安心させたのであった。似たような状況で悩む同僚たちの相談にのれる「いい先輩」になる可能性を手に入れたからである。事柄として処理しないで、自分の「生き方」として苦悩しながら、その問題と取り組み、Sさんは生涯にわたって付き合わなければならない「自分」という怪物の正体に一歩ずつ近づいている。

❾ 抵抗にあうと渦になる

二〇一九・一二・三

哲学者のフリードリヒ・シェリングの言葉に、「流れは抵抗にあわない限りまっすぐ進み、抵抗にあうと渦になる。このような渦が自然の根源的産物であり、各有機体はその例である」がある。また、蔦は壁にぶつかると瘤を作り、別なところに出口を求める。

このシェリングの言葉は非常に示唆に富むものである。わたしたちは、おそらく、渦だけを見ているのである。なぜ、流れが渦になるかを見ない。

たとえば、「天城子どもと親とのワークショップ」では、まったく渦にならない流れであったZが、ある刺激に出会ったとたんに渦になる、ということが頻繁に生じる。そしてZの渦だけをあれこれと非難する。おそらく、Zとすれば、なぜ自分が渦をなすのか、その非難者にわかってもらいたかったと思う。

しかし、非難者はZの渦をなす刺激、すなわち「抵抗」を見ようとしない。この行為を何年間も反復されると、Zの渦をなす行為は常習化するだろう。

それでは、Zが渦をなさないようにするにはどうすればいいか。それは「抵抗」を刺激として出さないことである。たとえば、「一秒待つ」という待ちの姿勢がZにとって、「抵抗」

を感じさせないことになる。Zの渦をつくっているのは、Zが流れを変えたくなる抵抗そのものなのである。だから、Zとすんなりと交わるためには、Z側に問題があると思わないで、抵抗を与えている側にあることを、身をもって知ることである。けっして、Zが渦を為したいわけではない。抵抗として刺激が出てきているので、仕方なく、渦をなしていくのである。わたしたちが、Zの自然な流れを妨げないならば、Zの行為レパートリーから渦をなす行為を外すことができるのだ。

二〇一九・一二・九

⑩ 傍観者は世の中をよくしない

ピーター・ドラッカーに『断絶の時代』と『傍観者の時代』がある。後者に関して「フロイトやシュンペーターと親交を深めた世紀末ウィーン。世界が一変した第一次大戦。ファシズムの台頭でヒトラーに追放され、ロンドンでのエコノミスト生活を送る。そして米国へ。いつの時代にも多様性を愛し、時代と人を客観的に見つめてきた。ドラッカー自身が激動の半生を振り返る、唯一の自伝」（ドラッカー日本公式サイトより）と紹介されている。傍観者とは「傍らでただ見ているだけの者。参画しない者。当事者にならず、ただ見ているだけの人。場合によっては責任の意識がないだけ加害者よりたちが悪い。見てみぬふりをしている人も含む」（『傍観者の時代』）と説明されている。「加害者よりたちが悪い」の部分はよほどのことが起こった場合だろう。

あるとき、乗り合わせた電車の向こう側の座席に親子三人が座った。一秒後には、三人ともそれぞれのスマホを取り出し、右手の親指で操作し始めた。小学校六年生ぐらいの男子、父親、そして母親の順に並び、それぞれがスマホに夢中の感じがした。わたしは非常に驚いたが、いまは、このわたしの驚きが、驚きの対象らしい。「あなたは常識を知らない」、「あなたは時代に取り残されている」、「あなたは、それじゃ、この情報化社会を生きていけない」、「あなたは忘れられた日本人だよ」という酷評を受ける。

そうなんだ、わたしはすでに世に捨てられた人間なんだ。たしかに、そういう一面があるのだろうが、わたしが見たこの光景はやはり、断絶の時代、あるいは傍観者の時代を感じさせるものだった。家庭内でも、それぞれが自室で暮らし、携帯電話で会話（？）をしているらしい。これは新しい現代人の生き方なのだろうか。それとも、断絶？　それとも傍観者？　の生き方なのだろうか。

「欲望の時代」がよく取り沙汰されるが、この表現にも好悪入り乱れた混乱が感じられる。欲望という言葉や概念に対する感じ方は、おそらく年代に応じて異なるのかもしれない。似たような言葉に欲求という言葉があるが、これは欲求不満という流れで使われることが多い。欲望不満という使い方は見たことがないし、使ったこともない。

傍観者はこの「欲」のコントロールがききすぎているのかもしれない。「欲求不満を放置することで、いじめを誘発することがある」と説明されることがある。

自分の「欲」のコントロールの仕方で傍観者になったり、当事者になったりするのではないかと思う。当事者になるためには、周囲の人間の動きがよく見えなければならない。また、社会の動きを観察していなければならない。現代の社会がどの方向に向けて、なぜそのような動向をとるのかを知らなければ、当事者として生きることはできない。専門家任せの傍観者になってしまう。現在の最重要問題は地球温暖化であろう。この日本自体がこの問題のまっただ中にある。あるいはプラスチック廃棄問題が大問題になっている。海の汚染による魚の死滅が予想されている。しかし、プラスチック廃棄は依然として続いている。

次世代、さらに次の世代に住みやすい環境を残すために傍観者から当事者へと変化する必要がある。

さらに、障がいを受けて誕生した人たち、あるいは人生の途上で障がいを受けた人たちが住みやすい環境を残す必要がある。そのためには、障がいを受けた人たちと触れあって、何をどのように感じて生きているのかを当事者として知らなければならない。

障がいを知識としてではなく、触れあうことで身識として当事者になることが必須である。傍観者の生き方は赦されない。

11 事実と事実への向かい方

二〇一九・一一・二一

この世は矛盾に満ちている。まるで旧約聖書の「ヨブ記」に記されているような世界である。「ヨブ記」は、正しく善く生きている人に辛いことが起きる、自分は何も悪いことをしていないのに苦しまねばならない「神から与えられた試練」である「義人の苦難」のテーマを扱っている。

この問題は非常に難しい。神によって、善人に苦しみが与えられる矛盾があり、理由がわからない。ヨブ記は、この世に本当にありそうな出来事を扱っている。「ヨブ記」は「神の裁き」、「神の哀れみ」、「神の試し」などの「神から与えられた試練」という視座から語られる。

最も一般的な説明は、「神から与えられた試練」をどのように克服するかについて書かれたとする解釈である。神が、ヨブにどこまで理解できない罰を与えれば、その罰を与えられたヨブの信仰が揺らぎ崩れるかを試した「神から与えられた試練」である。

X症候群を受けて誕生したAは「神から与えられた試練」なのか。また、BたちがY症候群として誕生したのも「神から与えられた試練」なのか。障がいを受けて誕生した人は「神から与えられた試練」を受けたのか？

それなら、万人は一人残らず神から何らかの試練を与えられて誕生したことになる。人は、「神から与えられた試練」を生きるように誕生前から運命づけられて生まれるのか？　こういう問いが出てきても当然である。こんな説明がある。

スピノザは万物に原因があり、またそれ以上探求することができない究極的な原因が存在すると考える。この究極的な原因が自己原因（causa sui）と定義されるものであり、これは実体、神、自然と等しいと述べる（『エチカ』）。

これは神や自然がAにX症候群を与える原因をなし、BにY症候群を与える原因をなしているということである。しかし、この考え方によれば、「神から与えられた試練」は、AやBに対してではなく、彼らの両親が「神から与えられた試練」を受けたのではないか。

そう考えられるのは、AやBは、その時点では、まだ誕生していないため、「神から与えられた試練」を受けることができないからである。これから誕生するAやBに神は試練を与えることはできない。AやBに起こってくることは、すべて、誕生後である。

もしこの世が「善」に満ちているならば、この「神から与えられた試練」に意味があるはずである。神は、いや神でも、人の心を操ることはできない。人の魂や精神を、神が操ることは不可能である。

もし神が人の心を操作することができるならば、人の行為のいっさいが神の責任であり、人は自己の行為に対して無関心、無責任となり、罪を犯した意識ももてなくなる。

もしも万物に原因があるならば、誕生という出来事において、AのX症候群は結果である。だから、Aはまったく自分のX症候群に責任をとれない。またBも自分のY症候群に責任をとれない。

そして、ここで強調したいのは、X症候群やY症候群という結果に対して、誰にも責任はないということである。

両親はX症候群やY症候群の原因をつくることはできない。この原因は神（自然）の領域に属する。

「よこはま児童文化研究所」のわたしたちが、AやBと「ともどもに」生きる心を耕せば何も問題はなくなる。事実は変えられないが、事実に向かう向かい方を変えることはできる。それが「神から与えられた試練」であれ、心の向かい方を変えることはできる。

⓬ 事実を先に

二〇一九・一二・九

わたしはAと居るときは、Aの事実だけに集中する。わたしの前で一生懸命に話すAの声に全身全霊を集中させて聴く。いっさいの先入観、知識、偏見、差別なしで「いま、ここで」話しているAの声に耳を傾ける。いわゆる傾聴する。

わたしはAの顔をまっすぐに見て、Aの表情から内部情報を漏らさず聴いて、全身で話すAと交わる。事実を最優先させる姿勢に徹する。いま、ここで起こっていること（事実）に徹する。するとと不思議にAの言いたいことがわたしの胸に響いてくる。Aが話す内容も非常に大切だが、もっと大切なことは、Aがわたしに話し続けている事実である。Aの存在からほとばしるエネルギーを感じるのは、Aが赤らんだ顔の汗をふきふき、両手で髪をかき上げながら話しているときである。「あっ、いま、Aは話すことに一生懸命だ」と感じる。すると、わたしはもっとしっかりとAの話に耳を傾けたくなり、時折、相槌を打ちながら、二人の世界に徹する。

Aは「えっとね、えっとね、」と、今日一日の出来事、仲良しの友だちとのやりとり、町で見たこと聞いたことを、わたしに伝える。わたしは、Aとの交わりにおけるこういう場と時を、どのように形容すればいいかわからない。

Aのエネルギーが渦巻く話の輪の中で、わたしは、ただ傾聴するしかない。あっ、そうか、Aは語り手を演じているのか。まるで「ギリシャ劇」のような、語り、踊り、演説に近いものを感じる。そうだ、Aはこうしてわたしの前で演奏しているのだ。あの独特の語尾上がりの特徴のある語り方が、Aの存在を確固としたものにしている。絶えることのないAの演奏に酔いしれたわたしはただ笑顔を返す。

Aの演奏の流れは、いま、いまの連続であり、途切れることのない存在の証なのだ。語り手としてのAの事実が、AをAたらしめていく。語ると、その場にAが立ち現れる。

二〇一九・一二・二三

⓭ 事実は謎

事実は謎でないと思っているかもしれないが、事実こそが謎である。

たとえば、朝顔の種を地中に蒔けば芽がでて、茎ができ、枝ができ、葉が茂り、そして大輪の花が咲く。この過程は事実である。

この生物学的な過程は事実である。たしかに、土に種を蒔けば最後に花が咲く。しかし、なぜそうなるのかという事実を説明しようとすると、できない。科学的に、あるいは生物学的に、植物学的に、あるいは化学的に説明しても、新たに「それは、わかるけれども、なぜ、種を土に蒔くと花が咲くのか」という問いが出てくる。

そのような植物学的な過程を引き起こしているのは何かを説明できない。朝顔の種を蒔くと花が咲く事実を説明できないとはどういうことだろうか。事実こそ最もうまく説明できると教えられたのでは？

ところが、事実という言葉が次のように説明されているので引いてみる（『ウィキペディア』「事実」より）。

——もともとは、神がしたこと、という意味である。

まずラテン語の facere（あるいは facio）「する」「行う」という意味の動詞があり、その過去分詞形 factumが「（神によって）行われた」と形容詞的に用いられ、それが名詞化し「（神によって）行われたこと」を意味するようになったものである。

フランス語の faitも同様で、faire（する、行う）という動詞があり、その過去分詞形の fait が名詞化したものである。

英語の fact も一五世紀にラテン語の factum を語源として使われるようになったものである。

「実在的なもの」とされるため、幻想・虚構・可能性などと対立する。(事実)

事実とは、「もともとは神がしたことという意味である」という説明を聞くと、わたしは驚いてしまう。これによれば、事実とは科学的な過程によって起こったものであるという理解だけでは、事実を理解したことにはならなかったのか。

とすると、朝顔の種を土に蒔くと花が咲くという植物学的な過程は、「神」がやったことになる。事実という元々の意味は「神がやったこと」なのだから、わたしが「事実は謎だ」というのも屁理屈でなかったことになる。ということは、いっさいの過程は、もともと、「神」がやったことであった。人間は「神の僕」として、「神の代理人」として実行しただけである。とすると、わたしが朝顔の種を土に蒔くという行為自体が「神の命令」によってやったことなのだ。

わたしが朝顔の種を蒔いたのではなく、「神の僕」として、「神の代理人」として、実行しただけである。

これが事実という言葉の「もとの意味」から帰結される解答である。もとの意味は時代が変わっても、場所が変わっても、人間が変わっても、変わらないでそのまま残る。なぜなら、わたしでさえ朝顔の花が咲く不思議に驚いて「事実は謎である」と感じるぐらいであるから。

とすると、わたしがAたちと出会ったのも事実であるが、それは「神のはからい」によるものだったということになる。

人間はいっさいの過程に関与することはできなかった。数字の1と2との間に無数の数が存在するのも「神のはからい」だった。「神意」という言葉があるが、森羅万象のいっさいが「神意」によるものであるという考えを受け入れるかどうかは各人が決めればいい。それぞれが決めればいいことである。

「それも神意だよ」という声が聞こえてきそうな気もする。わたしたちは「神意」から一歩も出られないのだろうか。

はっきりと断っておきたいのは、いまのわたしは「神」という言葉を宗教的に使う気持ちはいっさいないということである。宗教的な意味で「神」という言葉を使いたいが、使えない自分に気がついているからである。

「神」という言葉を使っている人がたくさんいるが、それはその人が学問するために術語・用語として使っているだけなのかもしれない。しかし、わたしには学問として「神」という術語を使う気はない。「神」は学問の対象でなく、わたしが生きる場において立ち現れてくる存在である。

「よこはま児童文化研究所」の人々と「ともどもに」生きる場において、「神」という言葉を使うことはできない。わたしが使える言葉は「誰か（X）」である。「神」という言葉を使うと、全歴史が、わたしに覆い被さってくるようで怖い。

わたしの生存から「神」という言葉を外して、わたしがどのように、どこまで、生きられるかを知りたい。わたしは「神」なしで生きられるのか。「わたしは、なぜ生きるのか」という根本的な問いに答えてくれるのは誰か。

いまのわたしは、「神」という言葉よりも「よこはま児童文化研究所」の「ともどもに」と「協働愛」で生きたい。これが、いまのわたしの偽りない気持ちである。するとまた「それも神意だよ」という声が聞こえてきそうだ。おお怖い、怖い。神は怖い。

二〇一九・一一・二

14 言葉を植える

天城山荘でのいろいろな交わりは言葉を通して実行される。

朝のあいさつの「おはようございます」、山荘の職員に会えば「こんにちは」、食堂に入れば職員に「おはようございます」、そして原所長の「いただきます」に合わせて「いただきます」と言う。

言葉なしに交わりを進めることは難しい。挨拶語、指示語、報告語、遊び語、対話語、内緒話語、お誘い語など、ほとんど、言葉による。

言葉の使用には二つあるようにみえる。一つは、その場の体験を説明するための言葉群、いわゆる「〜について」の言葉、もう一つは、その場の体験からほとばしり出た感動語、感嘆語である。

ここでは二番目の「その場の体験からでた言葉」について考えてみたい。

普通は、自他から発せられた言葉を耳でインプットしている。わたしの意志に関係なく、聴覚を通じて、日本語の音声が知覚されて、脳に送信される。脳に送信された音声が、日本語に翻訳されて、ある意味に変換される。そして変換された意味に応じて、わたしたちは行為する。

その時その場に、友だちが居て、わたしの行為は友だちに聴き取られ影響を与える。たとえば、わたしが「あそぼう」といえば、わたしと友人はバトミントンをする行為に移る。

こういう言葉のやりとりが、人同士のコミュニケーションで使われる形である。こういう言葉と行為の変換過程が日常のやりとりである。

しかし、この二番目の言葉の使い方にさらに大切な局面がある。言葉と体験が完全に一致したレベル1から、少しずつ完全さが崩れていくレベル2、3、4、そしてレベルnがある。

もしも、わたしが、完全に体験に一致した言葉を発することができたならば、その言葉は、聞いた相手の胸の中の大地に蒔かれ、その胸に響いた言葉は生涯にわたり枯れることなく使える「大きな言葉」になる可能性がある。

こういう意味で、言葉は単にコミュニケーション用に限定されるものではなく、聞き手の胸の大地に蒔かれた種となる。

よくあるのは、小学校の先生に言われた言葉が一生忘れられず、大人になっても、その言われた言葉が日々大きく育っていくエピソードである。こういう側面が言葉の持つ本質なのである。単なる音声ではなく、まるでJ・S・バッハの「マタイ受難曲」の一節やモーツァルトの「レクイエム」の一節が、生涯にわたって響き渡るのと、まったく同列の言葉の使命である。

これから、子どもたちに向かって言葉を発するときには、たとえコミュニケーション用の言葉であっても、子どもの胸の大地に種を蒔くように発しなければならないということである。ある人は「死から、生きるをもらった」と表現している。このような稲妻のような言葉の命の瞬間がある。

自分を育てる言葉をもった人は、子どもたちに自らの人格を育てる言葉の種を蒔ける人である。

15 いのちを生きる——Aとの新しい生き方を模索して

二〇一九・一一・二〇

「よこはま児童文化研究所」がAたちと「ともどもに」生きることとは、現代社会に対して偏見、差別そして排除をしない「新しい命の燃やし方」を提案することである。

「よこはま児童文化研究所」がやるべきことは、「協働愛」に燃えて「ともどもに」交わる「新しい命の燃やし方」を、身近な社会に提案することである。

A：あの人、だれ？

B：障がい者でしょ、X症候群の

A：あら、そういう人なの

B：そうよ、そういう人よ

このようなやりとりが聞こえてくる。現代の日本人は、障がいを受けた人や、引きこもりの人、あるいは閉じこもりの人に対して同情や理解を示すことは少ない。「人体としての存在」レベルの表層的な事柄だけをあげつらって、真心を込めて交わろうとしない。よくて傍観者であり、悪ければ否定者である。

なぜ表層的な言葉のやりとりだけが聞こえてくるのだろうか。それは、そういう人の心の深層に偏見、差別そして排除がどっかりと住んでいるからである。

そして、他者を傍観し、自分たちの属する集団から排除し、否定する。

歴史的に、「ハンセン氏病」と診断された人々に対する大方の日本人の対応は、彼らを社会から「排除すべし」であった。

しかし、排除された人々は天から尊い「いのち」を与えられて生きている。排除する側の人たちは、排除された人々の天から与えられた「いのち」を奪ってしまった。悔やみきれない日本国家と日本人の歴史的事実である。

わたしは、わたしどもといっしょに生きてくれる多くの若者と「新しい生き方」、あるいは「新しい命の燃やし方」を模索している。その視点は「協働愛」と「ともどもに」生きるである。

わたしは、わたしがAたちと、どのようにして「新しい命の燃やし方」にたどり着くかという大きな難しい課題に直面している。

Aたちの側に問題が存在しているのではなく、わたし（たち）側の大きな課題である「新しい命の燃やし方」を発見できるか、創造できるかにかかっている。

Ａたちが、つねに、変化、変容して命を燃やしている生き方に対して、わたし（たち）が、偏見に満ちた向き合い方しかできないことが問題の中核であることは明らかである。

「よこはま児童文化研究所」に生きるすべての人々が、Ａたちとの「新しい命の燃やし方」を「ともどもに」創造できれば、生まれる前に排除するという、とても許されない選択を避けることができるようになる。

この排除問題は、①制度論や、②政策論や、③経費論の問題でなく、わたし個人がＡたちと「新しい命の燃やし方」を探そうとするかどうかが本質である。

そして多くの人々が「あっ、そういう命の燃やし方もいいわね。あたしも、やってみたい」と賛同してもらえる集団や社会を創造できるかどうかである。

しかし、わたしは、現代日本と世界において、制度論や政策論や経費論に大きく傾き、できるだけ経費の削減を目指そうとしている人が多いことを承知している。

しかし、そうすると、そういう経費削減に傾いた人々の人生にいかなる意味や意義があるというのだろうか？「誰かＸ」への冒瀆ではないのか。

そういう方向を目指し、現実化した人々に、自ら作り出した「苦海《くかい》」や「穢土《えど》」が待っているのではないだろうか。

この一文は、おそらく、「命のあり方」という、人間にとって最も根源的な問題を提起しているので無視されるであろう。

⑯ あそぼ会の論理

二〇一九・一一・一七

1.「トントン広場」

「よこはま児童文化研究所」の一七の活動の一つに「トントン広場」がある。ほぼ毎月、近くの小学校の体育館と和室を使わせてもらって活動している。この「トントン広場」のメンバーは、主に、中学生以上の参加者で構成されている。

体育館では、準備体操、かけっこ、ボール投げ、バトミントンなどで体を鍛える。二階の和室では、参加者の好きなお菓子でお茶会をする。季節に応じた作品作りをする。七夕なら、短冊を全員で作る。この時間はとても楽しい時間に感じられる。笑顔がこぼれる大切な時間になっている。

一階の体育館から二階の和室までの階段を青年部の参加者が全員でＳＫさんを車イスごと移動させてくれる。この移動する場面はわたしにとって非常に感動的な場面である。青年部の人たちの「自発」行為を見せてもらうことは、人生の秘儀を見せられた感じがする。わたしは、こういう自発行為を美しいと感じる。

2.「あそぼ会」

それに対して、ほぼ小学生以下の子どもたちで構成されている「あそぼ会」がある。

この会は毎月の第二日曜日に実施されている。この「あそぼ会」にはほとんど規則がない。参加した子どもたちとスタッフが、集まった時点で当日の遊びを決めている。

スタッフ側が遊びの内容や方法を決めることはまったくない。これまでも決めてこなかったし、これからも決めないだろう。このこと自体も決まっていない。

3.子どもの遊び場

子どもたちは、日々、規則で縛られ、きわめて自由度の低い環境の中で遊んでいる。

現在の公園では、野球もできない場が増加している。また、路上ではキャッチボールもできない。嬉しいときに歓声をあげることもできない。近所の人たちから「うるさいぞ」というクレームが飛んでくるからである。

いまの日本では、とくに都会では、子どもが大声をだして、好きなだけ遊べる環境が激減している。遊びから無意識に学び取っていた重要な生きるための智恵が学べなくなっている。これは、昔に子ども時代を過ごした大人たちに想像もできない変わりようなのである。路上でメンコやベーゴマをして遊ぶことはもうできない時代になった。

4．自由が優先される場

「よこはま児童文化研究所」の「あそぼ会」は、参加者全員が好きなことをして遊べる。ただし、暴力やいじめは絶対にしてはいけない。スタッフが「暴力やいじめはいけませんよ」と事前に言ったことはない。自由な遊び空間では、暴力やいじめは生じないのだ。参加者は遊びに夢中になり、マイナスの行為はいっさい頭に浮かんでこない。規則やルールで縛られる遊び場でない「場」において、暴力といじめは無縁である。

「あそぼ会」では、参加者が全員で協力して遊んでいる。「協力して遊ぼうよ」などと、参加者は誰も言わない。ただ、好きなことをして遊んでいるだけである。

「あそぼ会」に参加するも自由、参加しないも自由である。強制はいっさいない。参加できるかぎり参加する。

なぜだろう？　強制力が働いていないのに参加する。なぜ参加するのだろう。

参加者各自に、どういう論理が働き、どういう感情が湧いて参加への道を選ぶのだろうか。

参加者は遊びの中で、何を見ていて、何を感じて、何を求めているのだろうか。ただ無心に遊ぶ体験から、参加者たちはどのような論理を構成し、どのような感情を広げているのだろうか。

スタッフのひとりとして訊いてみたい気がするが、まだ訊けないでいる。たぶんこれからも「どうして参加しているの」と訊くことはないだろう。なぜなら、わたしは参加者一人ひとりを心から信じて「あそぼ会」に参加できているからである。

「あそぼ会」が終わると、来月の「あそぼ会」が待ち遠しく感じられて、白板に来月の日時と曜日を書き込む参加者がいる。

そして、いまのところ、この参加者が毎月の「あそぼ会」の内容を事前に知らせている。それに対して他の参加者から反対はない。

「あそぼ会」の内部論理も感情も明確になっていないのに、数え切れないほどの回数を重ねている秘密はいったいどこにあるのだろうか。

各参加者の心の中で、「論理と感情」がうまく橋渡しができていて、「いやだ」という感情が湧いてこないか、使う必要がないのかもしれない。

少なくとも、このわたしにとって「あそぼ会」は毎月の楽しみの場になっている。

17 お気に入り

二〇一九・一一・四

誰でも何らかのお気に入りがある。お人形であったり、お洋服であったり、楽器だったり、公園であったり、駅であったり、山や湖や海であったり、レストランであったり、本や映画や音楽であったり、さまざまにお気に入りがある。それらが、その人の人生を前からも後ろからも支えている。どんなにボロボロになっても思い出の詰まったセーターを捨てることはできない。

地震や台風や飛行機事故などで思い出が失われると、まるで、生きる目標が失われたような寂寥感に襲われる。救済しなければならないのは人との思い出である。「ともどもに」生きてきたものであれば、その存在は単なる「物」ではなく「者」である。ここにわたしの命に秘められている不思議な尊さがありはしないだろうか。

お気に入りの物が台風の水害で流され、それを取り戻そうとして溺死することもある。思い出は、お気に入りであればあるほど手放せない。お気に入りが、時と場所を越えた存在であれば、ひとり部屋に座していても寂寥感はないだろう。

わたしは、人から人間となり、多くの人間といっしょになって人間たち（輪）となり、この継続する歩みの中で、他の生きとし生けるものすべてとの「間」柄に目覚めていく。

「よこはま児童文化研究所」の「天城子どもと親とのワークショップ」の活動に参加するすべての人は、他の参加者を大切な出会いの場の人たちであると体験している。

AはBさんと出会い、次回にまた会えることを信じている。「また会える」ことはわたしの実感として神秘である。

隠れて見えない力が働き、Aの望みどおりにならないかもしれない。しかし、神秘は神秘であるかぎり、いっさいの弁明はしない。ただ沈黙がある。

Aはじっと待ってBとの再会を待つしかない。この「待つこと」でAの存在が試される。AがBと再会するまで、お気に入りの場で待てれば、Aは静かに希望を失わないで待てるだろう。人は、誰でも、何かをいつも待っている、人とはそういう存在である。待つもの、待つ人が何もない人生に、どういう意味があるというのだ。

Aは世界中から、差別や偏見や排除や疎外がなくなる日をじっと待っている。Aがその日を待っていても、Aの生きている間に実現しないかもしれない。しかし、Aにとって、待っている物、事があるということが大切であり、実現するかどうかは二の次である。なぜなら、Aが差別されても、Aは誰かに対して差別しないからである。

Aは、自分が他者を差別しない、他者に偏見をもたない、そして、この生き方が自分の人生を支えていることを知っている。Aは、誰も差別しない、憎まない生き方を「よこはま児童文化研究所」の仲間と共有して生きている。

Aは、受動的な「差別される」感覚から、「差別しない」「協働愛」と「ともどもに」の生きる場に住んでいる。

18 Aさんの中に自分を映し出す

二〇一九・一二・二五

わたしたちは、どのようにして、最初の、あるいは最初に、自分の「わたし」を知るようになるのだろうか。

わたしが、わたしであることを知るのは、おそらく、誰かという他者を目の前にして知るのだろう。わたしを、単独でわたしを、いくら見つめても、わたしを知ることはできない。何も見えてこないのだ。

わたしは、まぎれもなく人間であり、男性であり、動物であり、からだには真っ赤な血が流れている。しかしこのような内容をいくら並べても、それは自分の「わたし」ではない。同じような内容をもつ人は、ほかにもたくさん在る。だから、こういった属性は自分の「わたし」

だけのものではない。

すると、日常生活において「わたし」とか「わたしは」とか表現しているときの「わたし」とは誰なのだろうか。わたしであって、あなたではない、そういう「わたし」とはいったい誰なのだろうか。わたしは、誰を「わたし」と表現しているのだろうか。

わたしがAたちと居て、つねに考えさせられるのは「わたし」は誰なのだろうか、という疑問である。Aを前にして、わたしはAに対してある感情を抱いていることは確かなことである。「可愛いな」とか「がんばっているな」とか「家のわんちゃんのことを思っているな」とか、いろいろな思いが湧いて「在る」。だから、わたしとAとの間には、両者の相手に対する「思いの橋」が架けられている。

ところで、落語の「粗忽長屋」にも、わたしがわからなくなった二人の人間が登場する。Xの友人Yが、昨夜「行き倒れ」で亡くなった。しかし、実際に亡くなったのはYではない。Xはその「行き倒れ」の顔を見てYと判断した。そして、境内から長屋までYを迎えに行き、「行き倒れ」の現場まで連れてくる。そして、「行き倒れ」を見せて、Yに対して「それが、Y、おまえだ」と告げる。

Yは、それは「わたし」ではない、と言い張るが、Xがあまりにも確信をもって「それは、Y、おまえだろ！　おまえに決まっている」と言い張るので、Yもその「行き倒れ」が

「わたし」だと思い込む。そして、Yの最後の絶叫するような台詞が「抱かれているわたしは、たしかに、わたしだが、抱いているわたしは、いったい誰なのか?」であった。

この落語のネタは非常に示唆に富んでいる。Yの最後の台詞にある「抱かれているわたし」と「抱いているわたし」の分離が生じた部分だが、「ひとり」のYという人が「見られるY」と、「見るY」とに分離したのである。この状態は、スイカが等しく半分に割られた状態とは違う。なぜなら、「見られるY」が「見るY」を見ることはできないからだ。

こういう体験は、日常にもあるのだ。たとえば、わたしがAたちといっしょに居たときに、Aたちと一生懸命に話しているその「わたし」(T1)を、「こいつ、Aたちと一生懸命に話しているな」(T2)と見ている、もうひとりの「わたし」が出てくるのだ。

ここで問題になるのは、なぜ「T2」が表象されるか(出てくるのか)ということである。そしてこの「T2」には、どのような機能がはたらいているのだろうか、ということである。

A:話しているわたし

B:Aを見ているわたし

体験的には、この「見ているわたし」が無限に追加されるということが多々あることを、わたしは知っている。「見ているわたし」がどこまでも、どこまでも果てしなく続くのだ。しかし、そのわたしは、けっしてコピーではない。刹那に別の「見ているわたし」が表象される。

なぜこのように「わたし」が増殖されるのだろうか。

この増殖する「わたし」を収束させる方法はあるのだろうか。水道の蛇口が破裂して、水があふれ出すように「わたし」の分身みたいな「わたし」があふれ出すことを収束できるのか。

そして、どの「わたし」に収束すればよいのかを、どの「わたし」が知っているのだろうか。日常生活において、わたしに一貫した「わたし」が在るから、他者との安定した関係を維持できる。しかし、扇子の要に当たる「わたし」が消滅したら、要のない不定な「わたし」だけが在ることになる。それでは他者との安定した関係を営むことはできない。

それで、「天城子どもと親とのワークショップ」において、強く感じていたのは、わたしが、「一貫したわたし」として、Aたちと交わるためには、わたしが、Aにどのように感じられているか、理解されているか、あるいは好かれているか、嫌われているかなどを瞬間、瞬間に敏感に察知することが必須条件であるということであった。要するに「Aに映っているわたし」を察知しなければならないということである。

場において使用価値が高いのは、Aに映っているその瞬間の「わたし」だけなのである。そのわたしは、抽象的な「わたし」ではなく、その場その場に在る具体的な「わたし」である。

昨夜の読書していた「わたし」などは、使用価値はほとんどゼロに近いのだ。いま、ここで再生されている「わたし」が「わたし」として通用する「わたし」なのだ、と知らされた。いつかどこかでの「わたし」は通用しない。

Aたちにとって、いま、目の前に居る「わたし」が、わたしの「わたし」である。そして、この瞬間の「わたし」に向かってAたちは言葉を向けている。とすると、Aたちの存在は現在という時がすべてで在るということになりはしないだろうか。

そして、その現在のAに映っている自分の「わたし」が他者と入れ替わることのできない唯一の自分の「わたし」なのではないだろうか。Aたちとの交わりは現在に限られ、過去や未来の交わりは不可能なのだった。

あるいは、床にこぼれたガソリンが、しだいに周りに浸透するように、Aの現在が過去や未来へと、浸透しているのではないだろうか。「こんにちは」とは、文字通りに、「今日」(現在)で在ったことを知らされている。それは、いま、ここでのわたしたちで交わりましょう、という交わりであった。

二〇一九・一二・二

⓳ Mさんと挨拶

二〇一九年一一月三〇日(土)から翌日の一二月一日(日)にかけて、冬の「天城子どもと親とのワークショップ」が開催された。

東名高速がリニューアル工事のために大渋滞が予想された。しかし、渋滞はほとんどなく、順調に「足柄サービスエリア」に到着した。東名高速道路の右手には雪をいただいた富士山が見えた。足柄に近づくにつれて山は鮮明に大きく見え始めた。この山も何回見たことだろう、と思えた。

「足柄サービスエリア」に到着して、わたしは車中に待機していた。すると、目の前にMさんが小走りに近づいてくるのが見えた。両手を左右に振りながら、顔には満面の笑みがこぼれている。

わたしは「Mさんはどこに行くのだろう」と思って見ていると、Mさんは、わたしの車の助手席側のドアを開けて、

M：Tせんせい、こんにちは、まだ先生に挨拶してないので、挨拶に来ました
T：あっMさん、こんにちは、わざわざ、ありがとう
M：あいさつしたので、バスにもどります。原さんが、Tせんせいは、くるまにいるよと教えてくれたので、きました
T：ほんとに、ありがとうね

と、こんな会話をした。

Mさんの曇りのない朗らかなよく通る声に圧倒された。わたしは、Mさんも善く生きているのだな、と感じさせられた。善い人生を過ごしていることに拍手したい気持ちになった。

わたしは、「ありがたいなあ」と思った。Mさんの少し赤らいだ顔の生き生きした表情を見て、幸せを感じた。

こういうちょっとした挨拶という交わりの中で、本物の幸せを感じられたことに感謝した。物だけを追い求めるのではなく、ちょっとした、ほんのちょっとした交わりが真の幸せをもたらす神秘に感謝した。なぜ、Mさんは、わざわざわたしのところまで挨拶に来てくれたのだろう。思えば不思議な所作ではないだろうか。やはり人とは見えない糸で結ばれた不思議な存在なのではないだろうか。

まるでJ・S・バッハの「ゴールドベルク変奏曲」のアリアを聴いているような神秘さえ感じた。味わいがあって、しかも神秘で美しく、大きな存在の胸に抱かれているような温かなひとときに、似合わない涙が流れた。

J・S・バッハのアリアを聴いたときのような「ああ、生きていてよかった」感に満ちあふれてしまった。

20 なぜAさんが目の前に居るのか

二〇一九・一二・一二

いまのわたしは、Aがわたしの目の前に居るのは、Aが誰かによって「つくられたもの」でないからだと思うようになった。

最高主体は両親でない。なぜなら、Aの両親には、両親の両親が居て、無限に両親がその前の両親へ続くことになる。それでは、最高主体は何者なのか。

フルートを例にすれば、そのフルートの制作者がいる。わたしの使用しているフルートには制作者の名前が彫ってある。また、ある一本の頭部管にも「J. R. Lafin」と彫ってある。こういう制作者と制作品との関係としてAの存在を考えることはできないと気がついた。Aは誰かからつくられた者ではない。

それでは、Aの存在をどのように考えればいいのだろうか。Aはどこからやって来て、どこへ行くのだろうか（Aの個人史は、日本の制度と歴史を生きている証なのだ）。

わたしたちは、一般に、そこに楽器があれば、楽器を制作した制作者がいると思う。しかし、宇宙は誰が創ったのだろうか。こうなると制作者がいるとは言えなくなる。また、目に見えない物は誰が創ったのだろうか。たとえば「愛」というような「?」は誰が創ったのだろうか。要するに、「物」すなわち五感で感覚できないものについては制作者を特定できないのだ。

とすれば、それらをどのように理解すればいいのだろうか。

この大問題とAの存在の理解とをリンクさせると、とんでもない答えに導かれる。Aの存在は、存在者ではなく、何かの表現として了解するしかない。たとえば、わたしがフルートを吹いて音を作ると考えるのではなく、わたしはフルートと一体になっていながら音を表現するというように表現する以外にないのだ。音をつくるのではなく、音を表現する、こういう表現法しかできない領域があるのだ。

21 いつも真心を込めて

二〇一九・一一・二一

「よこはま児童文化研究所」の約束に「協働愛」と「ともどもに」生きるがある。

この二つの約束を実現するのは非常に難しい。わたしたちは、党派意識をもちやすく、人間関係は縦関係になりがちである。

社会一般がそのように成り立ち、動いているために、わたしたちは、そういう不安定な社会で生きるしかない。そこから、「よこはま児童文化研究所」は、ほかにもっと違った生き方があるのではないかと考え、実践してきた。

自由で平等で愛にあふれた社会が望ましい。しかしこれは人の望みであるが、実現したことはない。現実の社会は、あいかわらず不自由で不平等で、愛は探しても見つからない。人同士が「協働愛」に交わり「ともどもに」生きることは社会において夢話である。だから、「よこはま児童文化研究所」は「協働愛」と「ともどもに」生きる思想を捨てるわけにはいかない。

他者に対して、いつも、丁寧に真心を込めて向き合い、交わり、分かち合って生きることは、場があれば、できるのだ。ただ、できる場が非常に限られているだけである。でも、「ともどもに」生きる場がまったくないわけではない。「よこはま児童文化研究所」は「ともどもに」生きる場を提供し、日々新たな「協働愛」を創造しようとしている。

わたしの中にある偏見、差別そして排除に気づき、他者に対して傍観者の態度をとらないで「ともどもに」生きるようにできる。ほんの小さな実験の場かもしれないが、この日本に「ともどもに」を求めている「場」がある。

花を見るときには、花の身になってみる。月を見上げるときは、月の心になって見上げる。蟻を見るときには、ありの命になって見る。こういう主客一体の心境で生きることはできる。

他者の身や、心や、命のそばにそっと忍び寄って、いつの間にか他者とわたしとの距離がゼロ地点近くまで短縮し、そしてまた、自由な他者同士としてのお互いの場に戻ることができる。わたしは、いつも真心をもって他者と向き合いたい。それをわたしの欲望としたい。

㉒ G君とゼミナール・コンサート

二〇一九・一一・四

「よこはま児童文化研究所」の音楽部門の活動に「ゼミナール・コンサート」がある。スタッフの感性を豊かにするという目的で始められた。開催当初は一八世紀のヨーロッパ音楽状況を学習することから始まった。毎月一回、最終金曜日の夕刻から始まる。二五四回目をむかえる長い活動である。

この「ゼミナール・コンサート」にいつの頃からかGさんが参加するようになった。職場が四時に終わるので五時頃には会場の「山手イギリス館」に到着する。

この「山手イギリス館」は「みんなのコンサート」の会場でもある。Gさんは、リハーサル中も会場内で静かに音楽を聴いている。

現在は、所長の原さんがピアノ演奏をし、Yさんがリコーダを演奏する。原さんはピアノの演奏中に演奏曲目の解説をしたり、その曲と「よこはま児童文化研究所」の活動を絡めた話をしたりする。

原さんの演奏曲目は、主として、「子どもが主題」となることが多い。子どもに関するシューマン、ドビュッシー、ムソルグスキーのピアノ曲がまとめて演奏されるときもある。

Gさんは原さんのそういう説明を静かに聞いている。そうしているうちに、またいつのまにかTさんが参加するようになった。彼はピアノを弾く。「よこはま児童文化研究所」の「トントン広場」でピアノを弾いている。

こうして、スタッフでなかったGさんとTさんが「ゼミナール・コンサート」に参加することによって新しい局面が出てきた。

とくに、Yさんのリコーダ演奏に関する感想を話しながら、「ゼミナール・コンサート」の中にいつの間にか溶け込んでいる。Gさんは演奏に対して、けっして否定的な発言をしない。つねに演奏に対して肯定的に発言をする。このことは新しい局面の一つとして強調したいことである。

否定的な発言の多い現在の日本において、Gさんのようなあたたかな温もりのある発言があるという事実を知ってほしい。

Gさんは、現在、療養中の副所長の代理を務めていたが、その後、正式に副所長に任命された。責任感が強く、「NMSセミナー」、「総会」、「大岡講演会」、「あそぼ会」や「天城子どもと親とのワークショップ」の会合に積極的に参加し、適切な発言をする。このようなGさんの生き方と仕事ぶりを社会に発信しておきたい。

わたしは、Gさんを通して、自分のさまざまな先入観に気づかされた。しかも、その先入観はわたしが自己防衛のために自ら拵《こしら》えたものであることを知らされた。Gさんは、自ら、わたしに向かって「あなたは、ぼくらに先入観をもっている。やめてほしい」と一度も言ったことはない。ただ、黙ってGさんは自分のやるべきことを、他の参加者といっしょにやっているだけである。わたしは、Gさんが黙ってやっている意味を知らなければならない。

わたしの精神が時には貧しさの極限に達することを、Gさんから知らされた。

23 新しい役員の任命

二〇一九・一二・三

嬉しい文章が書けることに非常に嬉しさを感じる。二〇一九年の一二月で「よこはま児童文化研究所」は四四年目を終える。そして四五年目に入ることになる。

嬉しいこととは、新しい役員が四名誕生したことである。各四名とも、長い間「よこはま児

童文化研究所」のいろいろな活動に携わってきた人たちである。まず、紹介しよう、

「よこはま児童文化研究所」副所長として

1　上野岳氏

2　林健一氏

「よこはま児童文化研究所」の「天城子どもと親とのワークショップ」部長として

3　中牟田大氏

同じく副部長として

4　地濃慶一氏

の四名が新しく役員に加わってくれた。

任命式は二〇一九年一一月の「天城子どもと親とのワークショップ」の二日目の朝に実施された。その写真を口絵二頁目（左上）に掲載しよう。

この四名は、それぞれにいままで「よこはま児童文化研究所」の活動において重要な仕事を一貫して実施されてこられた方々である。上野氏は岩井副所長の代理を長く務められたし、林氏は「青年部部長」として同年代の代表として牽引されたし、地濃氏は「天城子どもと親とのワークショップ」で、児童や車イスの参加者の立場に立って神がかりな行為をしてくださった

し、最後の中牟田氏は「天城子どもと親とのワークショップ」の係を観光バスの運転手の平坂さんと一体になって、バスの運行や安全や車イスの参加者への配慮を一人でやってこられた方である。

原所長から、お一人ずつ「任命証」を受け取ると、参加者たちから拍手が送られた。この拍手の意味は、参加者の方々も、彼らの任命に対して賛同されたということであった。

これまで、すでにいい仕事を計画して実行された四名に対して、「どうぞ、これからも、参加者たちのために、よろしくお願いします」というエールであり、願いの拍手と受け取れた。

わたしは、この朝の任命式を生涯にわたって忘れることはない。

24 植樹もみじに託して

二〇一九・一二・三

「天城子どもと親とのワークショップ」の運営会議で、「修善寺虹の郷」に植樹をお願いしよう、という議題があがった。もう五、六年前のことであった。

「トントン広場」副部長の松阪さんが、さっそく、もみじの苗を準備し、「修善寺虹の郷」へ事前に届けた。

「修善寺虹の郷」に到着した日は、真夏日で暑かったと記憶している。「修善寺虹の郷」の庭園の管理担当者の方々が、背景に雄大な富士山が見える丘の上に「もみじ」を植樹してくださった。もみじの根元には「よこはま児童文化研究所　記念植樹、年、月」と記してあった。わたしたちは、この紅葉の記念樹を「修善寺虹の郷」に訪れるたびに見ることになった。今年の冬の「修善寺虹の郷」でわたしたちの記念樹を確認した。前年よりも樹丈が伸びて頼もしい感じがした。

植樹をテーマに話し合った「天城子どもと親とのワークショップ」の運営会議のときに、「よこはま児童文化研究所」の児童と若者たちが健やかに大きくなることを願っていた。運営会議の委員たちは、「修善寺虹の郷」に行き、植樹された「もみじの育ち」を見つめて、若者たちの大きくなる姿を見たいと思っていた。あれから数年が経ち、「もみじ」も、児童と若者も大きくなった。

わたしにとって、これほど嬉しいことはない。これからも、あの「修善寺虹の郷」の「もみじ」の成長と「ともどもに」生きていきたいと願う。

25 過去は決断の後

二〇一九・一二・五

Aと生きてきたわたしには、Aとの過去は存在しない。心理的な時間について問題にしないで、生きているという存在において過去を考えると、Aとの絶えざる眼差しあう人生において過去はない。「あっ、あのとき、あんなことあったね」というのは、記憶であって、過去ではない。

わたしにとってAとの過去が未来にやってくるとしたら、わたしがAと「ともどもに」生きることを断念したときであろう。しかし、わたしがAと「ともどもに」生きることを、これからも、断念することはないので、Aとの眼差しあいは過去とはならない。Aとの「ともどもに」生きた時間に過去という成分が含まれなかったのだ。

Aとの眼差しあいの「時」において、過去は未来を凌駕することがなかった。「いま、ここで」の体験が、つねに、未来へと開かれているために、いまが「今の前」に閉じられたことがなかった。今が未来と一体となって体験されるので、今は今であり、そして今を含んだ未来であった。この意味で、未来は今でもあった。

時間の流れというものは、わたしとAとの眼差しあいのまったただ中で流れる。まるで急流を筏《いかだ》で流れるように、流れと筏とわたしとAとが一体になって「いま、いま、いま」と永遠に今の連続であるような「いま」なのである。時間の流れは両者の眼差しあいにおいて流れるのだが、筏が上流に流れることがないように、時間は「今の前」に流れることはないのだ。わたしとAとが「ともどもに」生きていくというスイッチをオンにしたと同時に、両者にとって共通の時間が流れに乗った筏のように前へ、前へと進むのだ。

わたしはAとの協存を決断した「時」点で、互いに互いの命をあずけあい、急流に全存在を預けた筏の運「命」に切り替わった。運命とは、互いに互いの「命」を協存しながら未来に向かって「運ぶ」ことを意味する。未来と過去は変えられない、だから、それを運命と諦めて生きていくしかない、という意味での運命ではない。

そういう意味では、社会の運命観とまったく異なる運命観であろう。「命」の不思議さ、神秘さを感じ取れれば、運命とは互いの不思議な「命」をそれこそ命がけで「運びあう」ことであったと即座に気づくはずである。

人間の不思議な出会いに終止符を打つことがなければ、その出会いは絶対に過去の領域に取り込まれることはない。それには、「ともどもに」生きるという明確で明瞭な決断が必要である。

わたしは、Aを取り巻く事柄ではなく、Aの存在自体だけを協《とも》に見つめて、Aだけに的を絞った協存の覚悟をするのだ。
わたしにはAとの過去は永遠に来ない。

26 深く生きる

二〇一九・一二・二四

深く生きることと深刻に生きることは違う。日常生活において、深刻になる場合も多々あるだろうが、ここでは考えない。ここでは、深く生きることをみなさんといっしょに考えてみたい。

慌ただしい日常の生活に追われて「深く生きる」という地点まで行き届かない。でも、いつか、どこかで、誰かと「深く生きる」僥倖《ぎょうこう》に巡り合うことがあるだろう。愛する人との離別、あるいは死別がある。

ただ生きることと、深く生きることと、何が、どう違うのだろうか。

すぐに思うことは、病気に罹った場合である。このとき、人は、来し方行く末を考えるチャンスをもらう。自分のこれからの生存時間を考えなければならないから、それは深く生きることを考えるだろう。

そして、無駄な時間をできるだけ減らし、自分の「人としての」人生にとって意味のあることを選別して、鮮やかに生きようとするだろう。

とすると、落ちてきたような病気という避け得ないチャンスは、自分のこれからの限られた生存時間を明瞭に考えるとともに、「善く生きよう」という灯明も与えられることになる。

この時なのではないだろうか、何か人間の力を越えたものに出会うのは！

自分の身の回りは、人間の力を越えた何かに取り巻かれていることに気がつくのだ。この気づきを何と呼ぼうが、限りある命の水を飲み干す前に、何か全体にとって「善きこと」をしたくなる促しを感じる。この感じはそれ以後消えることなく体内に宿ったままになる。からだが心や魂を引き受ける瞬間である。自分にからだがあったから、心や魂が宿ったのだと気づくのだ。からだと心や魂が実は一つだったと気づく。

「善きこと」をしたくなったときには、横を見るよりも上を見るようになり、灯明によって不安が消え、苦悩がそのまま喜びになる。なぜなら、「善きこと」をするように促している果てしない力をもった「何か」が身の回りを取り囲んでいるのだから。

わたしはここで「宗教心」という言葉を使いたい誘惑を非常に感じるのだが、やはり、押しとどめるほうの力が強いために、この「宗教心」という言葉を使わないことにする。この言葉を使うとありきたりの地平に浮きでてしまい、つまらない感じが待っているようで使えない。

人間とは苦悩を引き受けて生きる存在である。もし人間として生まれて苦悩から目をそらしたなら人間でなくなる。人間として生存するためには人間的な苦悩を全身全霊で引き受けなければならない。そのように生まれついているのだ。動物は、もしかすると、苦悩できない生き物だろう。しかし、人間だけが動物の中で苦悩できる生き物なのだ、とわたしたちはすでに知っている。

深い生き方は、この人間だけに与えられた「できる苦悩」に直面することから始まる。生まれた存在は「生・病・老・死」を避けて通れない。わたしたちはすでに「生まれちゃった」存在である。そして、死へと向かって、すなわち苦悩と一体となって生を全うする存在なのだ。ただ、どこまで深く生きるかはそれぞれに任されているのだろう。それは、身近に存在している「もう一人のわたし」によって決定されている。わたしたちは、何かから生まれ、また、何かに還る。その何かへの往還の時を人生と呼ぶ。処女生誕という謎はここにある。わたしたちを生誕させたものは「何か」なのである。生誕されたものは人体ではなく、何かから与えられた「何か」である。生きる間には、言葉でレッテルを貼りたくなる瞬間がたくさんある。

しかし、その瞬間を一瞬だけ待ってみようよ。その「何か」が感じられるよ。わたしたちに「何か」を与えた「何か」から見れば、地球上のすべての存在は全部同じ、そしてみんな違うのだ。同じだから違うのだ。この事実は水中の水をイメージすれば「そっか」と理解できるはずだろう。水中の水はみな同じであり、みな違うのだ。だから、「水」が「水」として見えてくる。空気中の空気でも同じことがわかる。「何か」から見れば、地球上のすべての物はみな同じで、みな違うのだ。同じでいいし、違ってもいいのだ。どっちでも同じなのだから。

もう生きる場に言葉はいらなくなっただろう。言葉は違いだけを与えるのだから、「同じ」が見えなくなってしまう。それは、物の片方だけを見せられるという苦悩の始まり。苦悩は言葉の拵えたものなのだ。したがって、苦悩という言葉の実態を見極めようとすると「苦悩」という言葉は消滅するよ。

27 生きるとは何かを問い続ける場

二〇一九・一一・五

「よこはま児童文化研究所」は、「ともどもに」の視点から、「生きるとは何か」を問い続ける場である。

「生きると何か」という問いは非常に哲学的な問いである。西田幾多郎の哲学は「生きるとは何か」を最後まで追いかけたlifeの哲学であった。西田幾多郎に降り懸かった多くの人生上の不幸を life という視点から追求し続けた。一見、意味のないように感じさせる人生における不幸が、単に無意味であるとは、どうしても彼には思えなかった。そこから彼の哲学的な苦闘が始まった。

わたしたちの「よこはま児童文化研究所」も「ともどもに」生きるとは、どういうことかを追求してきた、そしてこれからも追求する。「よこはま児童文化研究所」は、はっきりした視点、すなわち「ともどもに」への道を求めている。「ともどもに」生きるとはどういうことか、どうすればAたちと「ともどもに」生きられるのか、生きたことになるのか。その証を探し求めながら、一歩ずつ「ともどもに」生きられる道を創ってきた。

「ともどもに」生きる道を探し、最終的にわたしはたしかに「ともどもに」生きたという実感をもって人生を閉じる。この生きた証の確実感が「ともどもに」生きた人々と共有されることが望みである。他者との共有感なしの証では、話にならないのだ。具体的に一人ひとりの顔が目の前に浮かんでこない「ともどもに」は偽物だったのだ。

そうならないようにlifeのど真ん中に「ともどもに」という徴《しるし》を置かなければならない。ついでに「ともどもに」ではなく、「生きるとは何か」の問いのど真ん中に「ともどもに」がなければならない。そして「ともどもに」生きた証を他者に伝えていかなければ、その生きた証そのものが消滅してしまう。

28 生まれ在所の呼び声

二〇一九・一二・一四

最近だが、「都会住まいの文章」と「田舎住まいの文章」があるのではないかと気がついた。そして前者の文章は後者に当てはまらないし、後者の文章は前者に当てはまらないのではないだろうか、と。

なぜなら、毎日、毎日見ている風景（自然）が違えば、両者の文章も違ってくるのではないだろうか。風景が文章を書かせていると思うようになった。

都会で働くさまざまな職種の人々と、故郷の野山で働く人とでは、その二つの風景が表現《つく》った人間は違っていると思う。

よく「田舎育ち」と「都会育ち」と比較されてきたが、それは人間への成り方が違うということではなかったのか。田舎育ちの人には田舎の風景（自然）が染みこんでいるし、都会育ちの人には都会の風景が染みこんでいるのだ。この感覚は、たとえば、イタリア、フランス、あるいはアメリカに行ったときのあの感覚に似ている。

ひるがえって、わたしが毎日出会っている人間は都会育ちの人間である。彼らが、都会の感覚で生きていると感じるのは、弘前に行って、そこの人間に触れたときである。違うのである、何かが。

わたしは田舎育ちなので弘前の人間には何の違和感もない。ただ、懐かしいのだ。岩木山に降った雪を見て、ゆったりとした気分になれる。しかし、都会育ちの仲間はどうかな、と思う。

「生まれ在所」の文体があるように、人格の形成過程にも田舎の影響があり、言葉にもあり、感情にもある。田舎育ちのわたしは、わたしを育てた田舎の表現なのだ。わたしの内部に「田舎」が住んでいてそれが表現されているのだ。

だから、田舎育ちの人間は、何かあると、その田舎に帰りたくなるのだ。お盆や年末の休暇に必ずといっていいほど田舎に帰る。しかし、もっと大切なことは、その田舎に「忘れられない人々」が居ることである。その人々が田舎育ちの人間を田舎に呼び戻す。

生まれ在所の山、森、川、魚、風、田園、畑、牛、馬、鳥そして水が呼び寄せる。わたしだったら、蔵王、最上川、月山、湯殿山、どっこ沼などに呼び寄せられる。

人はいつか生まれ在所に還るのだ。人間にとって最高の感情は「なつかしい」というものだ。なつかしいには、「心がひかれて離れがたい。かつて慣れ親しんだ人や事物を思い出して、昔にもどったようで楽しい。引き寄せたいほどかわいい。いとおしい」という意味合いがある。

わたしたちは、生涯にわたって、「なつかしい」を求めてさまよう旅人なのではないだろうか。その「なつかしい」の懐《ふところ》に抱かれて死すべき旅人なのだ。なつかしいの「なつ」は「懐」

である。

それは、山や森や川であるが、一番の「懐」は「ははおや」の「懐」である。長谷川伸の「瞼の母」に克明に描かれている、あの世界である。

29 寄り添いの旅

二〇一九・一一・八

幼児期に母から添い寝してもらった人は多いだろう。長じてから、母に「おまえとよく添い寝したんだよ」などと言われると、何となく照れくさくなる。

しかし、母からの添い寝の感じは、された子にとって意識レベルではなく、もっと深い無意識のレベルで記憶されている。母の温もりがその子の一生を左右することさえあるだろう。そういう母に育てられた子はそれだけで幸せである。

長崎の坂本にある「山王神社」に、原爆の被害を受けた二本の楠がある。解説には、「被爆して一本の柱だけで立つ鳥居の奥。どっしりと立ち、青々と若葉を茂らせる大きな二本のクスノキ。

山王神社のクスノキは、昭和二〇（一九四五）年の原爆を受けて幹の上部は折れ、熱線で焼かれ、ガラスや石が幹の中に食い込みました。

一時は葉も落ちてしまい枯木同然でしたが、短い時間で生き返り、樹勢を盛り返しました。その姿は、原爆によって「七〇年は草木も生えない」といわれた土地に住む人々に希望と勇気を与えました。

そして、長崎にとって大切な木として、市の天然記念物に指定されています。この被爆クスノキの二世は、苗として運ばれ、これまで国内外の平和を願うまちに植えられてきました。「被爆カキの木」や「嘉代子桜」と同じように長崎以外の街でも育っています。

平和の樹であり、平和のメッセンジャーでもあるのです」


とある。写真から、二本の楠が寄り添って聳え立っているのがわかる。楠が寄り添って被爆を乗り越えてきた事実は圧倒的に迫るものがある。長崎で被爆された方々にとってどれほど勇気と励ましを与えてきたか想像もできない。寄り添う楠は美しい。木肌がどれほど被爆の事実を物語ろうと、美しいのだ。この被爆楠には主根はなく不定根が幹から生え出て樹木自体を支えているということである。

この巨樹を一時も目を離さないで労り続けてきた長崎の人々の思いを考えると、現代の親子の寄り添えない姿があさましく思えてくる。親がわが子を殺害する、教員が他の教員をいじめる、教員が生徒に暴力を振るう、こういった現代日本の事態は、この被爆楠の命に対して何と言い訳をするのだろうか。

あなたに主根がないなら、あたしが不定根になって、あなたの人生を支えたいという被爆楠の声が届いてほしい。

わたしたちの生命は巨樹によってでも守られている。

二〇一九・一二・七

30 生まれてくる時代を選べない

トニ・モリスン氏（Toni Morrison 一九三一年二月一八日―二〇一九年八月五日）の『「他者」の起源―ノーベル賞作家のハーバード連続講演録』"The Origin of Others (The Charles Eliot Norton Lectures)"（二〇一七年）を読んだときに、わたしはアメリカを知らなかったと深く反省した。そして、わたしがアメリカ旅行時に出会った出来事を思い出した。

それは、ロサンゼルス（Los Angeles）で、わたしたちが乗り合わせたバスの中でのことだった。ひとりの黒人女性がハンカチを落とした。すると、すかさず七〇代ぐらいに見えた白人男性がハンカチを拾って、その女性に手渡した。その女性は"Thank you very much."と笑顔で礼をした。それだけの出来事だった。

後年、その出来事の深い意味がわかってきた。アメリカにおける黒人史の象徴的な出来事だったのだ。

それが、上記のトニ・モリスン氏の著作により、かなり深く理解できたということである。この「ハーバード連続講演録」を読んで、もしかすると、ほとんどの日本人はアメリカの真の黒人史をまったく知らないのではないかと思うようになった。

さらに、ダニエラ・ジョセッフィ（Daniela Gioseffi）の『世界の偏見と差別152のアンソロジー』（大西照夫監訳、明石書店、一九九六）の中にトニ・モリスン氏の一文を発見した。「道路脇のベンチ」より」という短い文章である。アメリカのどこにも黒人の跡を見つけることができない。すべて消し去られている。こういう一文と読めた。

このとき、わたしは、人間は「生まれてくる時代を選べない」と感じた。誰であれ、生まれた時代を精一杯に生きるしかないのだ。よく「時代が悪かったのだよ」という述懐を聞くことがある。

しかし、時代が悪かったり良かったりするわけではない。人間が、その生きている時代を悪くも、良くもするのだ。しかし、時代の意味に気がつくのは、高校生になった頃からではないだろうか。それまでは、親や教員の言うことをきいて、ただがむしゃらに勉強するしかない。

自分の生きている時代を、人間の歴史の中で相対化し、良し悪しを判断し、評価し、変革できるようになるまで、誕生後一八年から二〇年はかかる。しかし、誰でも自分の一生の問題で精いっぱいで他者の人生まで頭が回らないのが実態だろう。

ましてや、障がいを受けて誕生した他者に思いを寄せることなど無理だろう。自分の人生の舵取りに少し余裕ができた頃に、周りの他者に目が向くようになるのが実状ではないか。

でもこれでは駄目なのだ。誕生後、歩行ができるようになると同時に、他者の存在に気がつき、他者と自分との関係を感じ取り、自分の命と他者の命が同等の重みがあり、他者なしで生きることは空しいのだ、というような他者にまつわるさまざまな出来事を感じ取りながら成長、成熟しなければならないのだ。

わたしはAと生きていて、Aの人生、Aの命にとって、いまの時代は生きやすいのだろうかと自問することがある。わたしがどういう歴史観をもっていても、たとえば歴史は時代を追うごとに進歩するのだという進歩史観をもとうが、その反対の歴史観をもとうが、いまという歴史がAにとってもつ意味のほうが優先されなければならない。

Aは（も）生まれてくる時代を選べなかった。しかし、いまというこの時代に生まれたのは厳然とした事実である。あとは、歴史がどうあろうが生き抜くしかない。Aは誰かと「ともどもに」生き抜く仕事が与えられた。わたしも（は）Aと生き抜く仕事を与えられている。そして、いつの日か、歴史がA（たち）の命を最大限に燃やせるように変化するのを待つしかない。

Aはいまのこの歴史を呪っているようにはみえない。しかし、日々の快適さが保証されているとも感じていないようにみえる。昨夜の帰宅時に乗った電車の乗客には、ひとりも「生きる意味」を感じさせるような表情に出会えなかった。

全員がスマホに乗っ取られた人生を消費し、隣の若い女性乗客は右手でペットボトルをしっかりと押さえながら居眠りをしていた。降りる駅がアナウンスされると、突然跳ね起きて、早足でホームに降り立った。

ところが、Aの表情には「生きる意味」があふれている。

31 一秒待ってね

二〇一九・一二・二

新約聖書によれば、イエスは「人間のために安息日があるのであって、安息日のために人間があるのではない」という意味のことを言った、とある。ユダヤ教の掟に刃向かうようなこういう発言をすることは容易にできるものではない。

でも、イエスはそう言った、らしい。「らしい」というのは、わたしがイエスから直に聞いたわけではないからである。

さて、わたしは二〇一九年の冬の「天城子どもと親とのワークショップ」の還路に似たような行動をとった。三島から東名高速に入り、大井松田付近での交通事故に遭遇して、渋滞に巻き込まれた。いつも立ち寄る「海老名サービスエリア」に到着したのは、午後五時過ぎであった。

いつものようにSKさんのトイレをいっしょして、またSKさんを車に戻してバスの入り口まで行った。するとUYさんが、わたしに、「原さんから電話があって、W君が二階のレストランにいるから」という伝言を伝えた。

わたしはレストランのある二階に行った。すると、ちょうど、W君が料理皿をもって椅子に座るところだった。わたしは原所長に、「ここはわたしが応対するから戻ってください」と伝えた。W君とわたしは、テーブルを挟んで向き合った。このときすでにバスが出発する時間だった。そして、

T：W君、これから食べるの

W：うん、

T：バスが出発する時間だけど、いいの

W：（無言で食べ始めた）
T：おいしそうだね、
W：うん、おいしい
T：ぜんぶ、食べるの
W：うん、たべるの
T：うーん、それ唐揚げかな
W：うん、からあげ
T：でっかいね
W：うん
T：すこし、食べてあげようか
W：いい、だめ
T：うーん、ぜんぶ、ひとりで食べるの
W：うん
T：パパから電話があったよ
W：？？？

しばらく、わたしはW君がおいしそうに食べるのを見ている。バスが出発する時間はどんどん過ぎていく。でも、わたしは、W君が食べ終えるのを待つことにした。この瞬間にわたしは出発時間を無視する反則を犯した。

ふと、上記のイエスのたとえ話を思い出した。社会事項と人間との重さの量り方という歴史的な問題にぶち当たった。わたしの頭の中で、イエスがやったような革命的な行為とは違うが、批判されたり、非難されたり、悪口を言われたりすることが容認される行為であったと思う。また、反面、こういう場面で「どうするのか」という判断をどのように社会的にするのか、突き詰めて考えてこなかったような反省も起こった。

「バスにいる参加者に申し訳ない」という反省は十分にあった。しかし、頭の中のどこかでWの行為を容認している自分にも気づいていた。これが矛盾した行為であることは十分に承知しながら、わたしはWの「食事」行為に加担した。食事しているW君を見ると、満腹のように感じたので、

T：もう、おなかいっぱい？

W：うん

T：じゃ、おわりにする

W：うん
T：じゃ、せんせいが、お皿を返してくるね
W：うん

わたしは皿を返却棚に返した。「Wくん、じゃ、バスのところにかえろう」と促してエスカレーターで降りた。外はもう真っ暗であった。すると、白い大きなイヌが向かってきた。Wは飼い主に「かわいいね」と言いながら、その白い大きなイヌを撫で始めた。飼い主と会話を続けるW君に、「さっ、Wくん行こう」と促すと、「はーい」と明るく屈託なく言いながら、バスの方へ向かった。

所長の原さんが、還ってくるW君を待っていた。W君を原所長に委ねて、わたしはNHさんに「すいませんね」と謝罪し、ドライバーのHさんに「ごめんなさい、遅れてすいません」と謝罪した。

この間、一〇分ぐらいの出来事であった。「一秒待って」が「一〇分待って」に延長してしまった。さて、この一文を書いているいまのわたしは、この出来事をどう考えているか。安息日と人間との関係に近い論理を感じているが、どこか違うような感じもしている。

「一秒待って」を選択したわたしの行為決断は謝罪に終わったのである。しかし、わたしの

謝罪の意味は依然として不明である。謝罪が受け入れられたという事実は、やはり、社会的には、わたしの選択は誤りだったのだろう。もし誤りでなかったならば、わたしの謝罪は「いいえ」という応答を引き出したはずであるからだ。

32 エポケー——即断しないで

二〇一九・一二・一〇

こういう説明があります。「あらわれ方が変化しながら組織化され、一つの対象の知覚となるメカニズムを現象とよぶ」。

たとえば、わたしがAたちといっしょに「虹の郷」を散策しているとします。Aたちは庭園の景色の変化や、バスや電車の往来に感激して「うわっー」と歓声を上げたとします。わたしより年齢の若いAたちの感激は、わたしの比ではありません。でも、Aたちの感激はわたしに伝わるし、理解できる。でも、その理解を適切な言葉に置き直すのは不可能です。わたしが、どんなに言葉を探しても、Aたちの感激それ自体を表現できる言葉に出会うことはできない。

わたしの理解は、Aたちの感激は、きっと「こうだろうなあ」という近似値にすぎない。

でも、Aたちの感激と触れあうことができます。それは、わたしがいっしょに感激すると触れ合える。

こういう場合に、わたしの理解に不純物が混入することが多い。自分の思考力の弱さがそうさせるのです。日常的に使われている一般的な知識で、Aたちの感激をわかったつもりになるのです。

たとえば、「まだ、幼いからね、嬉しいのよね」、「Aたちは、電車やバスが好きなのよね。動く物がいいのよね」、「感激だけして、観察しないのよね」などなど。これでは真にAたちの感激を理解したことにならない。

ここには、Aたちの心底からの感激を共有する気持ちはまったくないのです。このようなときに役に立つのが、「即断しないで、Aたちの直の生の体験に触れあいましょう」という態度です。

「一秒待ってね」という即断延期の姿勢が有効です。Aたちの体験過程は刻々と変化し、感激から周囲の景色の鑑賞へと移行し、その鑑賞の眺めをわたしと共有するようになる。感激は側にいる人と共有したいものです。わたしがAたちの体験過程に入り込めなければ、Aたちの感激は雲散霧消してしまいます。

「エポケー」すなわち「即断延期」の一秒待ちの姿勢がAたちとの豊かな体験をもたらす。

これは、わたしのAたちとの長い交わりからの実感である。

33 人に囲まれて

二〇二〇・一・一四

ほどよく人に囲まれて生きる、これは誰でも望むところではないだろうか。「ほどよく」という一点が鍵である。他者への甘えもなく、他者からの甘えもない「ほどよい」関係が鍵である。両者の甘えが過剰になると関係が鬱陶しくなり、破壊される。「ほどよい」地点を保てるかどうかが継続する関係にとって非常に重要である。

人にはその人特有の魅力が備わっているものだ。笑顔がいいとか、気性が優しいとか、お付き合いがいいとか、何でも「うんうん」と聞いてくれるとか、わたしのことを心配してくるとか、本当にさまざまな魅力がある。

そして、人は、自分の好みの魅力を発揮している人の周りに集まる。同類あい集う。

「天城子どもと親とのワークショップ」の交わりにおいて、いくつかのグループが形成される。年齢、性別、興味と関心に応じてグループができるようだ。

また、いったんできたグループが解散されたり、別のグループと合流したりすることもある。

この場合に重要な鍵は「ほどよい」関係を保てるかどうかである。お互いに、行きすぎても、届かなくても「ほどよい」関係を作れない。

二〇二〇年の正月、「金沢動物園」へのハイキングがあった。ここでもグループ形成の原理は同じだった。「ほどよい」関係が求められている。「相槌の打ち方」や「応答のタイミング」や「興味・関心の共通性」や「好きな動物種」などがグループ形成の原理となっていた。「天城子どもと親とのワークショップ」であっても、「動物園」であっても、①人を囲むタイプの人と、②人から囲まれるタイプの人と二種類あると感じた。たとえば、Aさんは後者のように見えた。Aさんは、つねに、グループ内で語り部の役割をする。

聞き手になることは非常に珍しい。しかし聞かれると「寸鉄人を刺す」言葉（聞いた人がドキッとするような言葉）を吐く。これはAさんの自我がしっかりしている証であろう。Aさんがそのように体験すると、そのとおりに経験化（言語化）する。そして、それをAさんなりの言葉に置き換えて伝達する。だから、わたしは聞いてドキッとする。このAさんの鋭い言葉ははたして「ほどよい」範囲に在るものなのかどうか？

しかし、わたしはAさんの言葉に真実を感じる。「うん、Aさんの言うことはもっともなことだ」と受容できる。だから、わたしにとっては「ほどよい」言葉となる。

Aさんは「人に囲まれない人」に対して非常に優しいように見える。それはAさんがつねに「人に囲まれて」生きているからだろう。この優しさの源泉は何だろう。それはおそらく「他者を憎まない」で生きるという原理がもたらすのではないだろうか。

Aさんはつねに他者との関係性で生きているので、他者との関係の質に関して非常に敏感である。Aさんの「生き死に」は関係性の質によるといってもいいだろう。

そして、この事実は、わたしたち地球上のすべての人間に当てはまる生存原理ではないか。だから、わたしたちも他者を憎むような行為をしないように、あるいは、少なくなるように生きるべきである。わたしは、Aさんの生き方から大切なことを学んでいる。

34 釈迦入滅後の差別と対立

二〇一九・一一・一三

宗教界に差別などあるはずがないと思っている人は多いのではないだろうか。俗世間と違って清浄な宗教人にかぎって差別などあるはずがないと思っている。

しかし、実状は宗教界にも、いやいや宗教界にこそ差別がある。

たとえば、仏教を例にとれば、釈迦の入滅後に思想の違いによって、派閥ができて差別や対立が激化したと言われている。そして、これは部派仏教として現在まで引き継がれている。日本の仏教界でも宗派が分かれて、争いや対立が常態化していた。そういう非仏教的な世界に嫌気がさして飛び出したのが法然であった。

宗派ができると、宗派間の争いが必然的に起こり、宗派内でもトップ争いが起こった。要するに宗派間でも宗派内でも、信心そっちのけで、政治化してしまったのである。こういう宗教史、あるいは日本の仏教史を世俗界からみると嫌気がさしてくる。「なあーんだ、世俗と同じではないか」という落胆とも諦めともつかない気持ちにさせられる。

「釈迦に還れ」あるいは「イエスに還れ」という掛け声が必要だろう。釈迦は遺言として「法（真理）を拠り所とし、他人を拠り所にしない」と説いた。釈迦一代の総決算が二つの拠り所であったのだ。（1）自灯明、（2）法灯明の二つだけであった。

灯明は、子どもの頃に神社や寺のお祭りのときに境内に点された灯りである。真っ暗闇の世間を渡るときに、釈迦は比喩として「灯り」を使った。現代のわたしたちにとっても、非常に理解しやすい比喩である。地図もナビもない時代だった。

「おまえたちよ、灯りに向かって歩みなさい。そうすれば、必ず、幸福が待っているよ」という暗示がある。

ところでイエスの教えとは何だったのだろうか。「神への愛」、「隣人への愛」から、新約としての「相互愛」であったと説かれる。そして、イエスにとって愛の対象は虐げられているユダヤの人々であった。「貧しき者よ、幸いなり」と言ったイエスの声が闇の奥深くからいままでも聞こえてくるようだ。

一身を擲《なげう》って十字架上で殺されたイエスの腹の奥底にあった「愛」こそ、現代に生きるわたしたちの「拠り所」であろう。その身を捧げたと思われるイエスの犠牲がわたしの内部で反転して正気となったときに、いっさいの囲いから解き放たれた真の自己が立ち現れるであろう。

わたしは、学者でも研究者でも、宗教者でもない。でも、人間にとって普遍的な問いかけである「真の自己とは何か？」を問うてきた。目の前に問題が山積みになっている世俗に身を置くわたしに自己探求する時間は少ない。だが、わたしがAと「ともどもに」過ごす時間に「真の自己であれ」という命令が聞こえてくる。昼食時に、わたしの目の前で「大間のマグロ」をおいしそうに食べているAと共に居る時間に「真の自己であれ」という命令が聞こえてくる。

したがって、そういう時間におけるAは、わたしにとって座布団である。禅寺で座禅を組むときに座る、あの座布団である。わたしはAに座る。Aに座ると自分の内部から声が聞こえてくる。Aの姿勢が少しでも変わると、わたしの座禅は終わる。「ああ、また、真の自己に出会うチャンスを失った」という絶望に陥る。

わたしが、世俗でAと生きることは、絶望の連続である。しかし、その繰り返される絶望に、わたしは少しも絶望していない。Ａがわたしの「自己探求」の座布団として存在してくれるかぎり、わたしの探求は続けられる。

絶望は、けっしていっさいからの絶望ではない。

絶望の中にいると絶望は消えてしまう。ただ真の自己を追い求めている愚かな自分だけが見えてくる。

35 一刹那における「分解―合成」

二〇一九・一二・一一

谷貞志氏の『「無常」の哲学――ダルマキールティと刹那滅』（春秋社、一九九六）を読んだ。氏はのっぴきならない肉親の死の問題から「刹那滅」の問題へ入られたようだ。肉親の死や自分の死は必ずやってくる。これは人生の定めだ。誰もこの定めから逃れることはできない。三角形の内角の和が一八〇度であるのと同じように確実な事実である。

ならば、その死を見つめてやろうという意気込みも認めたくなる。単一の死ではなく、生死と一体になった人生の謎を説きたくなる。死でも生・死でもなく、背中合わせの生死が主題である。わたしは自分の死を体験できない。わたしは、自分の死を対象化することはできない。

しかし、わたしが生きているのは事実であるから、生死を主題化できる。生死において死を考えてみる。

この場合の死とは生物学的な死でない。わたしの「生」と重なった局面における死である。わたしの生死における死が問題である。よほど切羽詰まった問題がない限り、わたしは死に怯えて暮らすことは滅多にない。しかし、ある人、たとえば谷貞志氏はその一人なのかもしれない。

さて、わたしが生死を考えるとき一番気になる事柄は、利那における「分解と合成」という有機体の働きである。この「分解と合成」は生物学における生命の定義によるが、別の観点へ応用が利くように思う。それは、わたしがAにおいて向き合って、どのような問いを出すかにかかっている。

生物学において、分解が先で、合成は分解後に生じる。それなら、なぜ有機体（生物体）において分解が先で合成が後なのだろうか。わたしを悩ませたのは分解が合成よりも先に起こる事実である。

「分解―合成」間の時間はどのくらいなのか？　瞬時に「分解―合成」が繰り返されているとすれば、そこを「利那」と置き換えると、わたしの生死は利那・利那・利那――の「生と死」の連続であるということになる。

すなわり、一瞬間の死、その刹那に生のサイクルをわたしの「永遠の死」まで反復するということである。

有機体は刹那において生死のサイクルで生きている。わたしはその生命の神秘、事実に気づかないで生きている。わたしのこの生命の事実に対する無知が、さらなる無知を引き起こしているのではないか。わたしの無知がいっさいの始まりである。

わたしは、Aとの交わりから何を抽き出し、何を捨てるか。わたしの精神的「分解―合成」が両者の交わりの質を決定する。わたしが、Aにおいて、絶対に抽き出してはならないものは偏見であり、差別であり、排除であり、傍観者としての他者化である。

わたしが、これらをAとの交わりにおいて抽き出してしまったら、永遠にAと交わることはない。両者は交わりをもたない円になる。

わたしとAにおいて、互いの互いにたいする他者認知は「分解―合成」を繰り返し、より両者の実在に接近するように、止まることなく実在への距離を縮めなくてはならない。

人生という時間は、わたしとAにおける交わりを実在に近づけるために与えられている。

Ⅲ　愛の道

トントン広場にて「これだー!!」

あっ！取られたー

トントン広場での準備体操

「どれが多いかな？」あそぼ会でのおやつタイム

イギリス館にて原所長

絆生くんのデビュー

弘前のラーニングボックス研修会

泳ぎのあとで

コアラの動物園にてやっちゃんたちと

岳ちゃんあとでちょうだいね

❶ 目をつむって存在を見よう

二〇一九・一一・二三

人間には二つの存在がある。一つは「人体としての存在者」である。もう一つは「人間としての存在」である。

目をつむると「人体としての存在者」は見えなくなる。しかし「人間としての存在」は、目を開けていたときよりもよく見える。見えるというよりも感じると表現したほうが体験にあっているかもしれない。

わたしたちは、日常、「人体としての存在者」に敏感である。そして肌の色や、目の色、手足の長短、言葉の流暢さなどの差異に敏感に反応している。差異が嫌いなのか、あるいは許せないのかもしれない。こういう感情が湧いているときは「人間としての存在」の視点を忘れている。

ある人たちは、あるいは民族は、自分と自分たちに似ている「人体としての存在者」でなければ、偏見、差別そして排除の対象として葬るのだ。

そういう「人体としての存在者」に対する差別や排除の体験数を毎日積み上げさせられているのがAたちである。この偏見と差別を許すことはできない。

Aたちは、これまでの人生において、他者による数え切れない偏見と差別の眼差しを受けただろう。この被差別の感覚は受けた人でなければ絶対にわからない。Aたちは、偏見と差別を受けるたびに、「わたしには『人間としての存在』があるのよ。なぜ、『人体としての存在者』だけを見るの。どうか、わたしの『人間としての存在』を感じてください」と思ったことだろう。

差別－被差別の関係は、差別する側からは見えないことが多い。差別しているという意識なしに差別している。

しかし被差別側は、差別されていると直感的に感じる。そのように感じてしまうのだ。「よこはま児童文化研究所」の約束である「協働愛」と「ともどもに」生きるは、人の関係を差別－被差別にすることを断じて許さない毅然としたメッセージである。

偏見と差別から抜け出せないあなたたちは、Aたちの切なる声の「どうぞ、あたしたちを、目をつむってみてごらん。あたしたちがよく見えるでしょう。そして、あなたたちの存在と何も違うところはないでしょう。あなたたちとわたしたちに備わっている『人間としての存在』の同じところを見てお付き合いしてもらいたいわ」が聞こえますか。

「協働愛」と「ともどもに」生きる人たちには、人の「人間としての存在」しか見えない。

❷「名のある領域」と「名のない領域」

二〇一九・一一・二六

わたしたちは「よこはま児童文化研究所」の場でAたちと交わる。たとえば、ほぼ毎月第四土曜日に開催される「トントン広場」で運動をしたり、お茶会をしたり、ゲームをして楽しんでいる。

Aは季節にあった可愛い洋服に身をつつんで参加する。わたしにはAの着ている洋服を見て母親の愛情が見える。着ている洋服はAの成熟に応じて母親が取り揃えている。わたしは、子への母の愛情を感じると目頭があつくなる。

きれいな愛情のこもった洋服に身をつつんだ「名のある存在者」としてのAと、その洋服の中の「名のない存在」とはどういう関係にあるのだろうか。

わたしは洋服を着ているAをこの目で見ることはできるが、その洋服につつまれた奥に在るA自体を見ることはできない。表の「存在者」を見ることはできるが、その「存在」自体を見ることはできない。

Aの「名のない存在」すなわち「存在」それ自体から、Aのすべての生命活動がほとばしってくるとしたら、存在者であるAだけを見ていても、A自体を見たことにはならない。

Aの全生命活動がほとばしってくる「存在」を意識しながら、存在者としてのAと交わることが必要である。

だがわたしに「名のない存在」あるいは「存在」それ自体を感覚することはできない。Aの存在それ自体を、見たり、聞いたり、触ったり、匂いを嗅いだり、味わったりできない。夏目漱石の「吾輩は猫である」の「名前はまだない」を思い出してほしい。わたしの勝手な思い込みでAと「猫」を関係づけてみたい。

あるいは、G・スペンサー＝ブラウンの『形式の法則』の初めの部分において「混沌」という術語で語られている内容とも通じる話ではないだろうか。

この書は「宇宙は、これを指し示す営みとともに、存在を開始する形式と差異をめぐる画期的な考察」として紹介されている。

この漱石とG・スペンサー＝ブラウンの考え方と、「名のある存在者」と「名のない存在」が重なるように思えるが、どうだろうか。一考に値すると思うのだが。

さて、わたしが、「名のある存在者」としてAに接すると、真の触れあい、あるいは交わりができなくなる。わたしの人間としての限界（偏見、差別そして排除）がつきまとい、感覚優先型の「見え」が起こる。

だから、一度「名のない存在」に思いをいたしてみる必要がある。言わば、庭園に咲いた花

（A）だけでなく、土中の見えない「誰かX」（存在）にも意識を向けなければならない。真のAは「名のない存在」に実在しているからである。

さてここから、わたしの人間としての限界がもたらすわたし自身の問題を語りたい。

わたしが、X症候群という「名のある存在者」に配慮したり、目配りしたり、理解したりすると、Aが「名のない存在」から出ようとしなくなるだろう。Aは自分をX症候群と認知していないし、また、認知する必要もない。Aは、そのまま、Aでいいのだから。それ以外にAがAの在りようを決定することはできない。いまのわたしは、このように考えている。

愚かなわたしの「人間としての限界」がもたらす悪い交わり方を押しつけると、Aは身を守り、魂を守り、心が傷つくのを防ごうとするだろう。

わたしの限界は、そういうAの深い心の動きを知ろうとしないで、限界のある勝手な思い込みで、Aを身勝手に言語化するだろう。

わたしは、「Aはどうしようもないな」、「Aはわがままだな」、「Aなんか、もう、おれは知らないぞ」というような、偏見、差別そして排除の態度を露骨に示すだろう。

Aとの間に境界線を引いたのは、明らかに、わたしの人間としての限界である。Aには、交わりにおける問題は何もない。問題を創っているのは「わたしの人間としての限界」である。

さて、このような愚かなわたしにとって救いとなる導きの糸は何か。それは、「よこはま児童文化研究所」の二つの思想語である①「ともどもに」と②「協働愛」である。

ただし条件がある。わたしがこの二つの思想語を実際の場で生きられるかどうか。それは非常に厳しいものである。その条件をわたしが乗り越えられるかどうかによって救いになるかどうか決まる。

Aが、この愚かな人間として限界のあるわたしと「ともどもに」生きてくれるか、そして「協働愛」の相手として認めてくれるかどうかにかかっている。

わたしの争いの元凶はわたしの「内なる自由」が妨げられたという被害妄想にある。外側からわたしの自由を破壊することはできない。わたしの「内なる自由」を他者が破壊することは不可能である。他者がわたしの「内なる自由」を妨害しても、自由が消滅することはない。自由はつねにわたしと一体になって存在している。

Aは「名のない存在」において、たっぷりと自分の「内なる自由」を満喫している。

Aをどのように誹《そし》ろうともAの「名のない存在」における自由は、揺るぎはしない。Aはいつも、にこにこして、あの粘土を握りしめている。

❸ すべてYJKから

二〇一九・一一・二九

ここに書いたすべての文の源泉は「よこはま児童文化研究所」との交わりにある。

「よこはま児童文化研究所」で「ともどもに」生きているAたちは、わたしに宝物のような体験を与えてくれている。何年にもわたって「ともどもに」居てくれたために、わたしはここに書いたような文を書きたくなり、そして、書いた。

「よこはま児童文化研究所」で交わった人々、出来事、体験がこの文を書かせた。書いているうちに、わたしの内部に、書きたい、書いておきたい、必ず書こうという強い衝動があることに気がついた。

そして、書き進めるうちに、「よこはま児童文化研究所」のAたちとの体験は、自分にとって驚くべき意味があったことに、しだいに、気がつきはじめた。

わたしは、さまざまな領域における学者や研究者が書いた文を読んでいるが、その文章を読んで、わたしに変化が起こることは僅かしかない。そこから霊験を得ることはほとんどない。

ただし、ある作家のあるフーレズが「よこはま児童文化研究所」における体験とつながり、わたしの文章に刺激を与えることがある。

しかし、その著者のフレーズで言っている内容とまったく違った文意になることのほうが多い。

それでも、気に入ったフレーズに出会うと、わたしの内部のマグマに刺激を与えて、文章が噴火することもあった。そのマグマのほとんどは、「よこはま児童文化研究所」で「ともどもに」「協働愛」で交わってきた源泉である。「よこはま児童文化研究所」で交わってきた時間は、明瞭・明確な表現になりにくいのだが、その源泉から離れることができない。

だから、この文の生みの母親は「よこはま児童文化研究所」との交わりである。そして父親は「よこはま児童文化研究所」という場を与えてくれたすべての人である。

したがって、この文の素性は、はっきりしているのだ。この文の父と母は「よこはま児童文化研究所」の「場」と「交わり」である。

❹ YJKの児童体験を語りうる論理構築

二〇一九・一二・五

すべての活動を通して「児童との体験を語りうる論理の探求」を「よこはま児童文化研究所」は目指してきた。活動の内容を正確に表現する課題に取り組んできた。たとえば「哲学科学研究会」においてこの問題を考察してきた。

児童のすべての体験を「児童体験」と見做し、「よこはま児童文化研究所」のすべての活動は、「児童体験を語りうる論理構築」に向けたものであった。これからも、同じ課題で探求し続けるだろう。

日本の歴史において「童」という語句を用いて、各種の文献で童（児童）の実態が記録されてきた。

たとえば、熊谷雄二氏の『音楽の子ども――「小学唱歌」から「子どもの情景」まで』（言叢社、二〇一〇）に詳しく論じられている。

「よこはま児童文化研究所」において「児童との体験を語りうる論理の探求」が求められるのは、つねに、正確に児童とコミュニケーションしたいと願うからである。

児童の行為は謎に包まれている。この児童の謎の行為に出会うと、その謎の魅力から離れられなくなる。

注意しなければならないのは、児童は大人たちを見ている事実である。大人と児童は相互に見合って活動している。大人は、自分が児童から見られているという視点を見逃しやすい。一方的な見ている視点だけで児童と遊ぶと、コミュニケーションがうまくいかない。

児童も「大人との体験を語りうる論理」を求めている。たとえば、「いま、Aちゃんは、B

さんと何をして遊んでいたの？」という質問に対して、

A：えーとね、ぼくがね、遊びたいって言ったら、Bさんがね、C君といっしょなら、遊べるよって、言ってくれたの。だからね、三人でね、ゲームするの

というように、時間軸にそって、人物を重ね合わせて説明できる。

二、三歳頃から「よこはま児童文化研究所」に通い始めて、小学生の高学年の頃になると、「大人との体験を語りうる論理」を持っていることに気づかされる。

それは、大人との体験を経験に焼き直しして、意識という鍋の中で、いろいろと反省した結果である。児童は自分の頭の中で体験をイメージしながら、言語を用いて新たに組み立てることができる。

大人は「児童との体験を語りうる論理の探求」を目的とし、幼児・児童は「大人との体験を語りうる論理」作成を目的としてきた。

日本語という共通言語の力を借りながら、児童と大人との交わりの実態に沿った感情、言語、論理を確立しようと努めてきた。

「よこはま児童文化研究所」の大人は、自分たちの存在、遊び、言葉使い、表情、行為を大

切にしてきた。

「一秒待ちましょう」という児童の行為への対応が求められてきた。動き出すまでの一秒を大人が待てるかどうかが、双方の善いコミュニケーションの鍵であることに気がついた。これを実行するのは、かなり難しい。児童の遊びに介入するのを「一秒間待つ」のは思ったよりも難しい。

なぜなら、「児童体験」を実態に即して正確に理解し、語りうる適切な論理や言語が不足しているからだ。大人は、年長であることをかさにきて「上から目線」で威圧的に児童の行為を威嚇するしかなくなる。

「よこはま児童文化研究所」の目指してきた「児童との体験を語りうる論理の探求」を社会に還元することは重要であろう。「待つ」間に状態や事態は変化する。その流れている変化の川に敏感に反応できれば善きコミュニケーションが引き出される。

頻繁に起きているわが子への虐待、わが子を殺す社会に、「児童体験」の善きコミュニケーションの要となっている「一秒待ちましょう」を提案したい。待ちの一秒間に、大人は自己を瞬間的に振り返ることができる。そして、そこにこそ真のわが子の姿が現れる。

5 和《なごみ》の美しさ

二〇一九・一一・二三

1. 音楽における三要素

西洋音楽では、リズム（律動）、メロディー（旋律）、ハーモニー（和声）をもつものが音楽とされる。メロディー、ハーモニーそしてリズムが音楽の三要素である。実際の演奏では、この三要素はそれぞれに分離して聞こえてくることはない。複雑に三要素が絡み合って聞こえてくる。

また、ある音楽作品の中にはこの三要素が含まれないものもある。たとえば、タイコだけの音楽はリズムが主となるものである。

音楽作品を聴くことで、わたしたちは人関係における和の秘密を体験することができる。

2. YJKの和

「よこはま児童文化研究所」の「ともどもに」生きる約束において、最も重視されるのは、メロディー、ハーモニー、リズムの三要素の中でハーモニーである。

「天城子どもと親とのワークショップ」において、自然に醸し出された参加者たちとハーモニー（和）の美しさを体験することができる。その和は、いつまでも、その体験者たちの心の中で反復される。

和の美しさは、「美」を跳びだして、「善」と結びつき、「真」の人関係をもたらす。そして和は、「ともどもに」生きる場にあふれ始める。和《なご》み、結びあい、真を求め、「ともどもに」生きることが、真であり、善であると確信する。

わたしは「天城子どもと親とのワークショップ」において、幾度となく、参加者たちから自然に醸し出された「和の美しさ」を見た。

こんな例がある。天城山荘での集会において、翌日の「太郎杉ハイキング」が恒例になっている。車イスの参加者が三名になることもある。若者や大人が、自然にさり気なく、誰かの車イスを押しながら太郎杉まで登攀し、小休止を挟んで、またその車イスを押しながら、平坂さんが待っているバスまで戻る。

若者を中心とした「太郎杉ハイキング」に見た風景は、わたしにとって「和の美しさ」と表現するほかない。

「よこはま児童文化研究所」は「和の美しさ」を忘れていない。「車イスに集う参加者たち」だけでなく、いっしょに登攀する参加者と「ともどもに」歩きながら、あの懐かしい太郎杉までの時を共歩できる。

これもまた「和《なごみ》の美しさ」の表現である。「行動における芸術」と言ってもいい。そして、いつの間にか、そのいっしょに歩いた参加者が、わたしの背をはるかに凌ぐほどに大きくなっているのをみる。

「太郎杉ハイキング」の道を「ともどもに」歩いた参加者が、わたしよりもデカクなっているのを見ながら、静かに時の過ぎ越しを感じるのも「和の美しさ」であると感じる。わたしは「よこはま児童文化研究所」の「ともどもに」と「協働愛」が続いていってほしいと願う。

二〇一九・一一・二七

6 主旋律は「ともどもに」と「協働愛」

モーツァルトの音楽に主旋律がある。作曲は主旋律の展開に妙味がある。

「よこはま児童文化研究所」の第一主旋律は「ともどもに」であり、第二主旋律は「協働愛」である。

わたしたち「よこはま児童文化研究所」にかかわる人々は①「ともどもに」②「協働愛」で生きる交わりを主旋律とし、他のいろいろな場面に応じてその変奏を奏でている。

わたしたちの時を第一、第二の主旋律とその変奏が彩り、その変奏ぶりを味わい、そして、変奏の変奏を奏でる。変奏を変奏しても、主旋律の「ともどもに」と「協働愛」を見失うことはない。

「よこはま児童文化研究所」に交わって生きている人々は、いつ、どこで、誰といても、この主旋律の「ともどもに」「協働愛」を見失うことはない。

「よこはま児童文化研究所」は「ともどもに」「協働愛」で生きる主旋律を伝道していることになる。

「ともどもに」が「Always（いつでも）」でなければ伝道できない。自分に都合のいいときだけ「ともどもに」と言ってみても、誰も信じてくれない。「いつでも」、「どこでも」、「誰とでも」、「ともどもに」「協働愛」の主旋律が流れていなければ約束とは言えない。

下の三つ巴の絵を見てほしい。「巴は、コンマあるいは勾玉のような形をした日本の伝統的な文様の一つ」といわれる。黒い図柄と白い図柄が知覚できるだろう。見ようによっては、黒い図柄が見えたり、あるいは白い図柄が見えたりする。また目を少し離してみると両方の図柄が一つになって見える。

三つ巴

問題は、この三つ巴の黒い図柄（勾玉）と白い図柄との境界線を為しているのは、どちらの図柄なのかということである。

境界線をなしているのは、どちらでもあり、どちらでもないように見える。重要なことは、どちらかだけが見えてしまうと、全体の絵が見えなくなってしまうということである。全体の絵を見るのは難しい。絵のどこを見れば全体が見えてくるのか。

そして、いま、自分に見えている「見え」が、本当に絵全体をみているかどうか判別できない。すると黒い勾玉の部分と白い部分とが別個に見えてしまう。

さて、主旋律は「ともどもに」「協働愛」である。では、この太鼓の絵の主旋律は何か。あるいは主旋律を形成しているのは何か。

巴という主旋律が成り立つためには、勾玉と白い図柄の両方が必須であり、その二つが対立したり、闘争したりしないということである。両方とも互いに互いを補い合うと、三つ巴が表れてくる。

勾玉1がT、勾玉2がH、勾玉3がA、そして白い図柄をQとした場合、この四者が一つになって三つ巴をなすためには、境界線上で争ってはならないということがわかる。四者が、それぞれに、他のために存在していることを見抜かなければ、「ともどもに」「協働愛」で生きることができないことがわかる。「ともどもに」と「協働愛」という主旋律を四者で奏でなければ、三つ巴の世界は消滅する。

勾玉1は、勾玉2があり、勾玉3があり、そして白い図柄があって、はじめて存在できる。この関係は四者それぞれが関係する真実である。

「よこはま児童文化研究所」の「ともどもに」と「協働愛」という主旋律を奏でているのは各参加者一人ひとりである。

7 「ともどもに」への感動

二〇一九・一二・七

孤独な暮らしはつまらない。孤立したら暮らせない。暮らせなければ、どうするの。やはり、家（自分という家）から出て他者と「ともどもに」楽しく生活しようよ。

みんなで「天城子どもと親とのワークショップ」に行くと、とっても楽しいよ。AがOさんへ書いたお便りにも、「みんなで」、「楽しい」という語句がたくさん見られた。

もしかすると、その便りを受け取ったOさんが、こんど、「天城子どもと親とのワークショップ」に参加するかもしれない。そうなると、Aの書いた「ふみ」がOさんの胸の奥にストンと落ちたことになるね。そうなれば、Aも「ふみ」を書いた楽しさが増すね。

「天城子どもと親とのワークショップ」では、大勢の友だちと遊べるから、楽しくてしょうがない。ひとりでポツンと居る時間なんかないね。いつも、誰かと話したり、スポーツをしたり、風呂に入ったり、食事をしたり、バスに乗ったり、太郎杉まで山道を登ったり、「浄蓮の滝」の流れる滝の水音を聞いたり、こういった活動をみんなとできると感動するね。

家族だけの旅行と違う感動があるね、とAは感じている。「よこはま児童文化研究所」の活動のほうがより本物の人生みたいに感じられるかもね。だって、すばらしい仲間がいっぱいいるんだからね。

人が怖いと思わないで居られる場所はいいね。世の中に怖い人がたくさんいるじゃない。そういう人がいない所で楽しい時間を体験できるのはすばらしいよ。

おいでよ、そしていっしょに、楽しく遊ぼうよ。

いつでも待っているよ。

あたし、あたしはねAというんだよ。

忘れないでね、あなたの横にいつもAがいっしょに居るからね。

「ともどもに」生きていこうよ。

それが、生きる力になるよ。

そして、「ともどもに」の味をお友だちに分けてあげられるよ。

8 「協働愛」に生きる

二〇一九・一二・一五

救済はすでに済んでいるという考え方がある。ある偉大な人が全人類の救済のために自らの命を捨てたという。

だが、この人類への救済が済んでいるという信仰はすべての人にとって既知のものではない。そこに問題がある。

「救い」と「救済」とは同義語である。希望を失った人に向かって手を差し伸べることである。これまでの自己の人生を崩さないで今日より明日への希望をもって生き続けられる「心の拠り所」が救済の目的であろう。

政治的には「福祉」であり、宗教的には「救済」である。わたしたちの人生は、この両面のバランスのとれた社会において営まれなければならない。福祉と救済はコインの裏と表の関係にあり、バランスのとれた配分が求められる。両者のほどよい関係が必須である。

わたしの机の前に二枚の絵が掛けてある。一枚は「洗礼者ヨハネ」であり、もう一枚は「十字架上のイエス」である。

「洗礼者ヨハネ」の絵は、彼の目が左側により、口元が左右ともキュッと上がり、微笑んでいるように見える。また、右手を肘から上に上げて、人差し指を真っ直ぐ天を指している。「十字架上のイエス」の絵は、両手を十字架に釘打ちされ、両足を重ねられて釘打ちされ、丸裸の体の腰の部分が布で覆われ、顔は幾分か右寄りに傾いている。「洗礼者ヨハネ」の微笑んだ表情と違い、苦しみの表情が見て取れる。イエスはなぜ苦しい表情をしているのだろうか。

この二枚の絵は「救い」と「救済」に関するテーマである。聖書によれば、洗礼者ヨハネはイエスの到来を待っていたと書かれてある。両者の目的は共通してユダヤ人を「救済」することである。しかし、両者の救済の方法は違っていたと説明されている。

私見によれば、「洗礼者ヨハネ」は旧約思想における救済であった。しかし、イエスの救済は新約思想によるものであった。この違いは、後世の関係者も語っていることなのだが、否定しようにも否定できない。両者の救済の方法が違うというのである。

両者の根底には、軍事革命による救済法、あるいは愛による魂の救済法の違いがある。この救済法の問題は歴史を通じて論議され、実行されてきたが、決着がつかず、今後も引き続き論議され、繰り返される重要な問題である。

こういう相反する救済法が併存する日本という国家にAとわたしたちは生きている。

イエスは救いの象徴的な存在であったのか？　それとも、ひとりだけで全人類の救いを達成させたのか？

また、全人類はすでに救われているという本当の意味は何か？

全人類は自分がすでに救われているという実感をもって生きているのか？

難民の人たちは、救われていると実感しているのか？

バングラデシュの路上生活者の人々は救われているという実感を持てているのか？

数々のチャリティーコンサートを行ったオペラ歌手の佐藤しのぶ氏は、バングラデシュの子どもたちの顔や、チェルノブイリの原子力発電所の爆発によって被災した子どもたちの素顔から、彼らに救いがあったと感じたのか？

現実には、世界で生きている人たちは救いの中に生きているようには見えない。一二月四日にアフガニスタンで殺害された医師の中村哲さんの死をどのように考えればいいのか？

彼に救いがあったのか？　彼はアフガニスタン人を救ったのか？　挙げればきりがないほど真の救いは遠いように思える。

ここで発想を変えて、「救い主」を待つ生き方から「ともどもに」の救いへと変えてみたらどうか。たったひとりの象徴的な「主」だけに救いを求めるのではなく、「ともどもに」生きる中で互いに互いを思いやり、手を差し伸べあって生きるのはどうか。

「よこはま児童文化研究所」はすでにこの道を歩み続け、この歩みには長い歴史がある。

「よこはま児童文化研究所」の救いは「協働愛」によって実行されている。

「天城子どもと親とのワークショップ」、「トントン広場」、「あそぼ会」、「みんなのコンサート」、青年部の「ボーリング大会」と「プール大会」、「ゼミナール・コンサート」、「哲学・科学研究会」、「ラーニング・ボックス研究会」、「大岡講演会」、「N・M・Sセミナー」などで実施されてきた。

わたしたちは「よこはま児童文化研究所」における「救い」のテーマ「協働愛」と「ともどもに」生きる交わりを深めてきた。この交わりは「誰かが↓誰かを」救う構造にならなかった。参加者が一体となって交わってきた。これからもそういう「協働愛」の構造において交わりは続けられるだろう。

「よこはま児童文化研究所」の交わりから見えてきた重要な事実は、「救い」(絶対に誰かが誰かを「救う」ことでない)は行為において表現されるということである。両者が「ともどもに」救いの中に生きて交わっている実感は、行為において達成されるが、書物を読む中にはない。書物をいくら読んだとしても、そこから人の顔をした「救い」は出てこない。読み手に「救われた」という感覚が受動的に起こることがあるが、両者が顔を合わせて深く交わった一体感のある「救い」という場は現れない。

「よこはま児童文化研究所」における交わりに、「救い主」を求めることはこれからもない。なぜなら、長い交わりにおいて「救い」という奇跡は参加者たちの「協働愛」による行為において達成されることを知っているからである。
両者の交わりの行為の中にこそ「救い」があった。これが「よこはま児童文化研究所」から歴史への最大のメッセージとなるだろう。

❾「児童文化」について

二〇一九・一一・四

1. わたしと「YJK」の関係

わたしは、なぜ自分が「よこはま児童文化研究所」に居るかを考えなければならない。わたしと「よこはま児童文化研究所」との関係をしっかり確定しなければならない。この関係への問いは「わたしが、なぜ、生きているのか」と同列の問いである。わたしがYJKに存在しても、しなくとも何も変わらないならば、わたしの存在する意味がなくなる。わたしがYJKに居ることで何がどう変わるのかを考えなければならない。

わたしはYJKに居て、何がしたいのか。何をしなければならないのか。反対に、YJKがわたしにどういう影響を与えているのか。この問いに対して明確な表現をしなければならない。わたしがこの世に生まれてきた意味は何か。

2.「ＹＪＫ」における「児童」と「文化」

その秘密を解く鍵は「児童（children）」と「文化（culture）」にある。

児童期は、「「児童期」とは、子供が小学校に通う期間であり、児童とは満年齢で六歳児から一一歳児まで、数え年では七歳から一二歳までの子供である」（『ウィキペディア』「児童の発達」よりWikipediaより）と説明される。児童とは小学生を指すのである。

次に、文化は「文化（ラテン語：cultura）にはいくつかの定義が存在するが、総じていうと、人間が社会の成員として獲得する多数の振る舞いの全体のことである」（文化）。

文化とは、「人間が社会の成員として獲得する多数の振る舞いの全体のこと」を指す。

したがって、「児童・文化」とは「小学生が、社会の成員として獲得する多数の振る舞いの全体のこと」を指す。

まとめると、「よこはま児童文化研究所」は、横浜地区における小学生が獲得しなければならない振る舞い全体を研究することを目的とする。

ここで使われている「振る舞い（behavior）」は行動、行為である。小学生が自らの身体を使って他者と交わる行為である。「よこはま児童文化研究所」がこれまでの一七の活動で、児童たちと身体を使った行動だけを実践してきた理由は、「振る舞い」の獲得に力点を置いたからである。

3.「振る舞い」の実例——反差別的な振る舞い

「よこはま児童文化研究所」の一七の活動への参加者は偏見、差別そして排除の体験をしている(かもしれない)。たとえば、「天城子どもと親とのワークショップ」活動において、偏見、差別そして排除を体験しなかった。「偏見、差別そして排除しないようにしましょう」と説明したことも、お願いしたこともない。しかし、偏見、差別そして排除はなかった。なぜだろう?

4.「差別する人間」への振る舞い

「差別する人間」は至るところにいる。差別する人間は、差別行為から快感が得られる。差別すると快感が得られる強化随伴性が成り立つ。だから、差別行動はなくならない。こういうメカニズムになっているのだろう。

しかしここで考えてみたい。人間Xが、人間Yを差別する。しかし、人間Yは差別されたと感じない。すると、人間Xは差別行動から快感が得られない。そして、強化随伴性が成立しない。

差別は「差別する人間」の行動だけで成立しない。差別行動が「差別される人間」を作らないかぎり、差別－被差別関係は成立しない。「差別する人間」が「差別される人間」を作れない関係では、差別行動は成立しない。

Aたちは、「天城子どもと親とのワークショップ」において差別－被差別関係が成立しない事実を体験している。差別行動をなくすのは法律でなく、「振る舞い」である。このメッセージを発信しなければならない。

二〇一九・一一・一二

10 己を空しく

Aたちと「ともどもに」生きられるのは、自己を空しく（された）わたしが存在した場合だけである。

遠い昔の学生時代に指導教官から「援助するは、間違いである。ただ援助なのだ」と言われたことがある。「する」という何かに働きかける行為は必要ないということらしい。当時は「援助」と「援助する」の違いはわかりようがなかった。学生は経験からよりも、書籍や言葉から理解しようとするから、わかりようがなかった。

現在の自分は、この「援助」と「援助する」との違いがわかっているような気がする。たとえば、わたしが、海辺に咲く花が海の風に揺れているのを眺めて「可憐な花だ」と感じる。しかしその花はわたしに可憐さを表現しているわけではない。

その花は、ただ、海風に揺れているだけ。ただそれだけであるが、その「ただそれだけ」が無言の可憐さを感じさせる。わたしが、なぜその花に可憐さを感じるのかはわからない。言葉では説明できない。

明日、同じことが起こっても、その花を可憐だと感じないかもしれない。今日、その花の揺れ動きから可憐さを感じたことを説明できない。「不可説」なのである。詩人ならば、圧倒的な言葉力によって、説明できるかもしれない。

でもわたしには不可能である。

もしも、海の風に揺れる花がAの存在であったとしたら、わたしは、Aのいろいろな仕草から可憐さを感じるだろうか。感じるかもしれないし、感じられないかもしれない。どちらとも言えるし、どちらとも言えない気がする。ただ、感じたいと感じているわたしの感じは感じることができるのだ。

Aとわたしとの間に、いっさいの夾雑物（不可解な言葉）がなければ、感じることができるそうな気がする。Aは理解されるよりも、一刻一刻の自分のありようを感じてほしいのではないか。理解というような知的なアプローチではなく、感じるという肌に迫ってくるような眼差しを求めているのではないか。

わたしは、海の風に揺れる花を理解するよりも、その海辺の光景の一シーンとしての花それ自体を感じたい。その時、その場は、Aを被説明体として理解する暴挙を差し止めているように感じられる。

Aの心を動かすのは、わたしのAの理解行為ではなく、感受行為なのではないか。わたしの無条件の感受が、Aから無抵抗な行為をいただけるのではないだろうか。

知識は自然科学においては必須であるが、他者との関係においては、知識よりもわたしの存在のあり方、ここでは無条件の感受体であることが必須である。

「ともどもに」生きるためには、知識よりも感受行為が必須である。

二〇一九・一一・二七

⓫ わたしの生きた証として

わたしが書いたこの文章を誰も読まないかもしれない。

それはあり得ることである。なぜなら、わたしはこの文章をわたしのこれまでの生き方の総点検として書いているからである。誰も関心を持たないだろう。

しかし「よこはま児童文化研究所」にかかわっている人たちに読んでもらいたいという強い願いがある。「よこはま児童文化研究所」の人々には、わたしの書いた文章の行間まで読んでもらえるような気がする。

「あっ、この文章は、あの時、あそこで、あの人たちとの出来事に違いない」というように読んでもらえたら望外の喜びである。体験を共有してもらえる喜びがある。

わたしの人生の持ち時間の大半を「よこはま児童文化研究所」で過ごしてきた。

おそらく、これからも、「ともどもに」過ごすと思う。なぜかわからないが「よこはま児童文化研究所」から離れられない。違った場所で、違うように生きることもあり得たが、なぜか、そういう方向に気持ちが向かなかった。

天城山中に降った雨が、山中のあの川を流れるような自然さで「よこはま児童文化研究所」で生きてきた。とても自然な生き方であった。

「よこはま児童文化研究所」には、何よりもわたしの大好きな音楽がある。

「ゼミナール・コンサート」、島津賢作さんの「朋」における年に一度の音楽会、年に三回の「みんなのコンサート」が魅力的だ。

また大学や研究室以外での学習ができることが、わたしを「よこはま児童文化研究所」に留めおいたと思う。

一つは毎月の「哲学科学研究会」であり、もう一つは「ラーニング・ボックス研究会」である。

さらに研究所の外で実施される「大岡講演会」における多くの人たちとの交わりは、わたしの生き方を突き動かした。

さらに、「トントン広場」、「あそぼ会」、そして「天城子どもと親とのワークショップ」がある。

わたしが思い描いた生きる目標が叶えられる集まりがある。まるで小説の世界の実践版のような人生なのだ。誰一人として書くことができなかった小説なのだ。

だから、わたしは「よこはま児童文化研究所」から離れられなかった。この場それ自体が、わたしが生きていたという確かな証である。

わたしがこれまでに知り合えた人々は、いつも、わたしの内に生きている。たぶん、わたしもまた、彼らの心の内に生きているかもしれない。この「協働愛」の関係こそがわたしが生きていたという証である。

わたしは、いま、福音書記者たちが、思い思いにイエスの伝記を書いたように、わたしと生きてくれた人々の姿を文に置き換えている。そうしていると、一人ひとりが風景の中に立ち現れてくる。あの時、あそこでのA、B、Cさんたちが立ち現れてくる。出会った一人ひとりがイエスなのだ。これはすごいことだよ。

その風景は世界に一つしかないわたしだけの至宝である。文で互いに生かし合っている風景画を描いているような気がしてくる。

わたしも「よこはま児童文化研究所」で暮らして「協働愛」に支えられ「ともどもに」生きる約束を守ろうとしてきた。物理的にいつもいっしょに居ることは不可能でも、もっと別の意味で、いつも「ともどもに」生きているという証がある。

Aさんたちの心の空間に、いつでも、よき便りを送信できる。そして、わたしが送信すると即座に返信がくる。こういう送信−返信の方法があることに気づかされた。

人生の大半は自然な受け身で十分なのだ。外からの刺激を、わたしの内なる自由な空間に、受けて、受けて、受けとめているうちに、いつのまにか外の刺激と、わたしの内なる空間が一体となるだろう。

「よこはま児童文化研究所」にあらためて感謝する。

二者を分かつ境界線は初めにはなかった。それはつくられたものだ。生きた証とは、そのない境界線に忠実な生き方にあると知った。

⑫ Aさんの実在に触れる

二〇一九・一〇・二三

この一文は、わたしが、従来のアプローチを捨てて、わたしだけの新しいAたちへの「愛の道」を手探りしたものである。もがきが至るところに表れているが、それもわたしであるので、そのまま掲載したい。

1. わたしがAさんを見る

わたしがAを見るときに陥るのは、知識や観念や概念や先入観（偏見）で見てしまうことである。

出来損ないのわたしは、どうしても知識などの眼鏡を通してAを見てしまう。だから、わたしが見たAはわたしが捏造した観念にすぎない。少しもAの実在に触れていない。いままでの出来損ないのわたしは、こういう自分の認識法の醜さに脅迫されてきたと思う。しかし、現在は、未だ、完了しているわけではないが、「こうみればいいのではないか」という道筋だけは立てられるようになった。主観客観図式でAを見てはならない。

2．わたしとAさんとの間に「誰かX」を立ててみる

上記（1）のようなAに対する認識の仕方では、Aの存在自体をありのままで認識できない。ならば、どうすればAの実在をありのままに経験できるのだろうか。

確かな信仰のない自分は、宗教という言葉を、現在は使うことができない。概念的でない思考法、観念的でないアプローチ、主客合一な認識法、主客未分な理解法などに対立する「見る」を「醜いアプローチ」と捉えることで、この自分の醜い（見にくい）アプローチからの脱却をはかる。

そのために、いまは、醜いアプローチに対立するアプローチを「誰かX的アプローチ」と表現しておく。

以前、奥村一郎氏の著作に「キリスト教は見る宗教」であり「仏教は聞く宗教」であるという趣旨の解説があった。これは聖書に使われる言葉に「見る」という動詞が多用されていることから言われたことだと思う。また、仏教書には「聞く」という動詞が多用されているから、仏教を聞く宗教と捉えられたのだと思う。

この考え方から言うと、わたしがAの実在を知るためには「見る」ことと「聞く」ことと、両方を用いなければ、知ることはできないと思う。

ありのままのAの実在に触れるためには、わたしは主観と客観との分離がなされる以前の

場でAを抱きとらなければならない。これを「誰かXの眼」と呼んでおく。

3. わたしの眼ではダメだ

「わたしの眼」ではない。「わたしの眼」はすでに手垢にまみれた使用不可能で使用禁止になった「眼」でしかない。そこには、「心理学の眼」や「精神医学の眼」や「統計学の眼」や「社会学の眼」や「政治学の眼」や「精神分析の眼」や「教育学の眼」や「障害児学の眼」などなどが含まれている。

わたしは、以上挙げたような「眼」の前に来る学問を否定する気はない。ただ、いまのわたしにとっては、こういう「学問の眼」を自分に取り入れてしまうと、Aの実在に触れて、Aのありのままを抱きとることができなくなるので、脱ぎ捨てたいということである。

なぜ、Aの実在に触れて、Aのありのままを理解するために、多くの学問をしなければならないのか、いまのわたしは理解できなくなっている。もしも、このいまのわたしが、多くの学問の力を使ってAを理解しようとしたならば、いまのわたしは、そういうアプローチを受け入れることができない。

4. 他者理解と学問との関係

なぜ、他者一般を理解するために、学問が必要なのか？　そこのところを誰も明瞭・明確に説いているとは思えない。

なぜ、Ａのありのままの実在に触れて、そのまま抱きとろうとしないのか。科学的に正しい（?）という名目で、諸学問という眼鏡をかけなければならないのか、しっかりと理解する必要があると言いたい。

もしも、わたしがそういった諸学問と一体でなければ、Ａを理解したのは、わたしではなく、諸学問の眼鏡ということになる。そして、わたしと諸学問とが一体となることなど不可能である。

Ａは、けっして学問に理解してもらいたいのではなく、この生身のわたしに感じてほしいのである。

Ａにとって、諸学問は目には見えない。見えないものに理解してもらったという実感をもつことはできない。Ａは、わたしという目に見える身体をもった人間に感じてほしいのである。逆に、わたしもＡという人間に感じてほしい。

わたしはＡという実在に触れて、Ａのありのままの実在を抱きとりたい。わたしとＡとの距離ゼロの場で、互いに、互いの実在に触れて、そのまま抱きとる関係にたどり着きたい。

5.「誰かXとは何か」

それでは、「誰かX」とは何か。

信仰の確かでないわたしは、それは神であると嘯《うそぶ》くわけにはいかない。「それは、神だよ」と言えれば、どんなにスッキリすることか、と思う。しかし、いまのわたしは、「神」という言葉を使うわけにはいかない。なぜなら、わたしには信仰の「師」がいない。

カトリックの司祭である井上洋治氏は、ある本の中で、「宗教は出会って私淑することです」と言い切っている。「師」がない限り神の歴史に入り込むことも、神の歴史を生きることも不可能なのだ。

だから、いまのわたしはAとともに神の歴史に生きることができない。「よこはま児童文化研究所」において、「いま・ここで」、精一杯に生きることしかできない。

ただし、よこはま児童文化研究所の第四四回総会で起こった出来事から、何ほどか神の歴史が体に入り込んできた感じがあった。

神の歴史につながったときの衝撃は言葉に表すことができない。神の歴史がわたしを呼び込んだ、という衝撃的な体験であった。神の歴史につかまってしまったわたしは、もう、どんなに藻掻いても神の歴史の外にはみ出ることができなくなっている。

神の歴史はわたしであり、わたしは神の歴史である。そういう神の歴史との一体感の中で、神の歴史を「師」として生きていくことは可能である。

いまのわたしは、神の歴史を「師」とし、神の歴史に私淑することができる。この個人的な体験を通して、わたしの身体に飛び込んできた神の歴史は未来を含んでいる。わたしの身体の内部には過去の神の歴史のすべてと、未来の神の歴史のすべてが、現在において統合されている。

その意味で、現在は歴史ではない。現在は、現在として、刹那滅《せつなめつ》である。現在の現在（刹那滅）を自覚したければ、過去と未来の神の歴史に触れることである。そういう意味で、現在の一瞬、一瞬を知ることができるのは、過去の神の歴史であり、未来の歴史である。

この意味は、現在の現在（刹那滅）は盲目の時であるということである。過去の眼と未来の眼には、盲目の現在（刹那滅）を見ることが運命づけられている。

6.「よこはま児童文化研究所」の「協働愛」

そして、再度、「誰かX」とは、何か。

「よこはま児童文化研究所」の譲れない、後戻りできない「ともどもに」の約束の中に、新たな「協働愛」が発現してきた。ここで、はっきりと理解できるのは、「協」と「愛」の中間に「働」が存在しているということである。

その意味することとは、「協働愛」は、「協」と「愛」に中間項としての「働き」があって、可能になるということである。この「働き」は人間の目に見えない。しかし、見えないけれども人間の身体の内部に存在している。

誕生以前から備わった「協働愛」なのだ。それを知らないで生きて、死んでいった人が大勢いるのだ。

このことを一番知っているのは、体内で蠢《うごめ》いている「刹那滅《せつなめつ》」である。この「刹那滅」こそ、「働き」そのものであった。わたしを愛へと向かって「ともどもに」働かせているのは、体内の「刹那滅」である。

体内の刹那滅には、過去と未来が「現在の現在」としての働きとして存在している。わたしは、歴史としての過去と時間としての未来を無視して現在に生きることはできない。

(この一文は、わたしの終生のテーマである「理解とは何か」、に対するあがきが表現されている。大学時代にカール・ロジャーズの「クライエントセンタードセラピー」に出会ったのは、この流派が人間の「理解」に的を絞っていると感じたからであった。

後年、谷貞志氏の「刹那滅」の研究に触れて、「理解」の源泉にたどり着けたような喜びを味わわせていただいたこのわたしのあがきは、これからも続くだろう。)

⓭ 寄り添いあい

二〇一九・一一・一八

「寄り添ってあげてください」というフレーズをよく聞くようになった。テレビのコマーシャルでも聞くようになった気がする。わたしは「寄り添ってあげる」というフレーズを好きになれない。

紙本著色釈迦堂縁起（清涼寺所蔵、伝狩野元信筆）は、昼間は、僧が釈迦をおぶって旅をし、夜になると、その寝ている僧を釈迦がおぶって旅をしている絵である。釈迦と僧が「寄り添いあって」旅をしている。もちろん、旅とは人生のことである。互いに「おぶいおぶさり」あいながら、果てしない旅を続けている。

わたしがAに対して一方的に「寄り添ってあげる」ということはない。もしそう思っている人がいれば、それはその人の重大な勘違いである。そして、その人は、けっしてAと寄り添うことはできない。Aがその人に寄り添っている事実に気がつかないことは重大な過失でもあるのだ。人は、つねに、「寄り添いあって」生きているのだ。これが人生の実相である。その実相が見えるか、見えないかの違いが、関係の彩りを決定する。

人は「間」に生きる。この「間」とは文字通り「間」である。二者を妨げる「間」の幅や高さや奥行きは、人生のその時期に応じて変化するだろう。

しかし、ひとは間を歩くのである。間をつくるものは、目に見えるものもあり、目に見えないものもある。目に見える間を歩くことは、少し慎重に歩けば、歩けるだろう。

しかし、目に見えない「間」を歩くことは、容易ではない。たとえば、愛の「間」、信頼の「間」、悩みに「間」、苦悩の「間」、信仰の「間」、憎悪の「間」と挙げればきりがない。でも、人は「間」しか歩けないのだ。子どもの頃に、かくれんぼをして、家と家の「間」を駆け抜けたことがあるだろう。その「間」を知らないと、すぐに鬼に見つかり、次の鬼にさせられてしまった苦い経験があるだろう。

「間」は時空に応じて、その姿を変えるが、けっして「間」が消滅することはない。なぜなら、歴史は「間」作りに専念してきたのだから。これからも、歴史は「間」を作り続けるだろう。

そして、人は「間」なしには歩けなくなっている。その事実に気がつくこともなくなっている。すべては、「間」から誕生する。「間」は万物の元であるのだ。

そういう意味で、空間とは、あきのある「間」のことである。「空」のない「間」に人は耐えられないだろう。

したがって、「間」を「間」たらしめているのは、「空」ということになる。また、「空」を

「無」と言い換えても同じ意味である。「間」はこの「空」あるいは「無」を必須とする存在なのである。「天城子どもと親とのワークショップ」は相互の「間」を観取するための場（間）である。人は「間」なしに人「間」に成ることはできない。「間」の見える人になり、「間」に生きられる人になる、これが「天城子どもと親とのワークショップ」の場である。

二〇一九・一二・二八

14 対象化できないAさんの存在

わたしが、「りんご」を見るとき、この「りんご」を対象として見る。また、机上にりんご、みかん、バナナがあるときは、みかんとバナナと比較してりんごを見る。

コンビニで買い物するときに、似たような品物をいろいろ比較して見ながら目指す品物を購入する。このように、わたしたちは、対象（りんご、みかん、そしてバナナ）を対象として、比較しながら、ある品物を選び購入する。このわたしたちの過程は、ズボンを買うとき、ジュースを買うとき、セーターを買うとき、などなど、買う対象は違っても同じである。

ところが、「天城子どもと親とのワークショップ」において、バドミントンの相手を選ぶときに、このように比較して決めることがあるだろうか。すなわち、相手を対象化して選別し、決めることができるだろうか。決めるときには、何ほどか感情が伴う。そしていろいろと迷ったりもする。それはなぜだろうか？

わたしたちには、友人を物のように見ることへの抵抗感があるからだろう。反対に、Aたちから、自分が対象化されて、選別されるときに嫌悪感が伴うだろう。わたしたちは人間を物として見ることへの拒絶感が備わっているのだ、と考えたい。そして、この考えを「よこはま児童文化研究所」の参加者全員で共有してほしい。

わたしたちが、人間を「対象化して見る時」に、必ず、その「対象化されて見られた人」から、拒絶や抵抗を受ける。その逆もありえる。ここから、虐めという行為が、もしも、友人を対象化してみた場合に起こるとすれば、幼稚園や小学校の時期という早期の段階で、「友人を対象化して見ない」学習をしておかなければならない。友人を対象化して見る場合の快感は生涯にわたって引き継がれるものだからである。

自分を虐める人を殴っていけないのも、殴るときの快感をからだが覚える危険度が高いからである。ここにあのインドのガンジーの「無抵抗主義」の真の意義がある。

人間を対象化してはならない。なぜなら、人間にはそれぞれの感情があるからである。「復讐」してやるという心底からの感情を押しとどめることは非常に難しいし、ある場合には不可能でさえある。世界史は「復讐」の歴史でもある。これは人間集団の感情が負の感情として爆発した歴史である。

個人の場合にも、世界史の「復讐劇」と同じように個人史における「復讐」への怨念が残る。

これらは、すべて、人間あるいは人間集団（民族、国家など）を対象化して見た結果である。

なぜなら人間を対象化して見た場合に、虐めたり、殺害したりしても、その対象は「物」であるから、痛みを感じることはないからである。

それに対して「ＮＯ」と叫んでいるのが「よこはま児童文化研究所」の「ともどもに」と「協働愛」の思想語である。この思想語からは、人間を対象化する行為が出てくることはない。

15 平和と幸福を求めて

二〇一九・一一・一三

わたしは一七歳のときに「わかるという意味がわからなくなった」。高校生時における難問が目の前に出てきた、という感じだった。法学部に進学して、実業に就こうとしていたが、未だに実業に就いていない。それはなぜだったのだろうか。

一つには、なぜ数学や社会や理科や国語を学ぶ、いや、学ばせられるのか、それが疑問だった。数学を学ぶことが生きることとどのように関係するのか、社会を学ぶことが、理科を学ぶことが、そして国語を学ぶことが、加えて英語を学ぶことが、生きる問題とどのように関係しているのか、まったく、腑に落ちなかったのだ。

それよりも『三太郎の日記』を読む方に気持ちが傾き、正常な学校教育の課題に身が入らなくなった。要するに、自分が数学や英語を学ぶことは、結果として、自分になるのではなく、自分でない者になる、他人になることだと思えた。自分になるための時間など、小学校から高校までいっさい許されていない。学校教育で定められたカリキュラムを一から学ぶことが、児童生徒の時間のいっさいであった。この恐ろしい事実に気がつく児童生徒はまずいなかったと、思う。

わたしは数学を学ぶその全体図が見えなかったのだ。世界のある小さな部分の中の部分を補足しているだけである。数学を学ぶことが自分の求める人生とどのように関係しているのか説明のできる教員と出会わなかった。

ただ、「いい成績をとれ、それが、いい大学に進学するために絶対に必要なことだ」という激励（?）は日々受けた。でも、児童生徒と呼ばれる時期にも「生きるとは何か」などと考えている事実を、教員たちは気がつくべきであろう。

数学や英語をなぜ学ぶのか？　それは、世界の「平和」と一人ひとりの「幸福」を実現するためである。自分の平和ではない。自分の幸福ではない。「自分の」が平和と幸福の接頭辞になると、必ず、争い事が起こる。そして、歴史はその争い事の連続であったことを証明している。わたしは社会の歯車か？　疑問だ。

平和と幸福から「自分の」という限定詞を取り外すことが、真の世界の平和と人間の幸福をもたらす。世界中の人々が「自分の」を取り外せれば、それが互いに互いの平和と幸福を願うことになり、国際連合が真に機能しうる証となる。

平和と幸福を現実化するための装置に二局面がある。

1　平和の局面：主として宗教と軍事

2　幸福の局面：主として政治・経済

平和主義者が一転して愛国主義者に変貌することがあった。また反対に、愛国主義者が平和主義者に早変わりすることもあった。なぜだろう？

わたしは、長い間この問いに答えを出せないで悶々としてきた。安保闘争時代の学生にとって、共通した問題意識であったと思う。制度改革が上記の2を確定すると考えた。

当時の学生闘争はマルクス・レーニン主義その他に依拠していたために「無神論」であったと思うが、いまのわたしは、2の結果が1をもたらすと考えた学生もあったのではないかと想像する。なぜなら、革命成就後の社会で宗教なしでどのように平和を維持できるのか、まったくわからなくなるからである。

現実社会においては、平和主義者と愛国主義者との間で揺れ動き、時代の波に飲み込まれて、最終目標の平和社会を知らずに世を去ることも多かった。歴史は、真の平和主義者でなければ、真の世界の平和は実現できない、しかし、その目標を実現するためには愛国主義者に変貌しなければならないという矛盾したことを教えている。現実社会に目や耳を閉じて、平和主義者であろうとしても、平和な社会を実現するためには、閉じた目をもう一度開けて、愛国主義者となって、国を救わなければならなかった歴史が世界にあった。

今後も、平和主義者と愛国主義者との狭間で揺れ動きながら、世界の平和を希求する以外にないのかもしれない。

（追記：この後に日本史を学びながら、この考え方に変化が起きた。「共同体」と「個人」という二極のバランスをとることが生きるということの内実ではないかと考えるようになった！）

⑯ 閉ざされた門

二〇一九・一〇・三〇

Ａに対していくつの門が閉ざされているのだろうか。最終的な自己救済が宗教にあるとしても、初めから閉ざされた門を認めて、社会的に閉ざされた門について言及しないのは間違いだろう。

Ａも最終的に宗教的な救いの世界に入るかもしれないが、まだ若いＡとすれば、一つでも閉ざされた門が少ないほうが生きやすい。行政的に閉ざされている門、制度的に閉ざされている門、人間関係において閉ざされた門、こういう生きながらの閉ざされた門を、わたしたちは一つでも多く開けなくてはならない。

制度的に資格制度があれば、Ａはその資格という門によって、入りたくとも、その門に入ることが閉ざされている。また入学試験という門があれば、友人たちと違う学校で学ばなければならない閉ざされた門がある。

Ａがこの社会で他の人々と同じように快適に生きたいと望んでも、多くの閉ざされた門によって、遮られている。そして、Ａが自らその閉ざされた門を開けることはできない。

行政的、政治的、歴史慣行的な決まりによって、Ａの行く末は初めから閉め出されている。

Aがこういう慣行社会において生活を始めると、その慣行が自分の可能性を押しつぶしているという感覚を持つことさえできなくなるし、現にできないでいる。

最大の閉ざされた門は結婚したいという門であろう。Aにどんなに好きな人が現れても結婚という形で生活を共にすることは閉ざされている。

Aの望みを叶えるために、Aと一体になってAの望みを閉ざしている門を開けていく必要がある。そのためには、社会の改革が必要である。制度的改革、行政的改革、社会の偏見と差別をなくす改革などが必要になる。

二〇一九・一一・七

17 忘己利他

人間の生き方によって社会を変えられるだろうか(宗教?)。それとも、社会が変わらなければ人間の生き方は変わらないのだろうか(マルクス主義?)。しかし、社会を変えるのは誰なのだろうか。人間だけが社会を変えられる。

忘己利他は「もうこりた」と読むのだそうである。「悪事を己に向え　好事を他に与え　己を忘れて　他を利するは　慈悲の極みなり」という意味だそうである。この悪事とは、嫌なこという意味で、嫌なことは自分がやり、よいことは他者に与えることが大切だという意味である。そのためには、自己を忘れて、他者を利することだという意味である。

この言葉は「よこはま児童文化研究所」の「先他後自」という約束事に非常に近いものを感じる。英語で表現すれば「After you」である。

この約束事は実行すれば、かなりいい結果をもたらす。他者との間に問題が生じないのだ。そして、しばらくすると、他者の側からも「先他後自」が発動するようになる。もしも、世界がこのように動けば、世界中が平和に生きていけるようになる。「忘己利他」を唱えた人は、きっと、そう念じていたに違いない。

忘己利他は幼児期から始められたほうがいいだろう。大人になってからでは、どうしても知的な処理になりがちである。体における反応ができる幼児期ならば、自然に忘己利他すなわち「お先にどうぞ」が言えると思う。

詩人の金子みすずのように、幼児から祖母に連れられてお寺にお参りに行っていたほうが大人になっても心優しい人になれるのかもしれない。彼女は優しすぎて一人子を残して自殺して果てたが、それはまた別の問題なのだろう。

忘己利他は人生の交差点で幾度となく求められる問題回避の方法であるが、これだけに固執するとまた別の問題が起こる。

18 理解は一生の仕事

二〇一九・一二・一二

理解行為において最大の問題は自分を知ることだ。一度「自分とは何者なのか？」に疑問を抱いたら、その問いはその人から一生離れることはない。それほど強烈な問いが「自分とは何者なのか」である。いっさいが始まり、そのいっさいが終わる拠点が自分と呼ぶ所である。

なぜなら、いっさいの外在する問いは、この自分という場において起こるものであるために、その問いを理解する受け皿（自己自身という場）を知ることなしに答えを得ることはできないからだ。わたしに降り懸かった問題はどんなことがあっても、他者の問題にはなりえない。だから自己を理解することは、その人の一生の仕事になる。自己理解なしに自分に降り懸かった問題への答えはありえない。水は方円の器に随う。

それは、算数や国語や社会や理科の問題を理解することとはまったく違う「理解の世界」のことである。知的な、あるいは知識を獲得するような理解ではない。算数の問題を解けるようになることとAの存在そのものを理解することとはまったく違う。

「AはBである」、「AはCである」、「AはZである」という理解の仕方ではない。他者（Aさん）を理解することは知識を使ってやることではない。

体験的には「わかってもらえた」という後味が残ることがある。これはたしかにあり得る。しかし、この「わかってもらえた」という実感も、ここで言うところの理解とは違う。何かが不足しているのだ。それは何だろうか。

たとえば、いまの「わかってもらえた」という実感に永遠なる何かが不足しているのだ。心理的な水準の「理解」も一つの理解ではあるが、真の理解とは言えない。心と心とが触れあうだけでは理解とは言えないのだ。

たとえば、わたしがJ・S・バッハのフルート・ソナタの楽譜を見て演奏しているとする。オタマジャクシを一生懸命に見て、音の動きを追いかけながら楽譜の音符をフルートの音に変換する。そして、わたしは、わたしがその楽譜を見ていること、その楽譜の音符をフルートの音に変換していることを知覚している。これでは、そのJ・S・バッハの「フルート・ソナタ」の作品世界を理解できているとは言いがたいのだ。

その時のわたしがやっていることは、単に、楽譜の音符をフルートの音に変換している、変換器になっているにすぎないのだ。

あるとき、わたしがJ・S・バッハの楽譜の音符と一体になっているのに気がついた。すると、それまで音楽という言葉で考えてきた世界が崩れ、新しい永遠の世界が啓けてきた。一瞬だが、目頭があつくなり、目眩を感じた。「うんっ、これは何だ」という戸惑いも生じた。

しかし、その後はそのJ・S・バッハの音符がわたしの指の中で語り出すような奇妙な感じがした。「ふしぎだ」が最も率直な感じだろう。

こうした理解は、いわゆる理解とは違うように思う。考えてみればJ・S・バッハのフルート・ソナタは空洞だったのだ。J・S・バッハのフルート・ソナタには何もなかった。J・S・バッハの音符が空気や水や土と同じように思えてきた。自然とは大いなる空間である。わたしがJ・S・バッハを演奏するのは自然だからだ。

⓳ 世界とは

二〇二〇・一・一四

この「世界とは」という文章を「よこはま児童文化研究所」の青年部の方々に読んでほしい。わたしの論評の足りなさを、各自でその先の考えを追いかけてほしい。そして、日常の身の回りの出来事だけでなく、幅広い時間軸と空間軸の設定に応じて、無限の「世界とは」の問いに答えが立ち現れることを希望する。

世界の定義は各人各様にある。人の数だけ世界についての考え方がある。

ある人は、地球を指して世界と考えているかもしれない。また、ある人は歴史を世界と見倣しているかもしれない。またある人は外国旅行の体験から世界を考えているかもしれない。「世界中の人々が驚いた」という場合は、空間軸を考えた世界になる。「世界の歴史は戦争の歴史であった」という場合は、時間軸に沿った捉え方になる。

このように、時間軸と空間軸の採り上げ方において、さまざまな世界の定義が現れる。ミクロの視点で考えれば、目前の諸々の出来事や人々や建物、そして芸術などが世界である。ある人が、「わたしの世界が広がった感じがする」というのは、その人において、ある体験によっていままで視野に入っていなかった場所や時間が目前に迫ってきたという意味である。その人の理解の幅や深さが増したのである。世界と視野がほぼ同義語として使われている例だろう。

現在という時間軸において世界が広がるとはどういうことなのだろうか。これは空間軸がぐっと拡張された視野に変化したことを意味する。日本に住むわたしならば、隣国の韓国や北朝鮮、中国、ロシア、台湾などへと視野が拡張され、わたしの日々の生活において考えなければならない隣国になったということである。

わたしなら、とくに、隣国の福祉行政や精神医療状態、教育の状況、文学の状況、学問の状況などに視野を拡張するだろう。

反対に、日本という空間軸において世界が広がるとはどういう意味なのだろうか。これに関しては、まず、日本の歴史の流れに強い関心を寄せるという意味がある。

旧石器時代から、令和二年までの通史を頭の中に入れて、日本や日本人の来し方行く末を考えるようになるだろう。令和までの一九代の時代に思いをはせて現代に生きる。

また、長い日本史における各時代に渡航してきた外国に関心を示し、現代の日本の建国にどのような影響を及ぼしてきたかに思いを寄せて生きる。

このような長いスパンで捉えられた「世界とは」がある一方で、「いま、ここで」という切り詰めた空間・時間軸の設定も可能である。そして「いま、ここで」の生き方が、長い歴史における外国との交流によって成り立っている理解に基礎がある。

たとえば、「天城子どもと親とのワークショップ」は、これまでの長い「世界とは」という問いへの「一つの答え」として誕生したことがわかるようになる。

いま、即刻において世界中の人が一つになることは難しいが、目前の人々と一つになることはできる。そして、目前の人々とは真剣になって一つになって生きなければならない。

世界の歴史は、人々が一つにならない生き方を繰り返し、失敗の連続だった。その歴史の失敗から学ぶことは、目前の人々と「ともどもに」生き、「協働愛」で過ごす決意である。信仰ではなく、決意である。

もちろん、信仰があってもいいが、三〇年戦争のような信仰上の違いが争いの原因となる可能性は現代のほうが高い。信仰が争いをもたらすのは矛盾である。何のための信仰か。

「よこはま児童文化研究所」の考える「世界とは」目前の人々と平和に自由にそして平等に生きる場のことである。かつて一度も実現したことのない考え方だからこそ、君たちに考えてみてほしい。

20 誰でも思想を生きている

二〇一九・一二・三

たとえば、わたしとAが、夕方六時に、横浜駅東口で待ち合わせの約束をしたとする。そして、Aは場所も時間も約束どおりに実行したとする。ところが、わたしは、場所を間違えなかったが、時間を一〇分遅れてしまったとする。

こういう場合に両者はどのように対処するだろうか。

おそらく、わたしはAに対して「遅れて、ごめんなさい」と謝るだろう。でも、なぜわたしはAに謝るのだろうか。謝らなければならないのだろうか。

日本人は、昔からそのようにして生きてきたからだろうか。あるいは、遅刻したなら、道徳的に、倫理的に謝るのが当然だと考えているからだろうか。

さまざまな理由が考えられるが、その理由が考えつかない場合は、どうなるのだろうか。わたしは、遅刻に対してきつい罰を受けることになるのだろうか。

「応用行動分析」に「遅刻行動」を修正する技法があるらしい。その技法を使って、遅刻常習者を遅刻しない行動へと変容させるらしい。しかし、そんなに簡単な問題なのだろうか。行動が変容すればいいだけの問題なのだろうか。遅刻を修正行動として取り上げて、修正できれば、それでお仕舞いというような単純な問題なのだろうか。

あるいは、遅刻を倫理的、道徳的な問題として取り上げることが妥当なのだろうか。わたしも遅刻はしないほうがいいと考えている。しかし、遅刻しないほうがいいという理由が判然としない。なぜ遅刻はいけないのか。なぜ、わたしが遅刻するとAに謝らなければならないのか。

ここで「思想」という術語を持ち出して考えてみたい。日本語の「思想」は、英語では「thought」にあたる。これは、「think」の過去形だから、考えられた考えということになる。すると、「A」という思想は、「Y」という思想家が考えた結果ということになる。それでは、なぜYという思想家が「遅刻」という問題に対して「A」という思想を編み出したのだろうか。

そこには、「Y」という思想家を取り巻く時代背景があったはずである。すると、その時代背景を作っているのは、その時代に生きていた人々であるはずだから、その「Y」の作った思想は、その時代の人々の考え方を基礎にして、何ほどか「Y」の独自の考えを加味して作られた思想ということになる。

どのような思想も、その時代を背負っている。

こうして考えると、各時代の思想とは、ある思想家と人々の考え方が合流された思想ということになる。「遅刻」という問題も、現代において、遅刻したわたしが「謝罪」するという現代人一般の考え方が、わたしの「謝罪」行為を促していることになる。

したがって、わたしが遅刻して、もしも謝罪しなかったならば、その社会の人々から非難、攻撃、嘲りを受けることになる。「おまえは、社会常識のない人間だ」と攻撃される。だから、わたしは、その攻撃を避けるために「謝罪」していることになる。

こうして思想と謝罪行為とはコインの裏と表の関係になっている。遅刻したら謝る。謝りたくなかったならば、遅刻しない。こういう思想と行為の関係になっている。

ただ、問題は、こういう思想と行為の裏と表の関係に疎い人にとって、この思想環境は有効ではないということである。

あるいは、確信的に遅刻と謝罪の関係を無視しようとしている人にも無効である。

倫理や道徳が有効に働くのは、この思想に関心があり、かつこの思想の価値を認められる人に限られる。

たとえば、悪いことだとわかっていながら、覚醒剤を常用し、常習者になっている人に、いくら倫理や道徳を説いても無効である。こういう常習者の反則行為に罰を与えても、やはり無効である。したがって、思想として確立され、それが社会の安定や安寧や安全に有効に機能させたければ、社会全体でその有効な思想を共有できるようにしていくことが求められる。

二〇一九・一一・二

21 福祉と救済

わたしはＹＪＫとともに、この厳しい日本と世界の状況において、どのように生きていけばいいのか。わたしはＹＪＫの一員としてこの課題を背負わなければならない。

ＹＪＫは四五年の歴史がある。ＹＪＫを始めた母親たちの願いに応えるという目的が明瞭にあった。いっしょに交わる母親たちの人生を、さらに輝かせたいという望みであった。

ＹＪＫがその願いから始められたことは厳然とした事実である。初回のＹＪＫ開催の場にわたしは確かに居た。

あれから、四五年が経ち、母親たちの人生を輝かせたいという望みは別の願いに自ずと吸収された。代わって、前面に出てきたのは、新しくＹＪＫの交わりに参入してくる母親や父親や子どもたちの活動を見守る場となることである。

これは目的が少しずつ変容してきたことの現れである。この変容は自然な流れであったと思う。

四五年の間に、世界や日本に激しい変化が起こった。日本は、皮肉にも憲法九条が歯止めとなり、国家間戦争が起こらなかったが、世界のあちこちで激しい戦争が引き起こされている。殺戮用の武器を使わない経済戦争、政治戦争、宗教戦争がさまざまな理由と原因が基になり激しい戦争が引き起こされている。

また、誘拐、殺人、経済格差の増加、人権侵害、部落差別問題、人種差別問題が発生したし、いまも発生しているし、これからも発生するだろう。この激しい争いの根っこに我々人間の果てしない欲望がある。

わたしたちの子どもたちは、このような厳しい世界状況や日本状況の中でこれからも生きていかなければならない。わたしたちの子どもたちの「幸せの保証と確保」が、わたし（たち）ＹＪＫに大きくのしかかってきている。社会変動を凝視して「よこはま児童文化研究所」の交わりを継続しなければならない。

子どもの心の豊かさ、精神の安定、魂の住処を保障することが、わたしたちの永遠の、そして最大の課題である。より善く生きる権利が子どもにある。

そのために、世界と日本における政治・経済的な安定と社会的な安全が、たとえ不完全であっても、最低限でも保証されていなければならない。

具体的に、「トントン広場」に参加し、交わる子どもたちが、楽しく活動できるために、世界と日本の安全と安定が必要である。

安全と安定があれば、「トントン広場」のスタッフは、生き生きと交わる活動をする参加者たちの姿を見ることができる。スタッフが輝く表情をした参加者と時を協存することは何にも代えがたい喜びである。その場には、響存して生きている喜びがある。

国家や国際関係の諸問題が「トントン広場」に影響して実態を見きわめることは難しいが、参加者の命を守るために努力しなければならない。

参加者たちの心や精神や魂の安定を基礎に交わり続ける「トントン広場」が、世界規模の政治・経済的安定に支えられていることを知悉しておく必要がある。

法然や親鸞が生きた鎌倉時代における人間の心や魂の安定は、魂の領域だけに限定されたものでなかったか。政治や経済の不安定が浄土宗や浄土真宗を支えたのではなかったか。

死後の世界に安定を求めたのではなかったのか。わたしは死ぬ前の安定と安心を、世界規模の政治・経済・軍事の安定を基礎にして求めたい。世界戦争をなくすために世界戦争に突入する愚かな選択を避けなければならない。

現代は、人間のすべての問題を、法然や親鸞そして、ドイツの宗教改革家であったM・ルターらが目指したような魂の救済だけに依存する解決法は不適切で不合理である。

現代人は、物の豊かさを知りすぎた。

持ち家があり、家屋内にはテレビ、冷蔵庫、風呂、電話、スマホがあり、社会には自動車、電車、汽車そして飛行機が移動に使われる時代になった。

衣食住の様態が鎌倉時代に生きた法然の時代とまったく違っている。こういう豊かな時代において求められる魂の救済問題は、物の豊かさを基盤にしたものであろう。

わたしがYJKにおいて、こういう現代において、どのように生きればいいのか。いまのわたしは、福祉か救済かという二者択一の道ではなく、軍事力を背景にしてグローバル化した世界において、日本で生き抜くためには、福祉と救済のバランスのとれた道を選択し、過去の過ちを繰り返すべきではないと考えている。わたしたちが人間である限り、魂の悩みを避けることはできないし、衣食住を無視することもできない。福祉と救済は生存のための両輪である。

❷❷ 思い出と赦しの場

二〇一九・一一・七

日本には美しい童謡、唱歌、そして童歌がたくさんある。その美しい、哀愁を帯びた童謡が、「よこはま児童文化研究所」の春、夏そして冬に開かれる「みんなのコンサート」において演奏されることが多い。

童謡には故郷の匂いがする。すなわち幼い頃の父母や祖父母たちとの思い出が詰まっている。童謡を聴くと故郷の山や川、そして田圃や畑の風景、情景が幼い頃のイメージそのままに浮かんできて辛くなることがある。

童謡の節には無条件の赦しを感じる。「なあ、そのままでいいんだよ。何も無理しなくても、そのままで、あなたのそのままでいいんだよ」という赦しの響きが込められているように聞こえる。

「故郷の思い出」に涙を流す人がいる。辛くなると故郷の山や川を思い出して頑張っている出稼ぎの人々も多い。集団就職した年代の人たちにとって故郷は絶対に忘れられない聖母地である。

日本には盆暮れに故郷に帰る慣わしがある。帰郷して先祖の墓参りをし、親戚の人たちと無事を確認して、また都会に戻り仕事に帰る。この故郷帰りが日本人の根っこにある。もちろん、都会生まれの人たちにとって故郷は都会である。

都会にも寺や神社がある。コンクリートになった川沿いに散歩道が在り、整備された、河水も流れている。

その川に亀がいたり、鯉が泳いでいたりする。時には白い鳥が水上に戯れている。「ああ、都会の川にもいろいろな生きものがいて、子どもたちの思い出に残されていくだろう」と感動する。

都会育ちのFさんに故郷ができた。「天城子どもと親とのワークショップ」に参加した子どもたちが、バスを降りたその場で「こんど、あまぎ、いつ」と尋ねる。

Fさんもそのひとりである。「こんど、あまぎいつ」と訊くFさんの心の中はわからないが、Fさんはバスを降りたいま、「あまぎを心にのこしている」と感じる。

Fさんにとって「あまぎ」は理想郷、心の中の故郷なのだろう。「あまぎ」はあの童謡の世界の赦しに似た響きをFさんに感じさせているに違いない。

「あまぎ」はFさんのすべての行為、いやFという存在自体を赦す故郷なのかもしれない。故郷を喪失し、喪失した感じも持てなくなっている現代人の悲劇の中で、Fさんは「あまぎ」という新しい赦しの故郷を見いだしたのかもしれない。

自己のすべてを赦されている故郷の場としての「あまぎ」が、Fさんが必死で掴んだ「あまぎ」なのだ。Fさんが F さんで居られる赦しの場として発見された「あまぎ」は聖母のような土地なのだろう。

東名高速道路を沼津インターで降りる。以前は沼津の街を抜けて天城山荘に向かったが、いまは、そのまま高速に入り、一般道につながる。

しばらく走行すると、道路の左手に狩野川が見えてくる。Fさんは「ああ、また、あまぎにきた」と感じる瞬間だろう。

四季折々の花が咲き、春には菜の花が風に揺れ、夏の狩野川では解禁を待った釣り人が竿をさしているのが見える。秋には、田圃にたわわに実ったお米が見える。時には空にカラスが飛んでいることもある。

Hさんが運転してくれるバスが天城山荘に向かうと、車中から山林の中に十字架が見えてくる。「あら、わたしもうあまぎ」とFさんは思うだろう。

そこでFさんは、そっと自分の傷んだ心を抱きしめているのかもしれない。まるで大好きな縫いぐるみを抱きしめるようにズタズタに切り裂かれた心を抱きしめ、自分の心で相手のための赦しを請うているのかもしれない。「身勝手な、無理解な人々を赦してあげてください」と。Fさんは他者の無理解によって傷んだ心の修復のために「あまぎ」に行くのかもしれない。またさらに無理解な人々の幸せを祈っているかもしれないのだ。

しかしFさんにとって「あまぎ」は喜びもたくさんある。

大勢の仲間といっしょに行く「あまぎ」はもしかすると、聖地に向かう巡礼と似たものがあるのかもしれない。仲間と心を一つにできる巡礼の旅なのかもしれない。

そうだとすれば、Fさんは他者からの真心を感じ、善き出会いを喜び、美しき天城の風景を見た、その先にある聖を感じていることになるだろう。もしかすると、Fさんは世界のすべてを赦して生きているのかもしれない。

願わくば、いつもFの胸の奥であの懐かしい赦しいっぱいの童謡が響いていていてほしい。時折見せるあの笑顔には、きっと「赦しのメロディー」が響いているときなのだろう。

二〇一九・一〇・二六

23 五感は判断しない

わたしがAを認識するとは、わたしの精神（魂）が、Aを受容することである。受容は両者の自由で、平等で、対等な関係に生きられる場を目指す行為である。

1. 人間の数値化

Aを、障害児として検査したり、治療したり、指導したり、研究対象にしたりする。これらの結果はすべて数値化される。

すると、Aというひとりの人間は数値として認識される。たとえば、Aの知能指数はXであるとか、何番目のトリソミーに障害があるとか、平仮名の読みのテストの得点はY点だとか、さまざまに数値で示される。

しかし、この数値化された値がAの実態なのだろうか。人を数値化する前提に、人間は変わらないという思い込みがある。わたしが、Aとともに居ると、瞬間、瞬間に、Aの表情が変化し、行為が変わる。Aは笑ったり、泣いたり、微笑んだり、怒ったり、拗ねたりする。

こういう瞬間に移っていくAとともに居ると、数値化されたAと同一人物と思えない。Aを数値化する必要があるのだろうか。何もない。

数値化する検査関係者は、Aの存在に気づくことなく、さまざまなテストを実施して、仕事しているだけである(と想像する)。

検査関係者は自分の仕事がAにとっていかなる意味、意義があるのかと問うことはないだろう。有能な検査関係者として、与えられた仕事をしているだけなのだ。しかし、自分のした仕事がAの人生にどのような影響を与えているか、一度は知るべき立場にある(と思う)。

一度ぐらいは、検査関係者は、数値化されるAの立場に立って、自分の仕事の意義を考えてみるべきである（と思う）。

もし検査関係者が自分の仕事を振り返ることがなければ、ハンナ・アーレント（Hannah Arendt、一九〇六年一〇月一四日－一九七五年一二月四日）が『イエルサレムのアイヒマン――悪の陳腐さについての報告』に書いたアイヒマンと同じような結果をもたらすかもしれない（と思う）。

自分の仕事の結果や影響、歴史的な意義に関して何も知らないで、ユダヤ人虐殺の列車の運行に携わっていた有能な管理者と同じにならないだろうか（と思う）。エディス・シェファーの『アスペルガー医師とナチス――発達障害の一つの起源』を読むと恐ろしくなる。

自分のしている仕事がAの人生にどのような影響を与えるのか考えなくてはならない。その検査関係者の前にAが座ってテストを受けてもその検査関係者はAの外見しか見えない（と思う）。その検査関係者に向かってAが話しかけたとしても音声しか聞こえないだろう。

その検査関係者が、テスト中に、五感を通してAを受容しても、その受容された情報を五感は判断できない。五感はその情報を判断できない。その検査関係者の目や耳から受容された情報は、その検査関係者の脳で正当に判断されるのを待っているだけだ。

その検査関係者が、これまでに、いつ、どこで、どのように体験して生きてきたかは非常に重要である。目の前のAの存在を、単に、被験者としか体験できなかったなら、Aの存在は容易に数値化され、その数値により行政的に処遇される。ここにAの存在を数値化する危険な落とし穴がある。

Aと接する人は、まず、Aが好きでなければならない。これは、絶対条件である。Aにかかわる仕事をする人は、まず何をおいても、Aが好きでなければならない。関係者の仕事に就く人への至上命令である。

Aの存在の深みにまで達したい熱い思いがあれば、Aを数値化しなくてもいいのではないかという疑問も湧いてくるかもしれない。

すべてを知ることができる眼（誰かX）をもつ存在がいれば、わたしはその存在をじっと見つめるだろう。なぜなら、わたしはすべてを知ることができる眼を持たないが、持つ存在（誰かX）を見ることによって、同じ「ような」疑似眼を持てるかもしれないからである。

そうすれば、わたしもAの実在それ自体を、ありのままに見ることができるようになるかもしれない。

また、わたしの仕事が全体構造の中で、どのような位置にあるかを知ることができるようになる。現在は、自分の仕事が全体構造において、どのような位置にあるかを知ることが非常に困難である。

この状況はどのような職種にも当てはまる。現在の危ない社会構造の中で、割を食うのは弱者といわれる人々である。弱者という命名自体が割を食っている。あなたは割を食って黙って生きていけるだろうか。たぶん、文句たらたらであろう。

2. 本末転倒な社会

わたしたちの社会は、人間の存在に格差をつけて差別する行為に痛みも感じなくなっている。これは正気の社会と言えるのだろうか。

弱者対強者という一方向的な差別意識を根底に置いて社会福祉を叫んでも、そこにどのような意味や意義あるいは救いがあるのだろうか。

人間の精神を問題にした内容の書籍においても一方向から書いているものが多く、双方向からの表現が皆無に近い。

たとえば、ＥＳが多くの学生に影響を与え、彼らの人生にひかりを与えた、という表現が目につく。

しかし、「こういう表現は違うようね」と感じる。「学生もＥＳにいろいろな影響を与えていたよね」と言いたくなる。

物書きという職種は、どうしても一方向からしか物が見えなくなっているらしい。そういうことはあり得ないのに、物書きは頭からそう決めつけて見ているから、そうとしか見えなくなっているのだろう。双方向からの分析をしない物書きが多い。

風に揺れる木の葉は、一方的に風に揺れているのではない。木の葉が揺れることによって、そこに風がまた生まれている。

見方によっては、木の葉が揺れて風をおこしているのかもしれない。人間は、なぜか、木の葉が風をおこしているとは見ない。

一方的な思考法は、学校教育の場において、甚だしい。児童・生徒や学生が一方的に指導され、教えを受けているという構図以外に見えなくなり、そうとしか表現できなくなっている。

教育という人にとって大切な場であればこそ、双方的な影響関係が成立しているはずなのだが、それが見えなくなり、表現できなくなっている。

いじめと虐待の原因は、もしかすると、こういう一方向的なものの見方、捉え方にあるのかもしれない。

親子関係においても、こういう構図が原因で、親子分裂、親子断絶をもたらしているのかもしれない。

こういう人間関係を垂直的関係にしか見られない人たちは、そういう考え方がすでに現代の生き方に合わなくなっていることに気づかない。

そして、水平的な、平等的な人間関係を求めている児童・生徒や学生の「強烈な望み」に応えられない大人が多くなっている。

小中高における試験が、児童・生徒たちにどのような影響を与えているか、いまこそ、じっくりと考えていかなければならない。児童・生徒たちを、縦系列に並べて、差別構造をつくり出しているという事実を、児童・生徒の毎日の姿から感じてほしい。

「児童・生徒の教育は現行制度を維持するためにあるのだろうか。もしかすると、反対に、児童・生徒が伸び伸びと生きていけるために現行制度があるのではないだろうか」。この文章はギャグにしかならないだろう。

人間が自由に生きられるように制度が作られてきたはずなのに、いまは、制度を維持するために人間が必要になっている。本末転倒が起こった。

人間重視の世界を創ろう。

二〇一九・一一・一二

24 国境がない愛

わたしは、Aとの関係に越えられない国境を認めない。また、Aとの間に偏見に基づいた差別的な線引きも認めない。Aに対する線引きは上下どちらも認めない。もちろん左右の線引きも認めない。

わたしは、この約束をAとの交わりにおいて、わたしの人間としての誇りのために実行する。人間の歴史が始まり、人間という概念がいつ頃から文献上に現れたかわからない。人間という言葉は歴史をくぐり抜け、現代において人間という言葉に対して、誰でも共通した概念を思い浮かべるだろう。

そして、わたしは、Aとの交わりにおいて、この人間という言葉にさらに「性」という概念を加えて人間「性」に恥じない行為を目指している。

わたしは日々他者と交わりながら、人間にさらに「性」を加えた万人共有の人間「性」を備えた人間に成ろうと努力してきた。わたしは、これからのAとの交わりにおいて、いままで以上に人間性に恥じないような交わりを目指すつもりだ。

Aとわたしがこの世に生まれてきた神秘はよりよい人間「性」を備えた人間になるためである。生まれたときは父母がいる。

そして母は、わたしを、たえず心を込めて世話をしてくれた。しばらくすると、父もわたしの身を案じてくれているのを感じた。

父母がいて、Aもわたしも在る。このことは否定しようのない厳然とした事実である。父母からのわたしへの愛に国境はなかった。父母とわたしの間に上下左右の線引きもなかった。無条件の愛だけがあった。これも厳然とした事実であって、否定しようがない。

わたしたちは、自分の父母との国境のない愛の体験と、線引きのない愛の交わりから、身の回りの他者一般へと愛による生きる場を広げていく。新しい他者との交わりで使える心の財産は父母から受けた無条件の愛、慈愛である。わたしは、無条件の愛がなければ無常そして無情な世をひとりで歩けない。

無常・無情の世にあって、わたしが受けた父母からの無条件の愛は、いつまでも変わることなく、わたしの体内で息づいている。そして「よこはま児童文化研究所」の「協働愛」と「ともどもに」に合流して交わりながら生きている。

25 ひとり待つAさん

二〇一九・一〇・三一

「よこはま児童文化研究所」が実施する第一九回「N・M・S」にAが参加した。

わたしは一週間前に、「Aが自宅で迎えを待っている」と知らされていた。わたしとM氏は、当日、Aを自宅に車で迎えに行き、「N・M・S」の会場まで行った。

M氏はAが待っているマンションの三階まで迎えに行った。わたしは路上に車を停車して二人を待っていた。周囲に公園があり、高校が隣接する地域だった。人通りは少なく、時折配達のトラックが往来する所だった。丘の上にあるために下の町が一望できた。わたしはそのときにAの何かに触れた気がした。

「なんだろう、この感じは?」
「Aはここで生きていたのか」
「Aはひとりで部屋で待っていたのか」
「Aは、毎日この町で生活していたのか」

わたしに、何でもない思いが次々と湧いてきた。しかし、しだいに、わたしは何かとんでもないことに気づかされたと思った。原点は「Aが部屋にポツンとひとりで居た」ことである。なんだろう、そのときのわたしが感じたのは? たぶん、世の中の不条理ではないか。なぜAがひとりで待たなければならないのだろう。わたしにとって最も理解できない状況だった。孤独? ひとりぼっち? 誰もいない?

Aがこの状況に居たことが自分の罪のように感じた。

もし自分の罪なら、わたしは、いずれ「誰かX」によって罰を受けるだろう。わたしは、その罰を受けようと決意した。こうした不思議な感覚は、マンションから下りてきたM氏とAによってなくなった。Aは後ろの座席に座った。

わたし：こんにちはAさん
A　：こんにちは、
わたし：ひとりで待っていたの
A　：そう

こんな簡単な会話をして、葉山の「国際会議場」に向かった。

わたしたちは、Aの住む丘の上から国道一号線に出て、横浜横須賀高速道路に入り、「逗子インター」で高速を降りた。トンネルを一つ過ぎて、料金所をくぐり抜け、左折後にもう一つの長いトンネルを通過し、会場への登坂道路を上り詰めて「国際会議場」に到着した。

この後、わたしの中で、Aという存在が消えなくなった。これが、わたしがAの実在に触れたい意識に出会った瞬間であった。それ以後わたしの志向はAの実在に触れる意識に焦点化された。

26 Aさんのひとり部屋

二〇一九・一〇・三一

いつものとおり、わたしはAと出会いたい一心でいろいろと文章を綴っている。わたしはAたちの人生と交わりながら生きていきたい。そして、わたしがAに受け入れられる奇跡に近い願いを叶えたいと思いながら記述している。このテーマも例外ではない。

Aがひとりで部屋に居る。このイメージからAとわたしとの関係を考えることにする。なぜかAが部屋にひとりで居るイメージがわたしから離れない。事実はずいぶんと違う生活形態だろうと推測する。

Aが、与えられた自分の部屋で、ひとりで時間を過ごしている。このことは事実である。Aは、職場に出かけ、そこで働き、夕方に帰宅し、またその部屋にひとりで過ごす。やはり、わたしがAの姿をイメージすると部屋にひとりが出てくる。

母が作ってくれた夕食を、母とともに食べ、風呂に入り、しばらくテレビを見たり、好きなアニメを観たりして、ひとりベッドに入る。しばらくすると眠気におそわれ眠りに入る。何か夢を見ているかもしれない。K君とデートしている夢かもしれない。わたしは、Aがそういう夢を見ていてほしいな、と思う。

翌朝、また起きて、同じような日々を過ごす。これがAに与えられた人生である。そして、Aが受け入れている過ごし方である。

しかし、そうだろうか。これだけなのだろうか。これでいいのだろうか。この毎日繰り返される出来事だけでAの人生が成り立っているのだろうか。あの「誰でもの五分間」はやってこなくともいいのだろうか。

母が仕事をしてひとりでAを育てている。これも紛れもない事実である。母は母の人生を必死で生きている。AはAの与えられた人生を必死で生きている。互いに了解し合って生きているのだろう。

しかし、母とAとの人生はこれだけなのだろうか。これだけでいいのだろうか。

わたしには多くの深い疑問が夏の雲のように湧いてくる。

Aたちの人生はそのような繰り返し、同じ作業の繰り返しだけでおしまいとは思えない。彼らの人生には、何かもっとあるような気がする。それは何だろうか。

何が加えられたら、あるいは何が削除されたら、わたしが考えているようなAたちの人生だと言えるのだろうか。

人生に必然的に起こってくる出来事だけで人生の意味を認めていいのだろうか。Aたちから見た人生があるのではないか。

Aと母との間にさらなる何かがあってほしい。互いに「生きてきてよかったね」、あるいは、「生きていてよかったね、これからもいっしょに生きていこうね」と言えるような、胸を突き動かすような何かがあってほしい。生きる感動がほしい。そしてその感動をわたしに分けてほしい。

彼らには、すでに在るのかもしれない、そして、わたしに感じられないだけかもしれない。それがあれば、わたしは、もう何も言うことはない。

それがなければ、いっしょに探してみたい。きっと生活の中にあるはずだから。

わたしは何に引っかかっているのだろうか。この引っかかりの中に幾分かの怒りに似た感情が含まれている。

誰に対して、なぜ、怒りを感じているのだろうか。もしかして自分自身に対しての怒りかもしれない。

しかし、そうなら、Aたちと居て、なぜわたしは自分に怒りを感じるのだろうか。何だろう、この居心地の悪さは。それは、静かに思いを巡らすとわかってくるのだが、わたしがAたちの本当をほとんど知らないという怒りなのだと思う。

わたしはAたちを知りたいと思うのだが、何かが邪魔をして彼らの実在に到達できないでいる、そのもどかしさが怒りとなって吹き出てくるのかもしれない。Aたちを知ることはできると思う。知り得ないAたちではないはずである。

知るキーワードは、わたしが抱いているAに対する「ひとり」のイメージからの脱却にあるような気がする。多くの可能な限りの時間をAと過ごそうと思う。

（この一文は、わたしの内部で起こったうねりを言葉にしたものである。勝手な想像と考えてくだされば幸いです。）

27 Aさんの存在の喜び

二〇二〇・一・一六

わたしは自分の胸の内に住むAと対話をしている。これまでにいろいろな場所で出会ったAの姿を思い浮かべながら、わたしの人間としてあるべき姿について対話している。

なぜほかの誰かでなくAなのか。それは、わたしのある体験が基にあってAを選ばせた。無言のAの生きる姿がわたしに対して強烈で鮮烈な思いをもたらした。Aの生きる姿が、これまでのわたしの生き方に、リセットをかけてきたと、言うべきであろう。

わたしは誕生時に戻った気持ちでAとの対話を続けてきた。

そしてこの対話において実にさまざまな問題や課題が見えてきた。わたしの生き方を根本から揺さぶる何かが見えてきたのである。

1．わたしの内部の変化

あるとき、何も言わないで静かに後部座席に座ったAを背後に感じた。その静けさがわたしには非常に衝撃的であった。Aが車内の背後に静かに座っている事実が、何かわからないが、一瞬の内にわたしの人格を変えてしまうような衝撃波を出していたように記憶している。わたしは「Aさん、何か音楽でも聴く？」と背後のAに声をかけた。Aの「いらない」という声が聞こえてきた。そして後部座席に静かに沈んでいった。

体験は、たったこれだけである。時間にすれば数分、あるいは一分ぐらいかもしれない。このとき、わたしは何を知ったのだろうか。何を見せられたのだろうか。

このとき、わたしの内部で起こった変化は「〜すべき」という倫理的な指針の崩壊だったかもしれない。外部からの命令による行為からの脱却とでも言うべき訪れがあった。それ以降、わたしの行為は自発に変わった、あるいは代わった。

わたしの胸の内に広がるAに、語りかけるようになった。

2. 外部指令による行為

わたしの行為は「〜としてあるべき」行為として実施されていたと思う。たとえば、「先生として〜しなければならない」、あるいは「男として〜しなければならない」、あるいは「〜しなければ恥ずかしい」、あるいは「よこはま児童文化研究所の一員として〜しなければならない」という行為のあり方をしてきた。

もちろん、人間として「べき」から完全に解放されることはないだろう。その外部指針の比重が問題であったのだ。外部からの指針であることは、たしかに間違いの少ない、問題のない行為になるが、実感がないのだ。わたしのしている行為は、別にわたしの行為でなくてもいいのだ。代わりがある行為だった。

しかし、Aが車内で見せた静けさが、「このわたしが行為している」という確かな手応えを感じられるように変えてくれた。

内発的な行為と外発的な行為とが、どのような構造あるいはメカニズムになっているのか知らないが、Aの行為はすべて内発的な行為なのだと気づかされた。

それはAが豊かな精神生活にあることを意味する。反対に、わたしは、精神的に、奴隷状態の生活にあったことを意味する。多様性を認めない社会の要請に従って生きていれば、それなりに生活は安定する。しかしそれによって失ったことや物が多いと気づかされた。

3．Aさんの存在によって知らされた喜び

あの車内で知ったAの静けさがわたしの内部を変えた。そのときのAについて、いま、思いおこせば、いっさいの従来のA観、すなわち「人体としての存在」観からの脱却が起こったようである。Aから、わたしは「人間としての存在」観へと変えられた。Aの静けさが強いメッセージを出した。

「あたしを、あたしとして、あたしだけとして、おねがいします」

たしかにAは「人間としての存在」としてこの世に在ったのである。その事実を感じ取れないわたしの過ちが、Aに静けさをもたらしたのだろう。無言の静けさ（無為）において、Aは自己の「存在」を吹き出したのであった。

こうして、Aの静けさによってAとともに居ることの喜びを知るようになった。そして、Aたちと「ともどもに」居ることの喜びを感じ取れるように変わった。二〇二〇年一月四日、金沢文庫の改札口でAを待っていたわたしの表情は、晴れ、笑顔、日々新しい出会いの喜びに満ちていた。Aの表情は満面笑みであった。存在と存在の出会いが表情に笑顔をもたらす。

ありがとうAさん！

㉘ 本当のAさんは？

二〇一九・一二・一二

バールーフ・デ・スピノザ（Baruch De Spinoza、一六三二年一一月二四日－一六七七年二月二一日）は、「実体」と「属性」と「様態」に関して、

実体：りんご
属性：りんごとみかん
様態：りんごの変状、変化

と解説した。
この解説を「ともどもに」いきる約束に適応させてみる。

実体：A
属性：AとB
様態：Aの変化した状態

となる。

バールーフ・デ・スピノザの解説を勝手に使用させてもらって考えてみたい。

さて、わたしが目の前に見ているAとはAの「実体」か「属性」か「様態」かのいずれであろうか。あるいは、この三つのすべてを見ているのだろうか。言い換えてみよう、

実体：Aそれ自身
属性：AとBとの比較
様態：刻々と変化するAのある局面

ということになる。

だが、見ているこのわたしも、実は、Aの場合と同じように考えなければならないのだから、組み合わせはどうなるのだろうか。

どのわたしが、どのAを見ているのかという大問題である。「実体」、「属性」、「様態」を直接見ることはできない。

たとえば、わたしが一時間、継続してAといっしょに居たとして、その間に、わたしに認識できるAとは、「属性」と可能ならば「様態」であるかもしれない。

しかし「実体」を認識することはできない。りんごの実体もAの実体も認識できない。認識できないから実体を想定していたのではないか。

また、わたしがAとBとがいっしょに居る場に、継続して一時間居たときに、わたしに認識できるAとはどういうAであるだろうか。「属性」として両者の比較において、両者の「差異」を刻々と感じることができたとしても、認識にまで至るだろうか。

また「様態」として、両者が交わり合って何か行為を起こすときに、わたしはAの変化を感じたり、変化を認識できたりするだろうか。

りんごならば、二週間後にやわらかくなり蜜になっているような変化に気づくことはできるが、Aの場合にはできるだろうか。

人間は内部の変化を表に出す場合に顔の表情を使う。そして、外的刺激に対する内部変化としての表出と、内部刺激に対する内部変化の表出とは、その意味が異なる。たとえば、嫌いな犬が近づいてきた場合における顔の表情の変化と、お腹が痛くなった場合の顔の表情の変化は、その表情変化のもつ情報（二つの感情）の意味が異なる。

こうして、いくら考えを継続したとしても、Aの「実体」はどこかにどんと控えていてわたしの認識をはるかに越えている。だから、Aの「属性」の比較や「様態」の変化をいくら克明に見ていたとしても、Aの「実体」にまでたどり着くことはできない、という結論が導かれる。

これは、非常に目の荒い思考ではあるが、日常の交わりにおいては、有用な思考かもしれないのだ。結論の「実体」としてのAを認識することはできない、だから、日常のAとの交わりにおいて、いっさいのAに対する決めつけはAにとって不条理である。それは、わたしが、わたしの「実体」を認識できない限り、否定できない事実ではないだろうか。向き合っている両者は仮の姿に過ぎないのだ。仮の姿が一刻、また一刻と移ろいながら生を謳歌しているのだ。

それでは、真に「実体」として存在しているものは何か？　それは、それが「実体」であることを知っている「実体」でなければならない。そうすると、その「実体」とは何か？

㉙ 迎え入れてください

二〇一九・一一・二一

わたしは、Aは二重に苦しみを負って生きている、と感じる。一つはX症候群を受けた苦しみである。もう一つは、そのことによってさまざまな偏見、差別、排除を受けていることである。これは、Aの人生において最大の不条理である。「なぜ、あたしが、こんな目に遭わなければいけないの」と叫びたくなるだろう。

一番目の苦しみは消去できないものである。Aはこの不条理を受容するほかないだろう。なぜなら、Aが生まれ変わらない限り、X症候群から離れることができないからである。だが、二番目の不条理はA側の問題ではない。これは社会側の問題である。Aが生きていきやすい社会を実現させれば、この不条理を消滅させることができる。

それには、日本がどのような社会構成、社会的価値構成を目指すのかにかかっている。社会構築デザインの重大な課題であるのだ。それを現在はAたちへのサービスという次元でお茶を濁しているに過ぎない。そうではなく緊急にやるべきことは、Aがひとりの人間として、他の人間と同等に生きられる場を一刻も早く創ることなのである。

一番目の不条理が不条理でなくなるような社会を創造するという指令を、Aたちが出していると知るべきなのである。声なき声として「迎え入れてください」というAたちの渾身の願いを聞き取ることなのである。X症候群を社会が受け入れることではない。Aを自分と同じひとりの人間として、「どうぞおいでください」と迎え入れることなのである。

あるいは、わたしたちがAたちの住んでいる場に迎え入れてもらうことなのである。いっさいの縦関係を排して、いつでも、どこでも、誰とでも横関係で「迎え入れ合う」場が必須である。そういう社会を一刻も無駄にしないで実現させてこそ、智恵に満ちた社会と言えるのである。

30　立ちはだかる諸問題

二〇一九・一一・三

1．現代のネット社会の問題

Aたちの存在を根底から覆すような問題が世界で生じている。世界で生じているという表現は大袈裟ではない。それは、この現代のネット社会において、ある地域、国家の情報があっという間に世界中に拡散するからである。

2．とんでもない発想と商売

「天才精子バンク」というとんでもない考えがハーマン・J・マラーとロバート・グラハムによって企業化されようとした。

ハーマン・マラーはアメリカの遺伝学者。ショウジョウバエに対するX線照射の実験で人為突然変異を誘発できることを発見した。この業績により一九四六年にノーベル生理学・医学賞を受賞している。精子バンクの提唱者でもある。

一九六四年に不妊の人工授精のために、最初の精子バンクが米国・アイオワシティと日本・東京で誕生した。これにより、子供の求める性質を精子の段階で選択できるようになった。以後、精子バンクの利用者は増え続け、一九八〇年にはマ（原文ミュ）ラーの影響を受けたロバート・グラハムがノーベル賞受賞者専用の精子バンク「レポジトリー・フォー・ジャーミナル・チョイス」（ジャーミナル・チョイスはマ（原文ミュ）ラーの言葉である）を開設し、大きな話題を呼んだ。

（『ウィキペディア』「精子バンク」より）

ハーマン・マラーが急死したために実現しなかったが、ロバート・グラハムによって「天才精子バンク」は企業化された。

3．歯止めのきかない企業化

彼らの目的は、知能指数一五〇以上の天才で地球上を満たすということであった。知的あるいは身体的障がいを受けた人々を地球上から一掃するという馬鹿げた目的であった。こういう欲望が人類の一部にあったかと驚くしかない。

この考え方はアドルフ・ヒトラー等のナチスドイツの「優生保護」と称して大勢の障がいを受けた人をガス室で殺害した非人間的な発想の裏返しである。

高い知能指数をもった人間だけが存在できる世界を望むとはいったいどういうことか。わたしは、この考え方と事実を知り、不安で夜も眠れなくなった。馬鹿げたこの考え方をどのように阻止すればいいのか、夢の中でも考えるようになった。

現にアメリカには「精子バンク」会社があり、ネット上で売買できる。買い手がネットで好みの選択ボタンをクリックすれば、それに該当する精子が宅配便で届く仕組みになっている。その企業の副社長が、日本には年間五〇から七五ほどの「天才精子」を発送していると答えていた。

この企業の発想がこれから進められれば、遂には地球上から消える人間が大勢いることになる。

また、クローン人間の実現可能性が囁かれ、もしかすると、実現されるかもしれない。現在は、動物の羊の段階ですでに可能になっている。羊の段階で可能ならば、いずれ人間にも適応されて、クローン人間が街を歩くようになるだろう。

4．わたしたちの生き方

わたしたちは、この「天才精子バンク」問題について、どのように考え、どのように対処していけばいいのだろうか。この重大な危機をはらんだ問題は、他人事ではない。あすのわたしたちの命にかかわる問題である。

ここに「よこはま児童文化研究所」の「協働愛」を支えとして「ともどもに」生きる意味の重大さが浮き彫りにされている。この二つの思想語を生き抜くことで、馬鹿げた「天才精子バンク」企業への歯止めをかけるしかない。

31 右手にDさん、左手に夕焼け

二〇一九・一一・一九

秋が深まり十一月になると日が暮れるのが早くなる。研究所の左手の窓の向こう側に夕焼けがゆったりと浮かんで見える。東海道線の電線が夕焼けの中に鮮やかに形を成している。

研究所の扉が開き、Dが入ってきた。先ほど母親から「もうじき研究所に着くと思います」という電話が入った、そのとおりの到着であった。

Dは入るなり、いつものように冷蔵庫を開けてアイスクリームを取り出した。わたしの手のひらぐらいはある大きなアイスクリームである。肩から腕にかけてはピンク、そして胸の部分は白、その白い部分に大きな字で英語の単語が書いてある。

左手に夕焼けの風景、右手にDの姿、これは紛れもない事実である。この二つながらの存在を疑うことはできない。西の空を赤く染めている夕焼けに、しだいに黒い影が現れてきた。あの赤々とした夕焼けの風景にDを溶け込ませる時間を、秋の夕暮れは与えてくれない。

でも、わたしの頭の中で赤々とした夕焼けの風景にDの姿を立たせることはできるのだ。夕焼けの中に立つDは、まるで絵本の中に出てくる人形のように見える。夕焼けがDのために一秒でも長く赤々としていたいと願っているように見える。

夕焼けの魔力はDの存在を永遠のものとしたようだ。あの西の夕焼けに立ったDの姿は、明日の日の出と「ともどもに」立ち現れる。Dの新しい一日がこうしてまた始まる。

Dの一日は、日の出から夕焼けまでの空に染みついている。Dの目の向きによって、空の形や雲の行方が違って見える。そう、時折、空を見上げて空を見、雲を眺めることが人生の一部であるのだ。日の出が拝めて、夕焼けに感動する一日は、Dが幸福な一日を過ごせた証である。

夕闇から静かな時間が始まり、星の王子さま（未来の人）と眠りに入る。

32 人間である痛み

二〇一九・一二・一四

人間であるとはどういうことなのか。あるいは、人間でいるとはどういうことなのか。考えれば考えるほどわからなくなる。たとえば、農林省のトップだった人がわが子を殺害するという出来事があった。止《や》むに止まれずの犯行だったとしても、そこに人間でいることの難しさを感じる。

また、まったく見ず知らずの人間を殺害して何の後悔も反省もないという男がいるが、これも人間とは何かと考えるとわからなくなる。わたしたちは「人間の定義」を上向きにしすぎているのかもしれない。すなわち理想化して定義したということ。だが、実際の人間の所業はその理想からかけ離れている。

精神医学は鑑別診断をして診断名をつけ、精神異常者として精神医療にもっていく。しかし、依然として人間の残虐な犯行はなくならない。それは、裁いても裁いても、犯行の根を消滅させることができない証である。犯行に及ぶ根はどこにあるのか。そこを抉り出さない限り永遠に犯行はなくならない。

地球が消滅する前に、人間の正体を知らなければ、理想とした人間の定義に則った行為は覚束ない。

小学校の段階から「人間とは何か」を育む必要がある。一番重要な科目は「自分を知る」という科目だ。体育で逆上がりができなくて、悔しい思いをし、そのときに、「ぼくって、どうしてできないのだろう」、「あたしって、どうして足が上がらないのだろう」という実際の体験から、「人間とは何か」という重要な科目に導かれると思うのだが。

失敗が当たり前で、成功はその失敗の果てにやってくる奇跡なのだ、という厳然とした事実に気がつく必要がある。失敗から学ぶのではなく、失敗が即学びなのだ。失敗しているその時が大きな学びの時なのだ。失敗しているいまの過程をどう生き抜くか、このチャンスを逃さないで「自己自身」にたどり着く必要がある。失敗している自分にけっしてたじろぐことなく、何度も、何度も繰り返し実行し、その過程で自己を発見する。そして周囲もそういう自己発見の過程を共有する環境を創っていく。

失敗は、たしかに、人間である痛みであるが、痛みはいつか必ず消滅できる。痛みのない人生などない。この自分の痛みをいやというほど感じた果てに、他者の痛みを感じられる道が開けてくる。

人間は、互いに互いの「痛み」を感じ合えることを通じて、偏見、差別、排除そして他者化をなくすことができる。傍観者と成り果てると他者の殺害はもう一歩なのだ。傍観という居心地のいい部屋から出て、社会という居心地のあまり良くない場に生きてみて、はじめて、他者の命の尊さが感じられるのだ。

33 体験と可愛い感情喚起

二〇一九・一二・一六

わたしのA体験は、Aと「ともに居る」ことを意味する。Aを観察することは、Aを体験することとはまったく違う。体験には体験の「構造」があるのだ。

下の社交ダンスの絵を見てほしい。この絵には、①踊っている男女の体験が描かれているが、二人の体験以外に、②この社交ダンスを見ている観客の体験、そして③この両者の体験を見ている体験、すなわち主催者としての体験、と三通りの体験があるだろう。

ここでは、①踊っている男女の体験を基礎にしながら、わたしとAとの「ともに居る」体験を取り上げてみたい。「踊っている男女」は、それぞれのパートを踊っている。

男のパートは男の踊り手が演じ、女のパートは女の踊り手が演じる。しかし、男女のどちらかが踊らなければ社交ダンスは観客に見えないし、その当の男女の踊り手にも、社交ダンスの体験は得られない。

男の踊り手が演じ、かつ、同時に、女の踊り手が演じなければ社交ダンスにならない。すなわち、両者がそれぞれに別のダンスをしながら、同時に一つのダンス、すなわち社交ダンスを創造しているのである。社交ダンスの中に別々のダンスがあるのではない。

なぜなら、そもそも、両者が同時に踊らなければ、社交ダンスは出現しないからである。だから、観客が男の踊り手のダンスだけを見ても社交ダンスは見えてこないのだ。男女の踊り手の踊りが同時に見えてきて、はじめて社交ダンスが見えてくるという構造がある。これが体験には体験「構造」があるという意味である。

したがって、わたしとAとが何やら話し合っている場で、あなたがわたしの話だけを聞いても、あるいはAの話だけを聞いても、そこにある「話し合い」という構造を理解しないかぎり、両者の話し合いの理解には至らないことになる。

社交ダンスの場合も、わたしとAとの話し合いの場合も、当事者同士が繰り返し、繰り返し体験を継続することによって、互いに互いの体験に没入するようになる。そこから、互いの感情、演技が透けて見えてくるようになる。要するに、互いに互いの踊りや、話しぶりが好きになったり、可愛く感じるようになったり、身近な存在者として現象してくるようになる。互いに「ともどもに」居ることを何万回も繰り返すことによって生じてくる化学反応とでもいうような神秘な体験がどこかからやってくる。「反復体験」には、踊り手たちやわたしとAに不思議な体内にはなかった無上の感が訪れるようである。その訪れがどこからともなくやってくるまで、何万回もわたしはAとの「話し合い」を繰り返してきた。

そしてAがわたしを見た瞬間に、Aの中に変化、変情とでもいうような訪れが生じたことを知るようになった。

そこにあるのは「安定」という世界の場であり、この場はわたしが未だ言葉を身につける前のあの懐かしい、言葉を身につける前に見た土手の桜の花のような思いが宿っている場として現れている。

一度Aに出会った、いや、正確に表現するなら、神秘な力によってAと出会わ「された」互いの思いの現象を永遠に反復しなければ、わたしは、おそらく、生涯何もわからないで死を迎えることになっただろう。バカ正直に出会いを何万回も反復することが、わたしが生きるという真の意味なのだ。日本の四季の巡りのような呆れるほどの反復体験は真の喜びの訪れでもあるから。

㉞ 内に入ってみる

二〇一九・一一・一八

たとえば、音楽学を専攻するということは音楽の内部に入るという意味である。たぶん、高校までに音楽学を専攻することはないから、音楽の内部に入るのは大学生になって音楽学を専攻してからであろう。

ただし、特別な環境にあって、大学生になる前から音楽の内部に入って音楽した人もいるかもしれないし、たぶん、いるであろう。このような人は早めに音楽の内部に入ったために、より深く音楽を聴き、理解し、大勢の人と専門的な話し合いができるだろう。

ところが、心理学に関しては、大学生になって心理学を専攻しても、それでもって人間の心の内部に入れるかというと、難しいのだ。心理学とは、文字通り、人間の心理を研究する学問である。ドイツのヴィルヘルム・ヴントが大学に心理学の実験室をつくって以来、大学で心理学が研究されてきた。

彼らは、科学的な方法による研究を目指してきたので、いまの大学生が心理学の内部に入っても、人間の心の内部に入ったという実感はもてない。むしろ、科学的な心理学を勉強すればするほど、実際の人間の心から離れてしまうのだ。

心理学が科学的であろうとしたために、科学的であることが心理学の目的になったようである。しかし、科学的であろうとすることは方法の問題であったはずである。その方法によって人間の心から離れてしまっては、何のための心理学であったのか。心を数式で公式化して、どういう意味があるのか、再度、問われなければならない重大な問題である。

その学問の内部に入ってよりよく理解できるようになるものと、ますます乖離してしまう学問があるということである。

さて、ここでAに登場していただこう。たぶん、多くの人はAを外側から見ているだろう。要するにAの外観を観察しているのである。

そして、その外観者の中に心理学を専攻した人がいれば、Aへの観察からの知見と心理学の知識とを重ね合わせようとするだろう。それは、Aを丸ごと理解することではなく、観察知を増やすだけのことになる。

だから、その観察者がAの真の心と触れあうことはない。よく言われるのは、「いったん獲得した知識は捨て去ること」である。心理学の知識を使ってAを観察し、その知識がAと向き合っても、Aはおそらく何も応じないであろう。

なぜなら、Aは心理学の知識の体系ではないからである。ひとりのかけがえのない存在者としてこの世に存在しているのである。

Aを本当に知りたければ、Aの心の内部に入って、Aの眼でAを見るしかない。Aの眼を欲しがるわたしが居るかどうか。このことがわたしにとっての最大の課題であり、Aにとっての他者一般の課題でもある。他者の眼を欲しがることなしに他者と触れあうことはない。わたし自身、他者に対して、わたしに関心があるならば、わたしの眼でわたしを見てほしい。互いに互いの眼でもって触れあうことが、真のコミュニケーションである。

二〇一九・一一・二一

35 母ならば

「よこはま児童文化研究所」の底流に「母ならば」という気持ちが一貫して流れていたし、おそらく、これからもその思想は流れ続けるだろう。母と子の当たり前の絆を重視して生きていこうと決めた、母たちの「よこはま児童文化研究所」であることは、いくら力説しても足りない。

子どもが海岸の岩に立ち、波頭の向こうから母なる大船が近づいてくる。このイメージが母と子の間の基礎的なものであろう。岩場に立っていくら海の彼方を見つめても、母なる大船が近づいてこなければ、子どもは絶望するしかない。まして岩場に立って母を待つ子の苦しみや悲しみに耳を傾けてくれないとなれば、その子は狂気に陥るしかないだろう。母という大船が子のイメージの中でどんどん大きく膨らみ、その大船が自分に向かって近づいている、この感覚が失われると社会は大きく乱れるのではなかったか。いったん乱れた、秩序のなくなった社会を回復させるのは不可能である。元の母子の関係が回復するのに、千年も万年も待つしかなくなる。

「よこはま児童文化研究所」の母たちは、たえず「母ならば」という決断に晒されて生きている。「母だから」、「母だけにしか」、「母であり続けるために」、「子らの未来のために、母として」というわが子たちへの愛の視座を基礎に据えながら、家庭を守っている。ドヴォルザークに「母の教えたまいし歌」という名曲があるが、老いた母から教えてもらった歌を、いまは、わが子にその歌を教えている、そういう連綿と続く命の支えとしての歌である。

「母ならば」という視座は、子に向かっては、何事も恐れず、何からも逃げず、つねに全力を出し切って、継続しているわが命（子）と「ともどもに」生きることを、まるで森の中で息をするように受け入れさせる。

36 永遠に子と伴《とも》にある母

二〇一九・一一・二七

わたしは「よこはま児童文化研究所」にいてつねに母の生き方を見てきた。

現代では、朝ご飯を、子どものために準備する母親が三分の一もいない時代になった。しかし、わたしが「よこはま児童文化研究所」に関わり始めた時代は、このような時代ではなかった。わたしの周りの母たちは、つねに子と伴に居た。このことは強調しおきたい。

わたしはこの「永遠に子と伴にある母」というフレーズが好きだ。このフレーズが機能するために、世界は絶対的な平和でなければならない。

いまも、母と子が生き別れになったり、子の目の前で母が機関銃に撃たれて殺されたり、反対に、母の目の前で子が撃たれている。

親子の決意が母と子が永遠に「ともどもに」居られるようにする。決意なしに居ることはできない。ここで言う「居る」は、同じ住居に住んでいるという意味ではなく、ほどよい母子関係が成立した協存関係を意味する。

「永遠に子と伴にある母」というフレーズの「伴にある」とは「ともどもに」と同義語である。子が何歳になろうとも、母はわが子と「ともに」生きる決意を秘めて生きている。

そのために、逆に子は母を思いやれるようになった年齢に達したときに、母が子と「ともに」生きたいと思える人間であるべきである。子は、母が側に居たいと思える人間に自分を育て上げなければ、母は子と「ともに」暮らすことはできない。

「永遠に子と伴にある母」というテーマはおそらく人の永遠のテーマであろう。ある国では、一つの住居に何家族も「ともに」住み、何世代も「ともに」住むという。

子はそういう複雑な家族環境の中で、自分の祖先たちを知る。そして、縦軸と横軸の家族構成を知る。こういう構成なら、「永遠に子と伴にある母」関係は成立しやすいだろう。

いまは、家族がどのような構成であれば、「永遠に子と伴にある母」の願いが叶うかを考える時期である。「永遠に子と伴にある母」を願う母が、日に日に、増えれば、もしかすると、世界に絶対平和が訪れるかもしれない。

二〇一九・一一・二一

37 母の教えたまえし歌

アントニーン・レオポルト・ドヴォルザーク（Antonín Leopold Dvořák、一八四一年九月八日－一九〇四年五月一日）に「母の教えたまえし歌」（Kdyz mne stará matka）という名曲がある。彼はブラームスに見いだされたチェコの作曲家である。

その昔、
老いた母が私に歌を教えてくれたとき、
母は目に大粒の涙を浮かべていた。
今、私も親となり、
その歌を子供たちに教える時がきて、
私の目にもいつの間にか涙が浮かんでくる。

この歌詞はボヘミアの詩人アドルフ・ヘオドゥークが創ったものをドヴォルザークがドイツ語に訳したものである。わたしどもも、この曲を「みんなのコンサート」で繰り返し演奏してきた。原所長のピアノ演奏に、わたしのフルートかリコーダでメロディーを重ねてきた。これまでのほぼ四〇年にわたる「みんなのコンサート」で数え切れないほど聴いていただいた。切ない思いが曲の始まりから聞こえてくる。始めに一気に駆け上がるような高揚感があり、中間部のなだらかな坂道をゆったりと母子で散歩しているようなメロディーが嬉しい。
母―娘（母）―娘（母）と無限につながる「母と娘の物語」が音楽になっている。母ならばの思いがあふれ出ていて演奏していても涙が出る。

わたしの内にいつまでも残っている母が、ドヴォルザークのこの曲とともに立ち現れてくるのだ。子にとって母なしの人生など何の意味もないのだ。幼児期に、母のあの温かい膝に顔を埋めて眠った、あの温もりが聖書の教え以上に貴重なのだ。誰にでもあの幼児期に感じた母の膝の温もりを与えたい。そして子らは母の膝の温もりで暖まれる権利をもって生まれているのだ。

ある本の中で、病魔に冒された老母に娘が子守歌を唄ったという文章に出会った。その娘の唄う子守歌をきいた老母がかすかに反応を示したという。母から娘への子守歌が、娘から母への子守歌になった。子守歌のもつ不思議な聖性が感じられる。わたしは母から子守歌を唄ってもらったが、わたしは母に唄うことはなかった。

「私の目にもいつの間にか涙が浮かんでくる」と独訳し名曲に仕上げてくれたドヴォルザークのこの曲に感謝を捧げたい。おそらく、永遠の名曲として残ることだろう。少なくとも、わたしの胸の内において。

38 天城とほどよい母

二〇一九・一一・二一

母には二度母になるチャンスが巡ってくる。一度目は、わが子が「おぎゃー」と胎内から体外に出て産声を上げた瞬間である。もう一度は、その後、そのわが子と「ともどもに」生きる過程で「母」になっていく。

イギリスの小児科医で精神分析家だったドナルド・ウッズ・ウィニコットは母子関係の距離を「ほどよい母親」という言葉で提案をしている。原語では「good enough mother」である。

現代は、何かと過剰気味であり、母子関係の距離も短く言葉数が多くなっている。作家の村山由佳氏の『放蕩記』に克明に書いてあるとおりである。母の愛という名目で過剰に子どもに介入する。

愛といえば、何でも許されるかのようであるが、そういう形で愛される子側からすれば、耐えられない日々となる。

こんなときに、他の母親はどのように子と接しているか知る機会があれば、自分の子への愛情の示し方が過剰であったり、過少であったりしているのがわかるかもしれない。また、子のほうも、自分の母からの愛情が「ほどよい」のかどうか、観察できる機会になるかもしれない。

「天城子どもと親とのワークショップ」は、自分の愛情の示し方がどうなのかを、他の母親の愛情の示し方を見ながら知ることができる。そして、わが子に合った愛情の注ぎ方へと修正できるようになる。それは母子の双方にとって「よき訪れ」であろう。知らないで、気がつかないで、いいと思って、無思慮にしていることが案外多いのである。

「天城子どもと親とのワークショップ」の母として、わが子だけでなく、他の子どもの参加者たちに愛情を注ぐ過程で「ほどよい」注ぎ方に進路変更できる。やはり二人の関係は「ほどよい」が一番なのである。

二〇一九・一一・七

39 浜辺の歌

「浜辺の歌」は大正二年（一九一三年）に作詞：林古渓と作曲：成田為三により創られた。この曲は成田為三の故郷の能代海岸を思い浮かべて作曲したといわれる。

以下に歌詞をあげる。唄ってみてほしい。

（1）

あした浜辺を　さまよえば
昔のことぞ　しの（偲）ばるる
風の音よ　雲のさまよ
寄する波も　貝の色も

（2）

ゆうべ浜辺を　もとおれば
昔の人ぞ　しの（偲）ばるる
寄する波よ　返す波よ
月の色も　星の影も

（3）

はやちたちまち　波を吹き
赤裳（あかも）のすそぞ　ぬれひじし
やみし我は　すでに癒えて

浜辺の真砂（まさご）　まなごいまは

現代の日本語ではわかりにくい歌詞もあるが、メロディーと一体になると心に響くものがある。

浜辺をとり囲むような風、雲、波、貝、月、星、そして真砂が、病みあがりの逍遙者の目にとまる。

その浜辺の砂浜に昔の人が立ち現れると唄う。いろいろあったけれども、いろいろな人にも出会ったけれども、いまのわたしには「あなた」しか思い浮かばないと、唄う。歌詞がメロディーと一体となり、メロディーが歌詞の内に溶解する。

歌詞とメロディーが溶解する場は「浜辺」すなわち「あなた」である。日本人は古来「浜辺」＝「あなた」という歌い方をしてきた。「あなた」を「浜辺」に寄せて、逆に、「浜辺」を「あなた」に模して唄ってきた。こういう直でない表現法に惹かれる人は多いのではないだろうか。

この「浜辺の歌」を繰り返し唄ってみると、底に日本人が生きながら眠っているように見えるし、眠りながら生きているようにも感じる。

緩やかなうたの流れが、夕刻の浜辺のひとときを見事に表現している。作詞者林が浜辺で歌詞において再会した「あなた」、天空の星と月、海辺の貝、砂浜、こういう事物を眺めると、どうしても「朝」と「夕」でなければならない。朝に「昔のこと」を思いだし、夕に「あなた」と再会する。波の音が時の刻みのように現実感を与えている。

静かに流れる思いの奥深くに居るこれまでの人生の幾星霜が見えてくる。それも病後のことだからだろう。病みは人を静かにさせる力があるようだ。また永遠に触れ、抱き込まれるチャンスでもあるようだ。

この「浜辺の歌」は病み上がりでできた日本の永遠の詩に違いない。

「よこはま児童文化研究所」に集う参加者は「ともどもに」生きようとしながら、自分なりの一曲を探し求めているのかもしれない。

二〇一九・一二・二七

40 日々新たなAさんとの関係

わたしが、何度も、何度も、繰り返して言いたいことはたった一つしかない。それは、「他者との存在の関係」を固定化することなく、まさに流れる水中の水のように日々新たに「関係を更新させる」ことである。

「他者との存在の関係」において、最も恥ずべきことはその関係を変えない態度である。他者との行為を一つ体験したときには、その向き合った他者との関係が、一つ更新されるという事実に気がついてほしい。出会いとは更新をもたらす。

水中の水は、見えないが存在する。空気中の空気は、見えないが存在する。Aの存在は、見えないが存在する。水中の水の一滴であるわたしやAの存在は互いに見えないが、しかし、認めあうことはできる。見えないが認めあうという態度こそが、互いに、互いの存在をありのままに受容していることになる。

わたしは水中の水であったり、水中であったりしながら、Aの水中や水との変換過程を共有している。水中と水との変換過程を利那滅において繰り返しているこの過程こそ、わたしとAの存在を存在たらしめる。

誰も「水中の水」と「水中」を分けることなどできない。しかし、水中に水はあふれている。また水が存在しなければ、水中は存在しない。そしてこの水が川の流れを構成している。水が水中となって川を流れる。それを見ているわたしたちは、いったい、どちらを見ているのだろうか。

その前に、あの狩野川の土手に立って見ているのは「何なのか？」

鴨長明は「方丈記」に、「ゆく河の流れは絶えずして、しかも、もとの水にあらず」と綴った。この時、鴨長明は何を見ていたのだろうか。物理的な存在である「水」を見て、このように綴ったのだろうか。だいたいにおいて、「見る」とはどういうことだったのだろうか？

「見る」に似たような言葉に知覚という術語がある。

知覚（perception）とは、動物が外界からの刺激を感覚として自覚し、刺激の種類を意味づけすることである。

という説明が『ウィキペディア』「知覚」にある。

そうだとすれば、鴨長明が「川の水の流れを意味づけた」ということになる。すると、わたしがAと交わっているときには、Aのある何かを見て（知覚して）、そのAの何かを意味づけていることになる。この感じはわたしのAとの体験に近い気がする。「意味づけている」という表現を互いに「気づかい」と言い換えると、さらに、体験に近くなる。

相手をこちらに出向かせる方向ではなく、こちらが相手に向かって出向くという方向での出会いを「気づかい」という。つねにわたしがAの存在へと出向く方向で交わる。この相手に向かって出向いて行くという行為は難しいのだ。

この出会いを日々繰り返すことによって、互いの存在の関係性を新たに更新できる。Aとは何かではなく、Aとは誰かという対面図式において更新された互いの存在は平等になる。まるで二〇年ぶりに友人と再会したときのような感激と喜びをもって、わたしとAは瞬間瞬間に出会いを新たにすることができる。

Aの存在をどんなことがあっても、虫ピンで刺して、止めるようなことをしてはならない。

二〇一九・一一・五

41 祈りについて

いつ頃からか、祈りのできる人と、できない人がいることに気がついた。すんなりと祈りができる人はキリスト教を信じている人々や、イスラム教や回教を信じている人々だろう。わたしは仏教徒だが、これまで祈りをしたことがない。葬式でお線香をあげて、手を合わせる行為は祈りとは呼べないだろう。この行為はお参りというのではないだろうか。子どもの頃に、おばあちゃんから「よくお参りするのだよ」と躾けられたことを覚えている。

だが、長じてキリスト教に触れて「祈り」という言葉を知り、祈るという行為を知った。

あるとき、二〇代の頃、あるキリスト教関係の高校に呼ばれて講演をしたことがあった。講演が終わって質疑応答の時間になったときに、そこのシスターが「キリスト教で一番大切なことは何でしょうか」と主任に質問した。するとその主任の方は「愛です」と答えられた。そのときは、その質問と答えが講演者のわたしに向けられたとは気づかなかった。

しかし、考えてみれば、シスターであるかぎり、キリスト教の中核には「愛」があるということを知っているはずである。そういうことを知っていながら質問したということは、部外者のわたしにキリスト教の「愛」を教える目的があったとしか思えない。

いまのわたしはキリスト教が「愛の宗教」であることはわかっている。知的な理解を超えてわかっている。キリスト教の愛すなわちギリシャ語のアガペーという言葉を、身をもって使えない自分を、なぜか、非常に残念に思う。

キリスト教の枠内で「愛」という言葉を使えない自分の生涯に、なぜだかわからないが、痛みを感じる。だから日常言語の範囲内で「愛」という言葉を使う。日々、オレは祈りができない。また、祈りが足りないと思う。生涯、仏教徒で生きることだ。

二〇一九・一二・五

42 苦しみと慰み

「苦しみと慰み」は人間の永遠の課題であろう。「苦しみと慰み」の前に「心の」という前句をつけて考えたが、書く段階で「心の」という前句を除外した。

なぜ「心の」という前句を除外したかを説明したい。

人間が「苦しみと慰み」を感じているときに己の「心」の存在を感じることは不可能だと思えたからである。

「苦しみと慰み」を「心」で感じていると感じられたら、人間の「心」はどうなってしまうのか。感じる「心」と感じられる「心」とがぶつかり合うのではないか。

そして何よりも「あたしの心が苦しみと慰みを感じているわ」なんて、嫌らしい感じがするだろう。

苦しみのまっただ中にいれば、苦しみしかないし、癒しのまっただ中にいれば、癒ししかない。そういうものだろう。

人間は「あたし、苦しいの」などと滅多に口にしないものである。また「あたし、癒やされたいのよ」などと滅多なことでは言わない。

人間とは、ギリギリまでひとりでじっと耐えるのだ。耐えて、耐えて、耐え抜こうとして、耐えきれずに「あっっ――」と泣き崩れるのが人間なのだ。

「困ったら、いつでも相談に来てね。遠慮しないで相談に来てね」と親切に言われても、人間とは、なかなか、相談に行かないのだ。

だから、癒しとは、他者からやってもらうものではないのだ。まして神からいただく物ではないのだ。Aが自分の誕生を、人生を、生き方を、未来を見詰め、絶望し、それでも生きていこうと決断して、あげくに絶望に陥り、死のうとしても死にきれず、耐えて、耐えて、それでも耐えきれないいまさにその「瞬間」にAの内部から「癒しの声」が聞こえてくるのだ。「Aよ、生きよ、生きて生き抜け」、それがあなたの命の意味なのだ。

礒山雅氏の著書に『「救済」の音楽――バッハ、モーツァルト、ベートーヴェン、ワーグナー論集』（音楽之友社、二〇〇九年）があるが、ここで使われている「救済」という術語も、バッハ、モーツァルト、ベートーヴェン、ワーグナーの作曲した作品が救済するのではなく、彼らの音楽を聴いた聴き手が自己救済すると考えよう。

なぜなら、「救済」という視座で彼らの音楽を聴くということは、その聴き手に、人生上における、よほどの難題が降りかかっていると考えられるからだ。「救済」を求めてJ・S・バッハたちの作品を聴くなどというターニングポイントは滅多なことでは巡っては来ないだろう。

その救済を求めて、J・S・バッハの作品に耳を傾けようとした時点で、すでに、その聴き手は未救済段階から「半救済」段階に在るのだ。

わたしはAを救済しようなどとは思わない。なぜなら、Aがこうして「よこはま児童文化研究所」で「ともどもに」生きているという事実が、すでにAが救済されている証、あるいは救済済みの存在であると、確信しているからである。

生きとし生けるものは、すべて、救済済みの証明書を預かって生きているのだ。ただ、その尊いかつ神秘な事実に気がつかないだけである。そういう意味で、わたしもAも社会で命を燃やし続けているのではない。もっと別の場で互いに互いの「命」を燃やし続けている。その場を「よこはま児童文化研究所」と呼んでおきたい。国家とか社会とか会社というあり方ではなく、人間の「命」を最大の主題として生きられる場を「よこはま児童文化研究所」と呼んでおこう。

Lifeとは、①生きる命、②人として生きる、③自然に生きる、を包含する重要な言葉である。わたしやAの苦しみを救済しているのは、このLifeそれ自体なのだ。Lifeこそが、Aのすべてを知り尽くし、これからも、Aと「ともどもに」生きていく要なのだ。

二〇一九・一一・二一

43 交わりと分かち合い

他者と交わるとは、即、分かち合うことである。たとえば、Aが「天城子どもと親とのワークショップ」に参加するとは、他の参加者たちと交わり、そこで創られる時間を分かち合うことである。人間にとって、互いに時間を分かち合えることほど大切なことはないだろう。なぜなら、それぞれの人には、それぞれの天から与えられた時間があるから、それを他者と分かち合うことは、奇跡なのである。できれば、決められた一生の時間を自分のためだけに使いたい。でも、そういう交わりのない時間は、分かち合いのない無味乾燥な時間しか現れてこない。

SKさんが通所しているTという施設がある。「よこはま児童文化研究所」の所長の原とわたしは、このTという場で三四回演奏させてもらっている。聴いてくれる人は、車イス、あるいはベッドに横になっている。でも大きな目をじっと演奏者に向けて聴いてくれている。ここには、彼らとの交わりと「時の分かち合い」とがある。

おそらく彼らは、わたしたちと交わってくれていると思うが、その気持ちが崩れた時もあった。どうすれば、彼らと時を同じようにして交わることができるのか、自信を失った経験もあった。

でも、三四回も行かせてもらううちに、交わりと分かち合いの気持ちに揺らぎはなくなった。全身で聴いてくれる彼らの聴き方に感動がはしるのだ。「ああぁ、ここに居るわたしはなんと幸せなのだ。こうして、時の刻みに命が吹き込まれてくるなんて、あり得ない奇跡なのだ」という思いに涙が流れることも多い。

いまこそ、日本人は、分かち合いと交わりを回復して、声なき声、涙なき涙、恨みなき恨みに耳をかして、交わり尽くすべきである。そして、交わりはけっして上下関係を許さないのだ。

44 別の世界そしてよき出来事

二〇一九・一一・二五

「よこはま児童文化研究所」にいて一番いいことは、いつも自分が自分自身で居られることである。

「よこはま児童文化研究所」にいて、自分を見失うことはない。でも社会には、自分が自分自身でいることが非常に難しい出来事にあふれている。ここの場は別の世界のようだ。

台風、地震、豪雨、火山の噴火、大雪などの自然災害によっても自分を見失う。昔、「地震、雷、火事、おやじ」という順番で、自分を見失う対象が語られていた。

どうすれば、社会生活においても、とくに職場において、自分を見失うことなく生きることができるのだろうか。すぐに思うのは、「寛容な社会」というフレーズである。毎日の友人との会話の中には、不寛容社会を絵に描いたような出来事に満ちている。

寛容な社会は夢の中だけの社会になったのだろうか。寛容とは母なる優しさと同義語ではなかったか。いまだにわたしの内には亡くなった母の寛容さ、優しさが住んでいる。

そして、この優しさや寛容さが「よこはま児童文化研究所」にいると随時に呼び出される。わたしが優しいのでも寛容であるのでもなく、関係が優しいのだ。

Aとわたしの関係の間に優しさという別の世界が横たわっている、そういう感じがする。いや、感じさせられるのだ。

わたしがAに対して優しいとか寛容だというのではなく、わたしとAとの関係の別の世界に優しい水を注ぐだけなのである。二人の関係の間に優しい水が流れていれば、あたかも二人の人間が優しいように立ち現れてくるのだ。

「関係の間の優しい水の流れ」が二人に「よき出来事」を運んでくる。よき出来事が日に日に少なくなってきている社会に生きることは、非常に難しい。「よこはま児童文化研究所」は、「関係の間の優しい水の流れ」によって、つねに、「ともどもに」生きる水脈を絶やさないで、よき出来事の現れを目指している。

㊺ 命を天から与えられて

二〇一九・一一・二一

わたしの一生（存在）は、天から命を与えられ、生き抜いた後、また、その与えられた命を天にお返しするまでの時間である。

天は、どのような形で、わたしに命を与えるかを決めているのだろうか。

天は、なぜAにX症候群という存在者としての命を与えたのだろうか。あるいは、天は、なぜLLにY症候群という命の形を与えたのだろうか。

AやLLは、天からの理不尽な命の与えられ方に疑問があるだろう。存在者としての他者との差異に悩むだろう。

この疑問に対する答えは、DNAを用いた科学的な答えでなく、存在論的な答えにある。AとLLが、自己の与えられた存在者に納得がいかなければ、さらなる答えが求められるだろう。しかし、納得できるような答えが用意されているだろうか。否。

そうであれば、わたし（たち）にできることは、Aたちの納得できる答えが用意されるまで、身をもって交わることだろう。また、わたしがAたちの存在者としての命に全身全霊で交わることだろう。

天から与えられた命の形がどうであれ、AやLLには、人間として大切な心が与えられた。AやLLは、天から与えられた唯一無二の心を日々の生活で育て上げ、その美しく育て上げた心で、他者との交わりが輝きそして満たされるように生きている。

AやLLは、わたし(たち)のように人生において紆余曲折することなく、迷うことなく一直線に美しい心(これは別名「自由」である)を育て、美しい心を備えた一体の命を天にお返しできる。

Aたちは、釈迦の遺言である「自灯明」と「法灯明」を生きている。釈迦は三五年かけて悟りの境地にたどり着いたが、Aたちは生まれながらにして「自灯明」と「法灯明」を生きている。

Aは「いま・ここで」わたし(たち)と「生きている」。

LLも「いま・ここで」わたし(たち)と生きている。Aたちに、わたし(たち)と交わっている時間と空間の謎が見えている。

反対に、世の中には、「いま・ここで」生きられない人が多い。わたし(たち)いつも、あくせくし、誰と何をしても満たされず、他人の悪口に明け暮れ、いつも他人の噂話に時を費やし、愚痴を鯨が海水を吐くように垂れ流して生きている。

AやLLたちは、そのようなつまらない無意味な時間の使い方はできない。「いま・ここで」生きている自分の命を感じ、ゆったりと時の移ろいを感じ、自分の内に見えてくる外を大切にして生きている。

わたしは、Aたちの命をそのように感じるようになった。

Aたちは、天から与えられた命の返し方をすでに知っている。だから、ゆったりした時の雲に乗りながらわたし（たち）と「ともどもに」生きられる。

46 よき便りがありましたね

二〇一九・一一・二七

Aさん、最近、よき便りがありましたか。

わたしは夜道をひとり歩きながら「Aさん、よき便りがありましたか」と語りかけてみた。夜空には下弦の月がかかり、もう夜道を歩く人もまばらな時間であった。夜道には、時々会える「ちぽ」猫もいません。すっかり夜の世界へ流れている時間なのです。

京急電車が弘明寺駅を通過するとき「岩井さん、もうお休みになりましたか。今日はいい一日でしたか。明日は何をしますか」と毎夜胸の中で独り言をする。

するとあの岩井さんの優しいお顔が走っている電車の窓に映るのです。

「ああー、こうしてわたしは岩井さんに出会える」と感じます。

直に会うことも大切です。でも、目の前に居ない岩井さんに、遠くから「もう、お休みになりましたか」と独り言をするのも、出会いの一つだと思うのです。

そして「岩井さん、よき便りがありましたか」と今日のお別れを言うのです。電車はもうすぐ上大岡の駅に入ります。

またあるとき、「浜辺の歌」を所長の原さんと演奏していたとき、突然、北嶋さんのお声が聞こえ、お顔が目の前に浮かんできました。

あの優しい声でわたしに「先生、お体を大事にしてくださいね」というのです。わたしの目頭が熱くなり、涙があふれて楽譜が見えなくなります。こうして「浜辺の歌」を演奏しながら北嶋さんと出会えるのです。それから、北嶋さんの声が演奏中に聞こえてくることが多くなりました。

お互いに「よき便りがありましたね!」とたずねあっているのだと思います。本当に部屋にポツンとひとりで過ごす時間もあります。また、家族と過ごすときもあります。だが、人はどこかひとりです。そしてこの「ひとり」の時間がとても大切なのです。この時間が、いま、目の前に居ない人々との出会いをもたらしてくれるのです。

「Aさん、よき便りがありましたか」と聞くことがいかに大切なことか。一枚の絵はがきの便りがどれほど「ひとり」の時間を受けとめてくれるか、言葉もありません。

「ああ、この便りを送ってくれた人が、わたしの身を案じていてくれているのだわ」と思えるときは、おそらく、至福の時間なのではないでしょうか。

いまのわたしは、大勢のよき人たちに囲まれている幸福感があります。幸福とは物の世界にあるのではなく、お互いに「よき便りがありましたか」と聞きあえる人間の優しさにあります。染み入るような優しさが、わたしたちを幸福の衣で包むのです。

わたしにとって、Aさん、岩井さん、北嶋さん、そして大勢の友人からの優しい声が届けられる。そして互いに「よき便りがありましたか」とたずねあえる喜びが訪れる。互いの「よき便り」をたずねあうことが、「協働愛」をもとにして「ともどもに」生きる要のような気がします。

人に対して傍観者にならない決意が求められます。人を忘れないで生きられるようにする。

みなさん今日も「よき便りがありましたね！」。

47 自己否定から自信喪失へ

二〇一九・一一・一五

他人から、日常的にたえず非難されると、自己否定に陥る。自分の行為の「何」がおかしくて、非難されているかがわかれば、直しようもある。しかし、自分の行為の「何」が相手の気持ちを損ねたのかわからない場合、非難され続ける人は途方に暮れるだろう。

行為の原因は人それぞれである。行為の理由もまた人それぞれである。しかし、行為の結果に対する評価は所属社会によって決められていることが多い。

だから、わたしたちは行為の結果がどういうふうに評価されるかを予め知っていなければならない。現在の日本でも、やはり、中国から輸入した儒教の精神が日本人の行為の中核にあるように思える。

しかしながら、何らかの理由で、行為の結果に与えられる評価を学び損ねた場合に、いろいろな問題が生じてくる。「おまえ、そんなことも知らないのかよ。あったりまえだろが。バカかおまえ」という極論まで予想される。

現在は、多様性が受容されている社会であるといわれているが、実際は、あるいは実態は、真逆である。多様性は同じ仲間においては認められやすいが、異質の仲間と認定されると、多様性への尊重は即座に消し飛んでしまう。同質集団は仲良し仲間であるが、異質集団は否定する方向へと舵が切られる。

この問題の実際は、「第八八回（二〇一九年）全国盲学校弁論大会」での九名のスピーカーの演説にも語られていた。しかし、彼らの方が、一歩も二歩も先を歩んでいる内容だった。「今年の大会で優勝の栄冠に輝いたのは、「シロウサギ」と題した弁論を行った福島県立視覚支援学校高等部保健理療科一年の常松桜さんだった。

常松さんは、メラニンの欠乏により、髪の毛や皮膚が白い「アルビノ」で、視覚障害もあります。見た目の白さを笑われたことから、髪の毛を黒く染めたこともあったが、高校卒業時に、染めることをやめたことを明かした。社会に障害に対する偏見や差別が残ることに触れ、「自分なりの発信で社会を変えたい」と聴衆に訴えかけました」。

「自分なりの発信で社会を変えたい」という演説に、思わず、わたしは感動のあまり涙した。最後に会場で母親と手を握りしめてインタビューに応じている姿がいまも消えないで残っている。「桜さん、ごめんなさい。あなたたちの生き方に触れることもなく過ごした日々を深く深く反省しています。お会いしたいです」。

否定される側は、否定が重なると他人から否定される前に、自分で自分を否定するようになる。いわゆる「自己否定」である。それは、生きていく意味や、意義を、まるごと奪ってしまう。終には自信喪失にたどり着き、悪ければ自殺さえ引き起こされてしまう。こうして、日本の社会は二つに分断されてきたし、今後も油断はできない。

常松桜さんたちが、人間にかわりはない、みんな同じ人間なのだ、だから「ともどもに」生きていけるんだ、という強いメッセージを出せたことに、わたしは勇気をもらった。

彼らの演説から、偏見、差別そして排除の歴史が、いま、変わりつつあるという実感をもてた。そして、いつの世もそうだったが、そういう差別をなくす働きは、差別された方々から起こってきていたが、もう、わたしたちが立ち上がって「ともどもに」生き、偏見、差別、排除のない場を創造しなければならない。

ある演説者のスピーチに「明日は我が身だよ」と受け取れるような内容があった。本当に、「明日は我が身」なのだが、そうでなくとも、全地球人が一つ思いで生きることができる場がほしい。身体的にも精神的にも殺戮のない地球の場が必須である。

二〇一九・一二・二九

48 キリスト論とイエス伝

キリスト教神学において、初期には「キリスト論」がさかんに問題にされたが、近代になってからは「イエス伝」研究に移行したといわれる。

わたしが、こういう世界に関心をもつのはなぜか。それは、わたしがAたちと「ともどもに」生きようとしているからである。

山田晶氏によれば、「キリスト論」の始まりは、イエスがペテロに「わたしは人の子である。そしてこのわたしは誰か」と問いかけ、その問いに対してペテロが「あなたは人の子であり、そして神の子である」と応答したことから始まったという。

この「キリスト論」は明らかにキリスト教における信仰をもつもの、すなわち、クリスチャンとしての領域における問題である。こういう問い、すなわち「キリスト論」に答えを出す必然性をもっているのはキリスト教における神学である「キリスト教神学」であった。まず、キリスト教内部において「キリスト論」をしっかりと確立させておきたいということだった。それが教義（ドグマ）として確立された。

それに対して「イエス伝」の問題は、実証的あるいは科学的に研究する時代の趨勢から起こってきたために、キリスト教神学者だけでなく、歴史学者、聖書学者、考古学者などの介入が始まったといわれる。

そしてさまざまな「イエス伝」研究がなされた。それをアルベルト・シュヴァイツァーが『イエス伝研究史』として、整理した。この著作は白水社から二〇〇二年に翻訳出版された。

この研究の結果、イエスという人は、実在したかどうかわからない、というものだった。

こういう「イエス伝」研究の結果は、キリスト教においてすでに信仰が確立した信者たちにとってさほど問題にならないのではないかと思う。信仰の問題とは別物だと見做される可能性が高い。

しかし、一般読者は、興味と関心をもつかもしれないし、「あのイエスが実在したかどうか不明だった」という結論を無視できないと思われる。

さて、これだけ整理しておいて、わたしが関心をもつのは「キリスト論」のほうなので、Aたちと「キリスト論」との関係を問題にしておきたい。

上に、「キリスト論」の成立状況を書いたが、もしも、Aがわたしに対して「わたしは誰か」と尋ねたとしたら、わたしはAにどのように応答したらいいのだろうか。「あなたはAです」と応答しても、何の意味もない。「あなたは男性です」とか「あなたは女性です」などと応答することは筋違いである。では「あなたは」の次に、どう応答したらいいのか。ここが、わたしには、心底わからない。そして、Aが、たえず、わたしに「わたしは誰か」と問うているような気がしてならない。

あのイエスという人物が実在したとして、イエスがキリストであると認知された根拠は何だったのだろうか。誰がイエスをキリストであると知っていたのだろうか。おそらく、こういう問題ではなく、まったく別の問い方をしなければ、このイエスがキリストであると定めた意味がわかってこないのだろう。

イエスの周囲の人たちはすでにイエスの言動から、イエスに対して信仰（期待）を持っていたのではないだろうか。信仰（期待）が先になければ、イエスをキリストであると認めるはずがないような気がする。信仰（期待でもいい）があったからこそ、イエスはキリストとなったのではないか。

とすると、周囲の人たちはイエスに何を期待したのか？　それは明らかに「救済」であろう。しかも、もしかすると政治的な救済を期待したかもしれない。しかし、いまのわたしたちが知っているのは「宗教的救済」である。魂の救済を期待したとされている。

もしそうなら、わたしがAに対して「魂の救済」を期待することもあり得るのだ。いつでも、どこでも、後続するイエス（キリスト）が続出する可能性があると考えられる。いまのわたしは、イエスがどのような人間であったかに強い関心がある。そして何をしようとした人間だったのかにも関心がある。

Aは「何も」しない。ただ「そこに居る」だけである。こういうあり方は、わたしにはできない。もしかすると、「老子」の説く「無為」に近いのかもしれない。

「無為」とは何もしないことではなく、「何もしないことをする」という意味に受け止めれば、

Aの「何もしない」も「無為」に接近するのだ。その証拠にAといっしょに居るときの平和、安定、自由、心地よさは他に変えようがない。

もしも、Aから「わたしは誰か」と問われたら、わたしは「あなたは無為です」と応答するかもしれない。

そして、それが、わたしのAに対する偽らざる真意である。

Aさん、あなたは無為です。

49 存在を照らす灯り

二〇一九・一〇・二八

眠っているわたし。どのようにして目覚めればいいのかわからない。自力で眠りから覚めることはできない、それは知っている。だが、どのようにして眠りから目覚めるのか。

自分の奥深くに在る暗黒の闇に気がつき気が狂わんばかりに動揺する。とすると、惰眠から目覚めるためには、狂気に触れるしかないのかもしれない。非日常の自分を内面深く設定することである。日常はつねに非日常を求めて彷徨っている。狂気を発見あるいは発明した人は、いったいどのような日常にあったのだろうか。なぜ狂気は必要になったのだろうか。日常の生活に充満している欺瞞、虚偽、差別などから脱出できなくなった日常心では生命が枯渇することに耐えきれなくなったのではないか。

人は、人といるだけでは狂気に陥る。人と人との間に、日常の営みを超えた何かがほしくなる。日常において正気でありたい欲求の強い人ほど狂気に陥りやすいのではないだろうか。狂気を弾《はじ》き、バネにして、もう一度、正気で日常に立ち戻りたいという儚い夢の営みが狂気を生み出すのではないだろうか。この意味で狂気こそ正気である。

ここでの問題はときに、異常とか正常とかいう範疇の話ではなく、「気」の領域の話である。気が充満したときには、一種独特の狂気じみた表情を見せる。スポーツカーのアクセルを一気に踏み込んで、一気に一〇〇メートルを突っ走るときに似たような、エネルギー満載の気力がないと脱出できない穴が、狂気のすぐ側にあるのだ。狂うことは善である。狂うことが悪であると思う人は、エネルギー全開の瞬間が一度も必要になったことのない人なのだ。

たとえば、Aがひとりで部屋に座ってお迎えの人を待つときなどは、このエネルギーが必須である。静かに待つとは言語上のことであって、気の上では、とんでもない誤解なのだ。Aがひとりで、部屋で待つのにどれほどの「気力」が必要か計り知れないものがある。

教室で児童・生徒が静かに担任の先生の来るのを待つのに、どれほどの気力が必要かわかるだろうか。気力尽きた児童・生徒が大声で騒ぎ出すのだろう。そのほうがエネルギーを使わなくて済むからである。騒いだほうが楽なのである。

でも、Ａはじっと部屋で静かに待つ。時との戦いが始まる。一秒が一時間ぐらいに感じるかもしれない。しかし、Ａは迎えの人が来るまでじっと待つしかない。

Ａの存在は、その部屋にひとりで居て、誰も見る者がなくとも、存在する。そして、Ａを迎えに行く人も、Ａがひとりで部屋に存在していると思う。しかし、迎えに行く人も、Ａも、ともにＡの存在に触れることはできない。両者がＡの存在者の存在に触れるためには、両者が出会わなければならない。しかし、ただ両者が目と目を合わせて出会ったとしても、それだけでは、まだＡの存在者が存在として現れたことにはならない。

Ａの存在者が、両者にとって存在として現れるためには、垂直軸の何かが必要である。必要なのだから、あってもなくてもいい、というような曖昧なあり方は許されない。必ずなければＡの存在に触れ合うことはできない。存在者は視覚が働けば、直に見える。存在者とは感覚レベルの刺激にすぎない。迎えに行った人が見るのはＡの存在者に過ぎない。Ａの人生のすべての時間を含んだ長い道のりを含めた存在者の存在と触れ合うためには、視覚をはるかに超えた「眼」が要る。視覚はＡの断片を見るに過ぎない。しかし「眼」はＡのすべての歴史に触れる。

誰でも、向き合った人に、理解されたいと思うだろう。そして、相手から理解されているかどうか、たえず確認しながら会話を続けている。わかってくれない人に話し続けるのは非常に難しく、苦しいものだ。もし、わかってくれない人と、そこに居なければならないとしたら、緘黙《かんもく》に陥るしかないだろう。そして、わかってくれない人は、それが自分の理解不足（愛の欠如）のために起こっていることに、だいたい、気がつかない。

さて、さまざま人たちと会わなければならないAが最も生きやすい場とはどういう場だろうか。おそらく、Aが心からの「愛」を表現できる人と居る場だろう。有り余るほどの愛を何の躊躇いもなく表現できる人と居たいだろうと思う。愛し愛される場に住んでいるときに、一番安心して自分として居ることができる、そして、過不足なく自分の存在を存在者として輝かせることができる。

Aの存在を存在者として表現できた時間が、「生きた時間」である。「死した時間」をできるだけ減らし、「生きた時間」を増やすためには、両者の出会いに灯りが必須である。灯りが灯ればハインリヒ・イグナツ・フランツ・フォン・ビーバーの「ロザリオのソナタ集」を聴いたときのような静謐な時間がAたちの体を羊毛のように包み込むだろう。

50 感性と理性について

二〇二〇・四・一六

ふと気がついたのだが、感性は個人の人生に属し、理性は共同体の存続を意図しながら生きていくための能力なのではないか、と。感性は、わたしが個人としてわたしの人生を全うするために必須の精神力であり、理性は、個人としてのわたしが、わたしの属する共同体において、他の個人（たち）と生きていくための精神力ではないか。わたしは、共同体において日々生きながら対象に触れて感じて生きている。人、物、事柄、絵画、音楽、車、電車、木々、空気など挙げれば切りがないほどの対象に触れて感じて生きている。その感じたことがわたしの人生を潤してくれる。何も感じない人生などありえない。見たり、聞いたり、触ったり、嗅いだり、味わったりしながら、わたしの人生を潤してくれている、これが感性なのだ。

また、玄関を一歩出れば、家族をはじめ、共同体を構成しているあらゆる対象に触れることになる。玄関を一歩でれば、道路に足がのる。道路は紛れもない共同体のシンボルである。道路は他者へと連結する装備である。国道に出れば信号機が作動し、歩道が設定され、そこを人が移動し、車道には車が走り、横断歩道では人々と車が交差する。

共同体のシンボルである道路の上を個人としてのわたしが歩む。これは理性によって制御された世界を感性によって動かされているわたしが動いている図柄である。

「よこはま児童文化研究所」の「協働愛」は感性の領域にあり、「ともどもに」は理性の領域にあると思われる。一七の活動の場面で交わる参加者たちは、共同体における理性による「ともどもに」の思想を基礎にしながら、この「ともどもに」の場において、どのように個人における感性をはたらかせて「協働愛」を実現できるか探りながら交わり続けている。

このように考えてみると、「よこはま児童文化研究所」の一七の活動は人間が生きていく上で背負っている二つの課題を日々実践していることになる。参加者の個としての仕事と、共同体の一員としての仕事の二つながらの実現に向けて歩み続けているのだ。

51 真・善・美そして聖

二〇二〇・四・二九

どうしても書き残したいことがある。

Aの実在を意識する手がかりのことである。「協働愛」の「協」、「働」そして「愛」の各部において縷々《るる》述べてきたことでもあるが、ここで再度他の角度から述べておきたい。それは現在の学校教育において「聖」の教えが欠落しているのではないかという恐れである。戦後、戦勝国であったアメリカの日本政策によって、日本人の「宗教教育」が脱落させられたことに端緒があったと思われる。公的には以下のように説明される。

公立学校

日本では憲法第二〇条で、宗教は尊重されるべきものであるが、政教分離原則に基づき国および国立の機関は宗教教育その他いかなる宗教的活動もしてはならないと規定している。また、教育基本法第一五条では、国公立の学校は、特定の宗教のための宗教教育その他宗教的活動をしてはならないと規定している。よって、信教の自由の保障、宗教的中立性を保ちつつ比較宗教学的に宗教に関する基礎的知識を教授できることとしている。

私立学校

公的教育に対し、私立学校では、特にキリスト教や仏教などの宗教団体が運営する学校では道徳科目と同じ位置づけで、聖書や仏典などについて必修科目として宗教に関する基礎的知識を教授している所が多い。これらの宗教科目を教授するには、中学校、高等学校いずれもの宗教教育の教員免許状が必須であり、修得には宗教科教育法を含む特定の必修単位を取得する必要がある。

（出典：『ウィキペディア』「宗教教育#第二次世界大戦後」）　傍線は筆者

私見を述べてみるならば、「真・善・美」における「真」は教科指導を中心に、「善」は生徒指導を中心に、そして「美」は芸術教育を中心に実施されていると考えられる。ところが「聖」に関しては無言のままである。黙して語らずの状態が戦後の状態である。

しかし、このような状態は「個」と「共同体」を連携させる絆の欠如をもたらした。個は共同体と何をもって連携すべきかわからないし、共同体はどのように個と連携すべきかわからない。この連携を可能にするのはいったい何か？

「よこはま児童文化研究所」はこの連携を可能にするのは「ともどもに」と「協働愛」であると発見した。法文に明記されることはなくとも、日本の国土に生まれ、育まれれば、不文の姿のまま、生きた形で体に植え込まれるのではないだろうか。法文に書かれた文章から「聖」を学ぶことはなくとも、「よこはま児童文化研究所」の場合ならば、「天城子どもと親とのワークショップ」に参加して、天城の自然の懐に抱かれることで「聖」を体得できたのではないだろうか。そして、個と共同体がこれから連携するという筋道から逸れて、もうすでに個と共同体は連携済みであったことに自覚したのではなかったのか。

「真・善・美」の教育は「聖」に流れ込まない限り無意味ではなかったのか。あるいは「真・善・美」の教育は「聖」に流し込まれて、はじめて、意味を獲得するのではなかったのか。「真・善・美」の教育のそれぞれが「聖」と結びつくことによって人間の知として甦るのではなかったのか。「聖」という大きな海において「真・善・美」はともに溶け合って、共同体で生きる個を育むのではなかったのか。体内に「聖」が生きていなければ、「真・善・美」の知識も体験も人間を突き動かす血液とはならないのではなかったか。真の教育の例として数学、善の教育の例として「道徳」、そして美の教育の例として音楽を採り上げてみても、いずれも「聖」という大きな海に生きなければ無意味だったのだ。

人は、人間になる権利をもって誕生する。人間に成るために義務教育を受ける。しかし、いま忘れられている大事な問題は、義務教育の「義務」の真の意味である。その意味は、人がすべて「聖」という大きな海において生きるために「ともどもに」「協働愛」で生きることにある。「聖」という大きな海で「真・善・美」の教育を受ければ、あらためて個と共同体が連携する必要はない。なぜなら、「聖」という海は個と個を初めから結びつけているからである。「よこはま児童文化研究所」の「ともどもに」の海で「協働愛」を生きることで人生は輝くのである。

※本文中で文章を引用したインターネット百科事典『ウィキペディア』の閲覧日は、すべて二〇二〇年一一月一九日である。

よこはま児童文化研究所　係

所長：原ふみ

副所長：林健一／上野岳

1　天城子どもと親とのワークショップ係：原ふみ／島津久子

2　天城子どもと親とのワークショップ係　青年部：部長　中牟田大／副部長　地濃慶一

3　トントン広場係：島津久子／松阪啓子／森和正

4　N・M・S係：松阪啓子

5　みんなのコンサート係：原ふみ

6　ゼミナール・コンサート係：原ふみ

7　大岡講演会係：原ふみ

8　哲学・科学研究会係：岩井康江

9　ラーニング・ボックス研究会係：松阪啓子

10　あそぼ会係：足立圭子

11　弘前ラーニング・ボックス研究会会長：櫛引幹子

あとがき

二〇二〇・四・九

拙文を読み返してみて、一つのことに気がついた。Aをひとりの対話の相手として、必死になってAをモデルとした「存在者」に近づこうとしている自分がいた。

そしてその存在者の奥底に在る「存在そのもの」をつねにイメージしながらAと対話し、文章を綴ったことに気がついた。

「よこはま児童文化研究所」の二つの思想語である「ともどもに」と「協働愛」の実現、実践に向けて、どのようなキーワードが必要であったかに思い当たるのである。

小学生以来使い慣れた身近な日本語は「みんな仲良くやりましょう」と表現されるが、このフレーズを使うと、小学生の体験止まりになってしまうのではないかと危惧した。

その限界をもう一歩前進させたいために、古代哲学者のソクラテス、プラトンやアリストテレス、古代キリスト教の神学者アウグスティヌス、中世哲学者のトマス・アクィナス、近世合理主義哲学者のスピノザ、現代哲学者のハイデッガー、西田幾多郎等の「存在」に関する知見を十分に参考にさせてもらった。

哲学や神学において考察されている「存在」と「存在者」との関係については、いまのわたしには理解が届いていないという実感があり、アメリカ合衆国の物理学者であるデヴィッド・ジョーゼフ・ボーム（David Joseph Bohm）の *Wholeness and the Implicate Order* (1980. London: Routledge、邦訳：『全体性と内蔵秩序』、井上忠・伊藤笏康・佐野正博訳、青土社、一九九六年）からいろいろとヒントや手がかりを与えてもらった。

現在のわたしが「神」という用語を使うことに非常に躊躇《ためら》いがあることは、本文でも繰り返し書いたことである。

しかし、何度か繰り返し例として書いた、朝顔の種と、「土」、「水」、「空気」そして「太陽」との関係が存在に関する明瞭なイメージを与えてくれた。水をふんだんに含んだ土に朝顔の種を蒔くと、芽を出し、茎をつくり、葉を茂らせ、そして最後に花を咲かせる。

この過程を理解するためには「誰か（X）」という想定なしには、理解できないことに薄々ではあるが気がついた。「誰か（X）」はわたしの眼には見えない。

通常は、この過程を自然の過程と見なすのだろうが、それならこの「自然」にもたらされる過程とは何か。こういうさらなる問題が出てくる。最終的な創造の主体はいったい誰なのか。

「ともどもに」と「協働愛」の約束に基づいて「天城子どもと親とのワークショップ」を実

行すると、参加者たちを突き動かしている「誰か（X）」を探したくなった。心理学用語による理解では、最終的な理解、了解に至らなかった。

因果関係という人間的な枠組みにおいて理解することでは、現在のわたしの疑問に対して「誰か（X）」は解答を出せないと気がついた。

たとえば、本文に書いたことだが、NTさんがUYさんの車イスを押すという行為の原因を探しても発見できなかった。

NTさんの行為には、いわゆる「原因」と呼べるようなものはいっさいなかったということになる。またアメリカの行動主義心理学者であるB・F・スキナーの「強化随伴性」の視点で考えても、答えは出せなかった。

あるいはS・フロイトのいう「行動には無意識的原因がある」というテーゼからもNTさんの車イスを押す行為を理解できなかった。いまのわたしはこのようにNTさんの行為を考えている。

人間を理解することと、人間の行動を理解することとは、どうも、次元が違うのではないかと思うようになった。だからと言って、B・F・スキナーやS・フロイトたちの理論を否定する気はまったくない。ただ、わたしが理解したい答えが、そこから出てこなかったというだけのことである。

哲学から分離した時点で、ヴィルヘルム・ヴントの心理学は何か重大な視点を捨ててしまったのかもしれない、と感じている。形而上学から科学への道を選んだ時点で、心理学から抜け落ちた重大な視点とは何だったのだろうか。

一つはわたしがAを客観的な対象として理解するという視点に変わったことであろう。ここからは、「ともどもに」も「協働愛」も出てこなかった。わたしがAを客体視すると、わたしの視界からAは消えてしまうのだ。

もう一つは、Aを客観的に理解する場合、Aの存在者それ自体が、統計的数値に変換されるということであろう。

わたしにはAの数値を見ることは怖くてできなかったのだ。数値の中にAが居ると思えないし、思うことは重大な罪だと思った。ありのままで、ありのままのAに出会いたい、その思いが「ともどもに」であり、「協働愛」である。Aの存在者を通して存在それ自体に向かいたいという願望が強かった。

こういう科学的な心理学を越えてAと出会う道を選んだために、第二の道として選んだのは、「存在」と「存在者」、あるいは「人体としての存在」と「人間としての存在」、あるいは「名のある存在者」と「名のない存在」などと二分しながら、Aの実在にたどり着こうと思考を進めてみた。そうして二分された領域の後者にたどり着きたいと思った。

したがって、今後のわたしの行くべき道は、Aの「存在」それ自体、あるいは「人間としての存在」、あるいは「名のない存在」への道である。

何も無い世界（無為）で伸び伸びとAとの出会いを楽しみたい。裏も表も、左右も上下も、天も地もない、まったく何も無い時空間で「ともどもに」息を吸い、「協働愛」で包まれたい。まるで夢のような世界だが、もしかすると夢ではなく、いまの偏見、差別、排除にあふれた世界が、真の夢を忘れた夢の世界なのかもしれない。

また、わたしはこう思っている。個別科学だけによってA（たち）を理解するのではなく、もっと全体的な視点を重視しなければならない。わたしが、わたしの生まれ育った日本という国の発祥と成り立ちと、その後の発展継承を胸におさめること。ひと言で言えば、日本人としてのわたしが、日本人としてのA（たち）と交わっていく道を模索していく。それが達成された後に、世界中の人々と同じように交わることができる新たな道を模索することが、いまのわたしに求められている。

現在、世界中に新型コロナウイルスが蔓延している。世界中の人々が不安と恐怖に怯えて暮らしている。二月に「弘前ラーニング・ボックス研修会」に参加した時点で、現在の状況を予測できなかった。しかし、感染者数が日ごとに増加し、それに伴う死者数が増加し続けている。恐ろしいの一語に尽きる。

一日、いや一秒でも早くコロナウイルスの恐怖から逃れられるように祈る。

立川勲

【著者】立川 勲（たちかわ・いさお）

一九四四年山形県生まれ。横浜国立大学卒業後、お茶の水女子大学田口研究室にて「言語障害治療学」を修める。横浜市の公立学校に一七年間勤務ののち、横浜国立大学附属養護学校の「言語指導教室」に勤務。一九七七年より、よこはま児童文化研究所の障害児発達援助の顧問を務める。

著書に『着実に育てる方法――お子さんの成長に不安のあるお母さんへ』（至文堂 一九九三）、『知的障害児のためのラーニング・ボックス学習法』（春風社 二〇〇四）、『母の愛が奇跡を生む――発達の遅れに挑むラーニング・ボックス学習法』（編著、春風社 二〇〇七）など。

ともどもに生きようよ　協働愛ですごそうよ
――よこはま児童文化研究所物語

二〇二一年三月六日　初版発行

著者　立川勲《たちかわ いさお》

発行者　三浦衛
発行所　春風社 Shumpusha Publishing Co., Ltd.
横浜市西区紅葉ヶ丘五三　横浜市教育会館三階
〈電話〉〇四五・二六一・三一六八　〈FAX〉〇四五・二六一・三一六九
〈振替〉〇〇二〇〇・一・三七五二四
http://www.shumpu.com　✉ info@shumpu.com

装丁　江森恵子（クリエイティブ・コンセプト）
装画　平田季緒理・平田佳野璃
印刷・製本　シナノ書籍印刷株式会社

乱丁・落丁本は送料小社負担でお取り替えいたします。

ISBN 978-4-86110-727-6 C0037 ¥3000E